이 책은 부천시 2016년도 문화예술발전기금 일부를 지원받았음.

고전독작가(古典讀作家) 휴헌(休軒) 간호윤(簡鎬允, 문학박사)

간호윤은 순천향대학교(국어국문학과), 한국외국어대학교 교육대학원(국어교육학과)을 거쳐 인하대학교 대학원(국어국문학과)에서 문학박사학위를 받았다.

그는 1961년, 경기 화성, 물이 많아 이름한 '흥천(興泉)'생이다. 두메산골 예닐곱 먹은 그는 명심보감을 끼고 논둑을 걸어 큰할아버지께 갔다. 큰할아버지처럼 한자를 줄줄 읽는 꿈을 꾸었다. 12살에 서울로 올라왔을 때 꿈은 국어선생이었다. 대학을 졸업하고 고등학교 국어선생을 거쳐 지금은 대학 강단에서 가르치며 배우고 있다.

그는 고전을 가르치고 배우며 현대와 고전을 아우르는 글쓰기를 평생 갈 길로 삼는다. 그의 저서들은 특히 고전의 현대화에 잇대고 있다.

『한국 고소설비평 연구』(경인문화사, 2002 문화관광부 우수학술도서) 이후, 『기인기사』(푸른역사, 2008), 『아름다운 우리 고소설』(김영사, 2010), 『당신 연암』(푸른역사, 2012), 『다산처럼 읽고 연암처럼 써라』(조율, 2012 문화관광부 우수교양도서), 『그림과 소설이 만났을 때』(새문사, 2014 세종학술도서), 『구슬이 바위에 떨어진들』(새문사, 2016), 『연암 박지원 소설집』(새물결, 2016년 개정판)… 등 30여 권의 저서들 대부분 직간접적으로 고전을 이용하여 현대 글쓰기와 합주를 꾀한 글들이다.

연암 선생이 그렇게 싫어한 사이비 향원(鄕愿)은 아니 되겠다는 것이 그의 소망이라 한다.

휴헌섭필(休軒涉筆)

사이비(似而非)

© 간호윤, 2016

1판 1쇄 인쇄_2016년 09월 10일
1판 1쇄 발행_2016년 09월 20일

지은이_간호윤
펴낸이_양정섭
펴낸곳_작가와비평

    등록_제2010-000013호
    블로그_http://wekorea.tistory.com
    이메일_mykorea01@naver.com

공급처_(주)글로벌콘텐츠출판그룹
    대표_홍정표
    편집_송은주 디자인_김미미 기획·마케팅_노경민 경영지원_이아리
    주소_서울특별시 강동구 천중로 196 정일빌딩 401호
    전화_02) 488-3280 팩스_02) 488-3281
    홈페이지_http://www.gcbook.co.kr

값 21,000원
ISBN 979-11-5592-184-5 03810

※ 본사와 저자의 허락 없는 내용의 일부 또는 전체의 무단 전재나 복제, 광전자 매체 수록 등을 금합니다.
※ 잘못된 책은 구입처에서 바꾸어 드립니다.
※ 이 도서의 국립중앙도서관 출판예정도서목록(CIP)은 서지정보유통지원시스템 홈페이지(http://seoji.nl.go.kr)와 국가자료 공동목록시스템(http://www.nl.go.kr/kolisnet)에서 이용하실 수 있습니다. (CIP제어번호: CIP2016020246)

休軒涉筆

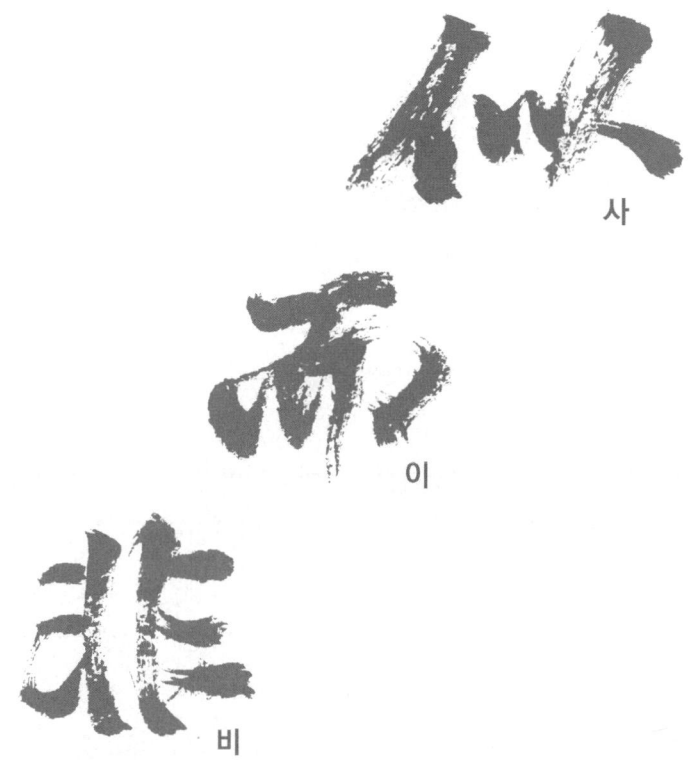

似(사) 而(이) 非(비)

고전독작가 간호윤

작가와비평

머리말

1.

이 책은 내 블로그 「단서장사(短書長思): http://blog.naver.com/ho771」에 써 놓은 글 중 일부를 선별하여 활자화한 것입니다.

처음 제목은 '3류의 사회학: 까치발로 어섯눈* 뜨기'였습니다.

어느 날, 그분과 이야기하다가 책 제목을 바꾸어야겠다고 생각했습니다. 나는 사이비였습니다. 그분도 사이비였습니다.

그분은 나에게 나는 그분에게 열심히 이야기하지만, 그분에겐 내가 나에겐 그분이 화폭에 그려진 사람이요, 절 마당의 돌부처일 뿐이었습니다. 그분의 눈에 내가 안 보였고 내 눈에도 그분이 안 보였습니다. 이야기 마디마디는 정의요, 민주화요, 학자의 양심이요, 등으로 종횡무진 널뛰었습니다. 말뿐이었습니다. 그분도 나도 영판 스님 빗질하는 소리요, 말하는 매실일 뿐이었습니다. 모두 저 이와 내 삶의 이욕(利慾)을 가리려는 변소간 단청에 지나지 않았습니다. 서로의 마음이 없는 자리, 체면만이 멋쩍은 표정으로 고의춤을 잡고 엉거주춤 서 있는 꼴이었습니다.

---

* 어섯눈이란 사물의 한 부분 정도를 볼 수 있는 눈이라는 뜻으로, 지능이 생겨 사물의 대강을 이해하게 된 눈을 이르는 말.

그렇게 우리는 사이비였습니다.

그분도 나도 서로의 말은 고담준론이지만, 행동은 영판 아니라는 것을 알고 있었습니다. 이해(利害)의 분기점에 서면 우리는 반드시 해(害)가 아닌 이(利)쪽으로 옮아갈 것은 인수분해공식만큼이나 정연한 논리였습니다.

그것은 진실과 사실이 다른 것만큼이나 정합성을 꽤 갖추었습니다. 우리의 말과 행동은 그렇게 정의, 민주화, 학자, 양심과 비슷한 가짜였습니다.

갑자기 자음과 모음을 교묘하게 엮은 그분과 나의 사이비 말과 사이비 숨결이 뒤섞인 그 공간이 무서워졌습니다. 서둘러 입인사 한자리 꾸부리고서 헤어졌습니다.

하늘을 올려다보았습니다.

잠시, 생각의 걸음이 멈춘 그곳에 연암 선생이 그리워졌습니다. 사이비를 그렇게 싫어한 연암 선생이.

2.

이 책을 한 출판사에 의뢰했더니 어느 병아리 오줌만큼 비온 날 '부정과 넋두리로 된 글'이라 출판하기 어렵다는 답변이 왔다. 그렇다! 맞는 소리이다. 난 이런 답변을 보냈다.

"난 이 세상을 긍정적으로 보려 애쓰지 않습니다. 난 내 손가락으로 세 사람도 존경하는 이를 꼽을 수가 없답니다. 서자서아자아(書自書我自我), 말 그대로 책은 책대로 나는 나대로, 말과 행동이 다른 자들은 어제도, 오늘도, 충분히 보았고 내일도 볼 듯합니다.

　내 글은 지금 내가 내 눈으로 이 세상을 본 내 몸의 사리여야 합니다. 글은 꼭 긍정일 이유가 없습니다. 또한 '글은 해원(解冤)의 도구로 작동'할 수 있기에 넋두리 또한 가능합니다.

　사람들에게 힘을 주는 글은 누구나 씁니다. 나는 내 글을 씁니다. 더욱이 나는 대서방의 서기도 사자생(寫字生)도 아닙니다. 배내옷 입을 때부터 불깍쟁이도 아닙니다. 미욱하지만 감정의 통점(痛點)을 지닌 사람입니다. 그래 세상을 속이려는 글이나 현실을 아름답게 꾸미는 글은 쓰고 싶지 않습니다. 그것은 나를 속이는 글이기 때문입니다."

　미술사학자이자 글쓰기의 고수 근원(近園) 김용준(金瑢俊) 선생은 그의 빼어난 『근원수필』「발(跋)」에서 이러한 삶의 심연에서 길어올린 글쓰기 변을 하였다.

　"마음속에 부글부글 괴고만 있는 울분을 어디에다 하소할 길이 없어 가다오다 등잔 밑에서 혹은 친구들과 떠들고 이야기하던 끝에 공연히 붓대에 맡겨 한두 장씩 끄적거리다보니 그것이 소위 내 수필이란 것이 된 셈이다."

　저 이조차 저러하였다. 그러니 이 땅에서 허릅숭이로 살아가며 맹탕 헛물만 켜는 사이비인 내가 세상을 본 넋두리를 가감 없이 엮어놓은 것을 두고 생억지이니 군수작을 붙인다느니 불상놈의 선소리라 내칠 것만은 아니다.

　휴헌섭필(休軒涉筆)의 휴헌은 필자의 호요, 섭필은 잡문 정도의 의미이다. 고전독작가(古典讀作家)란 옛 글을 읽고 글을 쓰기에 붙인 내 직업명이다. 겸하여 흔쾌히 제자를 써주신 청람 선생님, 삼복더위에 이

문을 떠나 직접 이 문적(文籍)을 만들어주신 작가와 비평 양정식 사장님께 "고맙습니다"라는 말씀을 드린다.

2016년 8월 휴휴헌에서
휴헌 간호윤

목차

머리말 _ 4

1. 사이비

『사이비』라는 잡문집을 수정하며 _ 15 / '도도새'는 죽지 마라 _ 18 / '분노'의 대상은 저들인가? 나인가? _ 25 / 졸업식 유감 _ 28 / 개들의 대화 _ 31 / 사람살이와 이름값 _ 35 / 어떤 신문 _ 37 / 학교식당 밥맛 _ 39 / 교과서 국정화를 보며 _ 41 / 서(書) 군에게 _ 43 / 노력 끝에 성공 _ 47 / 나는 왜 쓰는가? _ 50 / 그런 말은 뻥 _ 54 / 소경의 안질 _ 57 / 향원, 혹은 속물 _ 59 / 생활건달 _ 62 / 이런 나라 _ 64 / 이런 교육부 수장 _ 67 / 망진자(亡秦者)는 호야(胡也) _ 70 / 헌혈(獻血) 유감(有感) _ 72 / 세상사 _ 75 / 자화상 _ 77 / 사는 게 부끄러워 _ 78 / 인문학이란 무엇인가? _ 80 / 글이 나를 죽이다 _ 83 / 마음 _ 88 / 20전 20패 0승 _ 91 / 책꽂이 단상 _ 93 / 어느 나른한 오후 _ 95 / 말은 해야 맛? _ 97 / 신경숙 창비 표절 운운을 보며 _ 99 / 개도 주인의 눈빛만 보면 안다 _ 105 / 틈새를 노리는 부모 _ 108 / 과유불급(過猶不及), 그 틈(闖)의 역학 _ 110 / 이런 일이 _ 113 / 길을 걷다 _ 115 / 국토대행진 5일째 _ 119 / 종강의 변 _ 121 / 폐강과 다완 _ 123 / 누군가와 향원, 사이비 _ 125 / 일류 출판사, 아니 삼류 출판사, 아– 아니 일류 출판사 _ 127 / 나도밤나무와 너도밤나무 _ 130 / 진정한 일류 세상을 꿈꾸며 _ 133 / 운명 _ 136 / 행복과 성공이란 자기 계발의 허상 _ 139 / 정전(正典)이 아닌, 정전(停典)이다! _ 142

2. 살아내는 것

살아내는 것 _ 147 / 언젠가부터 _ 149 / 세 가지 일 _ 151 / 두 움큼 _ 153 / 인연 _ 155 / 그랬으면 _ 160 / 라면은 잘도 풀어진다 _ 161 / 입원, 엿샛날 - 퇴원을 한다 _ 164 / 허리띠 _ 166 / 새가슴 선생의 중무장 _ 167 / 손가락을 세어 봅니다 _ 169 / 절강 혹은 남원 _ 171 / 추석, 그리고 '크로노스(chronos)'와 '카이로스(kairos)' _ 173 / 어머니 _ 175 / 애비 _ 179 / 외눈박이 환쟁이 _ 184 / 유붕자원방래(有朋自遠方來)하니 _ 187 / 책상물림 하는 꼴 _ 189 / 고춧대를 뽑으며 _ 191 / 지팡나무 _ 193 / 눈물 _ 195 / 인생 _ 197 / 화장실 사용금지 _ 202 / 주례를 섰다 _ 203 / 마라톤 _ 205 / 벌초(伐草) _ 209

3. 신이 그리워

신이 그리워 _ 213 / 두 부고 _ 215 / 또 다른 부고 _ 217 / 낯선 사내 _ 219 / 나는 누구인가? _ 220 / 응답하라, 1989 _ 230 / 다섯 번의 경고 _ 233 / '나인 나'와 '나 아닌 나' _ 235 / 수파람[雄風], 암파람[雌風] _ 238 / 에덴의 동쪽 _ 241 / 수주 변영로 선생 _ 244 / 노무현 전 대통령 _ 248 / 노무현 전 대통령 서거 5주기 이렛날 _ 259 / 세월호 참사를 보며(4), 아니 쓸 수 없어 _ 261 / 세월호 2주기를 맞아 _ 263

4. 설(說)

오해 __ 269 / 등산화를 곡함 __ 270 / 내 차 매그너스를 곡함 __ 273 / 무좀 유감(有感) __ 276 / 금주단상 __ 278 / 주사(酒邪) __ 285 / 수작(酬酌) __ 287 / 치설(齒說) __ 289 / 암탉이 울면 집안이 흥한다 __ 291 / 성적표 __ 293 / 사랑설 __ 296 / 베스트셀러와 관상 __ 300 / 두 장의 벽돌과 아들 __ 302 / 삶아진 개구리 증후군 __ 304 / 재주 __ 306 / 아빠! 손학규 좋은 사람이야 __ 308 / 대통령 개헌 __ 310 / 감사원장 후보자 사퇴의 변을 보고 __ 313 / 방하착(放下着)과 착득거(着得去) __ 315

5. 붓이 지나간 자리

『비블리아(BIBLIA)』 잡지 창간호에 쓴 글 __ 319 / 어느 할머니의 글을 보고 __ 324 / 왜 써 놓았을까? __ 326 / 5만원권 지폐 초상 유감 __ 327 / 바보의 사랑 __ 329 / 양주지학(揚州之鶴)과 탐천(貪泉) __ 331 / 산행(山行) __ 333 / 오두막 편지 __ 336 / 휴휴헌에서 __ 337 / 파랑새 증후군 __ 340 / 고전 속에서 거니는 단상(斷想) 몇, －책, 벽, 지둔의 공 __ 343 / 재주가 메주: 글을 쓴다는 것에 대한 단상 __ 353

6. 시선의 비대칭

유구무언 _ 357 / 조급증, 그리고 틈 _ 359 / 말풍년 _ 361 / 한 문인의 말 _ 363 / 죄송타 _ 364 / 선생과 3D업종 _ 365 / 공부 _ 368 / 윤효간이라는 피아니스트의 '윤효간대학'을 다녀와서 _ 373 / 시선의 비대칭 _ 376 / 독서증후군 경보 _ 379 / 좋은 말과 나쁜 말 _ 382 / 나만의 길 _ 384 / 마니산에서 _ 385 / 이별 _ 387 / 권정생문학관을 찾아서 _ 391 / 북한이 종합 1위! _ 394 / 부담스런 시선 _ 397 / 채점 단상 _ 399 / 신라호텔 한복 출입금지 유감 _ 402

7. 읽고 본 것에 대한 단상

다석 마지막 강의 __ 407 / 잔혹동시 유감 __ 410 / 크로이체르 소나타 __ 413 / 그림과 소설이 만났을 때 __ 414 / 인간의 굴레 __ 418 / 조화로운 삶 __ 419 / 아웃사이더 __ 421 / 아름다운 우리 고소설 __ 424 / 죽음이란 무엇인가 __ 426 / 하버드 새벽 4시 반 __ 427 / 구슬이 바위에 떨어진들 __ 430 / 다산처럼 읽고 연암처럼 써라 __ 433 / 그대 뒷모습 __ 436 / 미움받을 용기 __ 438 / 그 섬에 내가 있었네 __ 441 / 악스트 __ 442 / 로베르 인명사전 __ 444 / 화양연화 __ 445 / 솔직과 떡값 __ 448 / 질주 __ 452 / 나는 오늘도 리스본행 야간열차 앞에 서 있다 __ 455 / 미스 줄리 __ 457 / 태양은 가득히: 그 욕망과 먹다의 포식성 __ 458 / 나한테 불만 있나 __ 460 / 대한민국 시계는 25시 __ 462 / 내일을 위한 시간 __ 464 / 소수의견 __ 465 / 차이나타운, 간신, 악의 연대기 __ 466 / '과학의 아들'과 '신의 아들' __ 468 / 이 비행기를 안 타겠어! __ 472 / 화장 __ 474 / 홀리 모터스 __ 475 / 파리에서의 마지막 탱고 __ 477 / 꾸뻬씨의 행복여행 __ 479 / 파수꾼 __ 481 / 여인의 향기 __ 483 / 야곱 신부의 편지 __ 484 / 카모메 식당 __ 485 / 해무 __ 487 / 인간중독 __ 491 / 또 하나의 약속 __ 493 / 우아한 거짓 말 __ 495 / 노예 12년 __ 497 / 오싱 __ 498 / 창수 __ 500 / 변호인 __ 501 / 러브 스토리 __ 505 / 톱스타 __ 507

1. 사이비

『사이비』라는 잡문집을 수정하며 / '도도새'는 죽지 마라 / '분노'의 대상은 저들인가? 나인가? / 졸업식 유감 / 개들의 대화 / 사람살이와 이름값 / 어떤 신문 / 학교식당 밥맛 / 교과서 국정화를 보며 / 서(書) 군에게 / 노력 끝에 성공 / 나는 왜 쓰는가? / 그런 말은 뻥 / 소경의 안질 / 향원, 혹은 속물 / 생활건달 / 이런 나라 / 이런 교육부 수장 / 망진자(亡秦者)는 호야(胡也) / 헌혈(獻血) 유감(有感) / 세상사 / 자화상 / 사는 게 부끄러워 / 인문학이란 무엇인가? / 글이 나를 죽이다 / 마음 / 20전 20패 0승 / 책꽂이 단상 / 어느 나른한 오후 / 말은 해야 맛? / 신경숙 창비 표절 운운을 보며 / 개도 주인의 눈빛만 보면 안다 / 틈새를 노리는 부모 / 과유불급(過猶不及), 그 틈(闖)의 역학 / 이런 일이 / 길을 걷다 / 국토대행진 5일째 / 종강의 변 / 폐강과 다완 / 누군가와 향원, 사이비 / 일류 출판사, 아니 삼류 출판사, 아- 아니 일류 출판사 / 나도밤나무와 너도밤나무 / 진정한 일류 세상을 꿈꾸며 / 운명 / 행복과 성공이란 자기 계발의 허상 / 정전(正典)이 아닌, 정전(停典)이다!

『사이비』라는 잡문집을 수정하며

『사이비』라는 잡문집을 수정한다. 난 정말 사이비인지도 모른다.

문득 그날 일이 떠오른다.
지금으로부터 4개월 전, 2016년 2월 19일 금요일 오전 11시 53분 다정다감하고는 선천적 거리(?)를 두고 있는 딸아이에게 카톡이 왔다. (카톡방은 나, 집사람, 딸아이와 아들만의 공간이다.)
"아빠 나 샘터기자로 취직함"
우리 세 식구는 동시에 반응을 보였다. 직업으로서 축하할 만한 일이기도 하지만, 샘터사였기에 더욱 그러하였다. 글 쓰는 나 아닌가. 더욱이 이 각박한 세상, 훈훈한 인간 향내를 풍기는 샘터사다.
바로 이러한 문자를 보냈다.

"샘터면 의식 있는 출판사."
"맞아. ○○이가 글 쓰는 일로 돌아와 기분 좋다. 그러고 보니 우리 집안이 다 그런 쪽이네. 축하. 의식 있는 기자되렴."

얼른 전화를 해 보니 월요일부터 출근을 하라고 했단다.

내 딸 아이는 한신대학교 문창과 출신이다. 대학을 졸업하고 매일경제에 들어갔고 다시 잡지사, 자라라는 패션회사를 다녔지만 안정을 찾지는 못하였다. 하지만 어릴 때부터 자존심이 강한 아이였고 문창과 출신이면서도 디자인을 배워 취업하는 등 나름 제 갈 길을 찾았기에 개의치 않았다. 의식이 뚜렷한 아이 아닌가. '아하! 드디어 내 딸아이의 잠재력(순간적인 표현력이 참 좋다.)을 알아주는 출판사가 나왔구나.'라는 생각이 꼬리를 슬며시 물었다.

아빠로서도 뿌듯했고 또 내가 글을 써서인지, 으쓱한 마음에 '종두득두'라는 녀석도 말참례를 해댔다. 그러다 순간, 세상 경험 적지 않은 내 마음은 고개를 갸웃하게 만들었다. '샘터사 정도 되면 쟁쟁한 스펙을 자랑하는 아이들이 많이 지원하였을 텐데. 세상이 바뀌었나보구나. 그렇지 세상은 역시 살 만한…….'

이런 생각을 하며 손수건 반 장 크기만한 서재 밖을 쳐다보았을 때였다.

"카톡!" 하고 문자가 왔다. 그렇게 큰 카톡 소리는 처음이었다.

"잠깐만"

딸아이에게서 온 문자는 단 석 자였다. 시간은 12시 18분을 가리켰다.

딸아이는 월요일 출근하지 않았다.

그러고 한참이 지난 후, "편집장이 전화해서 합격 취소했고…… 위에서, ……그래 어쩔 수없이……미안하다는 요지의 글도 받았다."라는 말을 아내에게 들었다.

분명 있을 수도 없는 일이다. 사람 사는 세상, 조촐히 인정물태를 써낸다는 출판사다. 그래, 넘지 말아야 할 금도가 있는 법이다. 허나, 제 아무리 민낯인들 이토록 겉과 속이 다르단 말인가.

더욱이 있을 수도 없는 일의 결과는 '죄 없는 내 딸의 가슴 아픔'이란 애꿎은 문책으로 마무리되었다. 이러한 일이 내 딸에게 일어났건마는, 나는, 아무런 말도 못했다. 난, 딸아이가 이렇게 생각할지도 모른다는, 이런 '…의식 있다는 출판사도, 글을 쓴다는 아빠도, 사장이란 어른도, 모두가 진짜인 척하는 가짜일지도…' 모른다는 생각이 자꾸만 자꾸만 들었다.

2016년 3월 11일 금요일 난 딸아이에게 이런 문자를 보냈다.
"○○아! 요사이 힘들지. 금수저 아니라서^^. 그래도 네가 씩씩하게 사회 생활하는 게 아빠 자랑스럽다. 카르페디엠!"
딸아이는 바로 이런 문자를 보냈다.

"금수저 안 부러움~아빠도 카르페디엠!!"

'도도새'는 죽지 마라*

2015년 10월 19일, 오후 8시 34분. 고등학교 동기와 간단한 술자리, 핸드폰에 메일이 도착했다는 신호가 왔다. 기다리던 메일이라 동기에게 양해를 구하고 메일을 열어 보았다.

"안녕하십니까? 저희 ○○○를 믿고 귀한 원고를 보내주신 데 대하여 다시 한 번 감사의 말씀을 드립니다.

저희 회사에서는 선생님이 주신 원고를 읽고 다방면의 가능성을 검토, 토론하였습니다만, …추후에 또 다른 아이디어, 제안, 원고가 있으시다면 다시 한 번 연락 주시기 바랍니다.

○○○ 편집부 올림"

---

* 각주를 달아야겠다. 애초에 원고 청탁 제목은 '부천문예, 무엇이 문제인가?'였다. 그러나 내가 딱히 부천문예 상황을 직시하지 못하고 더욱이 문예 전반을 다룰 만큼 소양도 부족하다. 따라서 글 쓰는 이로서 궁벽한 삶을 경영하며 가장 애로사항인 '출간'에 방점을 찍어 보았다. 각주를 달아, 읽는 분들의 요량을 구한다.
아울러 이 글에서, 글·글쓰기·글 읽기·출간·문예 등은 모두 문예행위를 숙주(宿主)로 한다.

20일 전에 보낸 출간의뢰에 대한 답변이요, 이미 이 답신과 유사한 것을 받은 것이 5번째이다. 그래도 20여 권의 책을 출판한 나다. 그 중엔 학술진흥재단에서 우수학술(교양)도서로 선정된 책이 3권이나 된다. (산술적인 것을 양적으로 확대하려는 의도는 추호도 없다. 글을 쓰는 이들에게는 타인의 책(글)에 대한 배려가 섭섭하다는 것쯤 이미 잘 알고 있다.)

여튼, 그건 그러하지만. 그러나('그러나'라는 역접사를 써야만 한다.) 오늘 신문을 보니 연말이 다가와 그런지 정치인들의 출판회가 곳곳에서 열린다는 기사를 보아서이다. 그만큼 정치인들은 책을 잘 출간한다는 정황적 준거이다. 그렇다. 따질 것도 없이 이맘때쯤 보면 정치인들의 책이 출판계에서 독점적 지위를 누리는 것이 사실이다. 이유는 무엇일까? 정치인들의 책은 독자들에게 통하는데 내 책은 독자들과 접속 불량인 이유를 말이다. 이는 단순히 골딱지나는 일로 풀어질 문제가 아니다.

곰곰 생각해본다. 얻은 대답은, 정치인들 책 출간과 내 책 출간의 예리한 단층선이 존재한다는 사실이다. 정황적 준거는 경제적 이윤이라 생각한다. (물론 내가 작가로서 대방가(大方家)가 아니요, 글로서도 서권기와 문자향을 운운할 바 못 된다는 것도 한 이유임에는 분명하지만.) 단층만큼 출판사에게 경제적 이윤이 창출된다는 뜻이 가장 큰 것임은 저간 책을 출간하며 얻은 명약관화한 사실이다. 이를 내 책 출간으로 환원한다면, 내 책은 출판사에게 영판 경제적인 이윤이 없다는 명백한 의미이다.

그러니 나로서는 저 정치인들을 참으로 부럽게 여기지 않을 수 없다. 난 사실 책상에 앉아 엉덩이에 박힌 종기 두서너 개는 족히 짜내야 오종종한 책 한 권이 겨우 이루어지거늘, 저들은 참 잘만 쓰기에 말이다. 저들은 대의 민주정치를 실현하느라 노심초사하면서도 용케 시간을 내 책상에 앉았다. 또 그것이 완성도 있는 글로 다듬어져 출판사의 '다방면의 가능성 검토'까지 무사히 통과하였고 '출판회'라는 축하연까지 연다.

'출판회!' 이 또한 나에게는 저들만의 리그에서 일어나는 매우 신기한 현상일 뿐이다. 난 20여 권의 책을 출간하였지만 단 한 번도 해본 적 없는 영판 낯선 소리여서다. 뉘, 누가 해 줄 사람도 없지만 내가 스스로에게 축하자리를 마련하고 벗들을 청할 만큼의 경제적인 여유도 물론 없다. 이는 앞으로도 그런 일이 없을 것이기에 '언감생심'일 터다.

이것이 목도(目睹)하는 현실이다 보니, 문득 도도새가 생각났다.
도도새의 이력을 적바림하면 이러하다.

학명: Raphus cucullatus(Didus ineptus)
생물학적 분류계: 동물계(Animalia)
문: 척삭동물문(Chordata)
강: 조강(Aves)
목: 비둘기목(Columbiformes)
과: 도도과
분포정보 분포지: 모리셔스, 리유니온
현재: 멸종

도도새라는 이름은 포르투갈어로 '어리석다'라는 의미란다. 이 어리석은 새, 도도새는 자기가 사는 곳을 침탈한 사람을 두려워하지 않았다. 결국 사람들은 모조리 그들을 먹어치웠다. 그렇게 어리석은 새 도도새는 1681년에 멸종당하였다.

도도새는 모리셔스라는 평화로운 섬에 살았다. 먹이도 충분하였고 위협할 만한 맹수도 없었다. 도도새는 새이지만 날 필요가 없었다. 날개는 서서히 퇴화하였다. 도도새는 땅에 둥지를 틀고 나무에서 떨어진 과일을 먹고 살았다.

그러던 1505년, 배가 이 섬에 들어왔다. 선원(포르투갈인) 인간들은 도도새를 맛있게 먹는 포식자였다. 1681년, 마지막 새마저 먹어치웠다.

그렇게 도도새는 사라졌고 도도새의 전설도 끝났다고 여겼다. 그러나 도도새의 멸종으로 도도새의 전설이 끝난 것이 아니었다. 최근 한 과학자가 모리셔스 섬에 특정한 종의 나무가 사라지고 있음을 찾아냈다. 그는 이 종의 남아 있는 나무 13그루 전부 300년 가량 되었으며 1600년대 이래로 어떠한 발아도 이루어 지지 않았음을 알아냈다. 이 종의 평균 수명이 300년 정도임을 생각해 볼 때 남아 있는 나무들은 이미 저승꽃이 점점이 박혔다. 그들은 곧 죽을 것이며 그 종도 멸종에 이르게 될 것이다. 정확히 말하자면 이미 그 나무는 도도새가 없어진 300년 전에 번식을 멈추었기에 죽은 것임을 우리가 몰랐던 것뿐이다.

그렇다면 특정한 종의 나무가 사라지는 이유는? 바로 도도새가 사라졌기 때문이었다. 도도새가 그 나무의 열매를 먹고 살았으며 오로지 도도새의 배설작용을 통해서만 그 나무는 씨앗이 옮겨지고 성장할 수 있어서다.

이쯤이 도도새 전설의 끝일까? 예단하긴 어렵다. 몇 년 뒤, 우리는 '특정한 종의 나무가 멸종'함으로써 일어나는 생태계의 변화를 또 찾아낼지도 모르기 때문이다. 그렇다면 도도새의 멸종이 생태계 전반의 도미노식 멸종을 가져오지 않는다고 누가 장담할 수 있는가.

내 글쓰기의 학명은 이러하다.

학명: 한국문예(Korean literature)

생물학적 분류계: 인본주의계(humanism)

문: 학문문(study / learning / scholarship)

강: 문학강(literature)

목: 국문학목(Korean literature)

과: 글쓰기과(writing)

분포정보 분포지: 지구촌 대한민국 경기도 부천시

현재: 멸종 주의보 발령 중

훈수꾼이 없어도 나는 안다. 내 삶을 경영하는 글쓰기가 바로 저 도도새라는 것을. 많은 이들이 글쓰기에 온전히 삶을 투자하는 사람을 꽤 어리석게 본다는 사실을. 슬프지만, 투자에 비하여 승수효과가 없다고 이죽거리는 것이 우리의 현실임을. 그리고 이것이 돈(경제)과 관련 있음을.

이 세계는 동서고금, 시대와 공간을 초월하며 모두 돈(경제)과 명예 권력이 우리의 삶을 지배하는 전통적인 세 강자였다. 하지만 요즈음은 돈(경제)이 3두 체제를 허물었다. 그리고는 천하통일의 대업을 이루시어 황제로 등극하더니, 내친김에 맘몬신(Mammon: 재물의 신)으로까지 떠받들라 한다. 그래 오늘도 전 세계인은 입을 모아, "일체향전간(一切向錢看: 모두 돈님만 보세나)!"을 외친다.

내 글이 책으로 출간되지 않는 가장 온당한 이유는, 이놈이 이 말하고 저놈이 저 말한대도 출판사에 경제적 이윤을 갖다 주지 못해서다. 그렇다면 이 '돈(경제)'이 바로 내 글쓰기를 죽이는 포식자임은 두말할 나위 없다.

그렇게 내 글이 죽고, 다른 이의 글이 죽고, 또 다른 이의 글이 죽고,

…, 부천문예가 죽고, 경기문예가 죽고, …. 도도새의 죽음 뒤에 나무가 발아하지 못하듯이, 문예의 죽음 뒤엔 무엇이 사라질까? 그 뒤에 과연 무엇이 존재할까?

왜 이 시대에 글(책)이 필요한지를 구구히 설명할 필요는 없다. 글(책)은 예로부터 '인본주의'란 궁극적인 사상을 찾는 고매하고도 순수한 행동이었다. 이 행동(글쓰기·글 읽기)이 없다면 인간은 인간성을 상실한 포악한 동물 포식자에 지나지 않았을지도 모른다.

우리 문예의 처지를 과하게 '도도새'에게 비유한지도 모르겠다. 하지만 우리 문예에 '멸종 주의보 발령'된 사실을 부인할 이도 별반 많지는 않을 것 같다. 작금 우리나라의 문예는 도도새와 다를 바 없다.

이 글을 쓰는 중에 또 이러한 메일을 받았다. 6번째이다.

간호윤 교수님께

안녕하세요? ○○○출판사 인문팀의 ○○입니다. 보내주신 원고는 잘 읽어보았습니다.

…아쉽게 출간으로 이어지지는 못했지만, 귀한 원고 보내주셔서 감사합니다.

감사합니다.

하지만, 2015년 11월 12일, 수업이 없는 날, 오전 6시 40분, 나는 다시 책상에 앉아 이런 메시지를 쓰고 있다. 아니, 사실 말이지만 난 몇 군데 출판사에 더 보내 볼 요량이다. 그리고는 기도문처럼 이런 말을 외며 정언명령이라고 생떼를 쓴다.

'도도새는 죽었어도 죽지 마라. 암만, 그래야 하니깐.'

○○○출판사 담당자님께

귀 출판사에 책 출간을 의뢰합니다.

이 책은 2015년도 학술진흥재단의 선정과제(2015년~2016년 저술출판지원사업)입니다.

이 책의 출간 의도는 우리 고소설 관계 그림과 표지에 대한 글을 일반 대중에게 소개하기 위해서입니다.

관계 자료를 첨부합니다.

전화: 010-8260-****

간호윤 올림

'분노'의 대상은 저들인가? 나인가?

2016년 1월 11일 『중앙일보』 30면 사설. 교육, 사회, 경제부처 장관 후보자들 자녀의 금수저 특혜를 다룬 글이다. 문제는 사설을 읽는 나를, 내가 깜짝 놀란 사실이다.

"국민 분노케 하는"이라는 말뜻을 이해 못해서다. 사설을 읽는 내가 '이 정도 가지고 '분노'라는 말을 쓸 수 있는지?'라는 생각이 들어서다. 난 분명 고등학교 교사 경력도 20년에 가깝고, 대학에서 국문학을 가르치는 선생이요, 책을 쓰는 작가이기도 하다. 그런데 분명 『중앙일보』라는 대한민국 기득권층 독자를 둔 신문의 사설에서까지 '분노'라는 용어를 썼는데 별로 '분노'하지 않는다. '그냥, 저 정도의 행동은 저들에겐 평상심이요, 보편타당한 행동 아닌가?' 하는 생각이다.

아니 오히려 저들이 '남 다 그런데, 뭐 이까짓 걸 가지고 '분노' 운운하지?'라고 매우 의아해할 듯하다는 생각마저 든다. 이쯤 되면 내 선생 경력과 글 쓰는 이로서 자격을 의심치 않을 수 없다.

그래서 '분노'라는 말의 사전적 정의를 찾아본다. 『우리말 큰대사전』

> **국민 분노케 하는 장관 후보 자녀들의 '금수저' 특혜**
>
> 지난 6일부터 진행된 5개 부처 장관 인사청문회가 또 다시 우리 사회 고위층의 부끄러운 민낯을 확인시켰다. 위장전입·편법증여 같은 타성상이 청문회마다 불거졌다. 특히 청년실업 사태로 온 국민이 고통받는 가운데 후보들의 자녀 취업과 수저 보육지 자리를 이용해 특혜를 누려온 정황까지 드러나 공분을 불러일으킨다.
>
> 이준식 사회부총리 겸 교육부 장관 후보자는 차녀가 2008년 미국 국적 상태로 국내 대학에 다니면서 사학연금의 부소자 모든 학자금 2733만원을 대출받은 사실이 드러났다. 외국인 자녀로도 학자금을 대출받아온 일반 대학생들은 엄두도 내지 못할 일이다. 이 후보자의 차녀는 한국국적을 포기한 뒤에도 이듬해까지 국내 건강보험 혜택을 받기도 했다. 이 후보자가 종합부동산세 271만원을 청문회 직전 부랴부랴 납부한 것도 눈쌀 쓴다.
>
> 새누리당 의원인 강은희 여성가족부 장관 후보자의 장남은 정보기술(IT) 자격증이 없는데도 IT업체 산업기능요원으로 특채돼 병역특혜 논란을 불렀다. 강 후보자는 당시 IT여성기업인협회 회장이었다. 차남 역시 군 복무 중 휴가 기간이 일반 사병의 배에 가까운 80일에 달해 구설에 올랐다.
>
> 주형환 산업통상자원부 장관 후보자의 장녀는 2011년 정부 예산을 받는 글로벌녹색성장기구(GGGI)에서 두 달간 인턴으로 일하고 299만원을 받았다. 미국 대학을 나온 장녀가 인턴 채용 공고도 하지 않은 GGGI에 채용된 것이다. 대통령 직속 녹색성장위원회 기획단장을 역임한 주 후보자의 영향력이 아니었다면 어려웠을 것이다.
>
> 박근혜 정부 들어 인사 참사가 워낙 많이 터진 탓에 웬만한 흠결은 넘어가 주는 풍조가 생겼다. 하지만 자녀특혜 의혹은 일자리를 얻지 못해 피눈물 흘리는 청년들을 절망케 하는 파렴치한 행위다. 공정한 취업 기회를 보장하고 사회통합과 경제 살리기를 주도해야 할 교육·사회·경제 부처 장관 후보자들이 자녀들에게 '금수저' 특혜를 누리도록 앞장섰다니. 아니 국민이 이들의 정책을 믿고 따를 것인가.

에는 "분하여 성을 냄"이라고 나와 있다. 그러니 『중앙일보』 사설대로라면 우리 국민 모두 '성을 내야' 한다. 국민 모두 성을 낸다면 저이들은 모두 감옥에 가거나 아니면 최소한 공분(共憤)하는 국민들의 장관자리에 앉을 수 없다.

하지만. 그러지 않으리라는 것, 저이들은 역시 저이들과 같은 경력을 지닌 저이들과 대한민국 국정을 잘 수행할 것이라는, 앞으로도 주욱, 그러할 것이라는 현실을 우리 국민은 굳건히 믿는다. 너무나 많이 보아온 저들의 일상 덕분(?)이기 때문이다.

그래, 우리 국민은 결단코 이 글을 보고도 공분하지 않는다. 공분하면 큰일이 난다. 백성들이 모두 공분하면 앞에서도 적바림했듯 저들은 결코 저 자리에 가지 못할 뿐만 아니라, 영어의 몸이 되기 때문이다. 저들이 없는 이 나라는 정의로운 나라가 되기 때문이다. 저들은 저들만의 창고에 정의, 도덕, 평등, … 등의 아주 천것들이나 쓰는 어휘는 모조리 넣고 대못을 꾹꾹 질러 놓았잖은가. 그러니 대한민국에서 공분 같은 일이 일어날 가능성은 현재로선 제로에 가깝다.

휴! 비로소 안도의 한숨을 내 쉰다. 분노 안 하는 내가 잘못이 아니라, 분노를 잘못 해석한 『우리말 큰대사전』의 잘못이었다. 그래 『우리말 큰대사전』의 '분노' 정의는 이렇게 바꾸어야 마땅하다.

"분노: 성은 날지도 모르지만 그냥 넘어가는 것. 참고: 예전엔 분하여 성을 낸다고 하였지만 그것은 지나간 뜻임."

다산 선생은 "옳으면 옳다 하고 그르면 그르다 하는 게 글"이라고 하였다. 명색이 책을 쓴다는 나, 이제는 분노조차 하지 않는 나, 지남력(指南力)마저 실격인 나, '분노'의 대상은 저들인가? 아니면 나인가?

졸업식 유감

우리의 졸업식에 문제가 있다는 기사를 보았다.

내가 고등학교 교사로 재직했을 때 일이니 근 20년도 전이다. 고3 담임으로서 졸업식 날은 남모르게 교사로서 자긍심도 갖는 날이다. 일 년간 함께한 아이들을 떠나보낸다는 이별보다는 졸업시킨다는 뿌듯함에 싱긋이 웃음까지도 입가에 맴돈다.

그런데 문제는 졸업식장이다.

대학을 진학했건 못 했건, 성적이 우수하건 아니건, 1등부터 맨 마지막 등수까지 똑같은 졸업장을 받는 날이건만, 축하를 받는 인원은 극히 몇 명이다. 교육감상, 이사장상, 동문회장상을 받는 몇 명을 위해 그 많은 학생과 학부모들은 하염없이 박수를 쳐대야 한다. 더욱이 단상에 오르는 아이들의 이름은 이미 교문에도 떡하니 붙었다. "○○○, ○○○, 가나다대학 ○명 합격"이라고.

한 번은 이 일로 3학년 주임과 함께 교장실을 찾았다.

"교장 선생님, 교문에 거는 현수막을 없애고 모든 졸업생 이름을 벽에 프린트하여 붙여주는 것이 좋겠습니다. ……"

교장 선생님은 이미 다 알고 있다는 듯이 내 말을 자르고 들어오셨다. 말씀은 대략 이러하였다.

"간 선생님. 내 교직 경력이 몇 년이지요. 그것을 모를 리 없지요. 졸업식 날, 많은 사람들이 오지요. 그런데 다른 학교는 가나다 대학을 몇 명 붙은 줄 아는데, 우리는 안 붙여 놓으면 모르지 않겠어요. 사람들이 무엇을 가지고 학교 평가를 하나요. 그렇게 우리 학교 소문은 나쁘게 나겠고. 또 중학교에서 성적이 좋지 않은 학생들이 우리 학교를 지원하면 선생님들도 가르치는데 좀 힘들겠지요. …안 그렇소. 3학년 주임 선생님?"

결국 나는 고등학교 교사를 그만둘 때까지 '그 몇 몇 잘난, 그들만을 위한 현수막과 박수소리'를 보고 들어야만 했다.

고등학교에 교사로 근무하며 두 가지 문제는 꼭 풀고 싶었다. 하나는 가방에 실내화를 넣어 가지고 다니는 문제, 그리고 졸업식 날 현수막 문제. 지금까지도 내 교직 생활을 생각하면 손거스러미 같은 그 일들이었다. 그런데, 아직도 졸업식장에 현수막이 그렇게 붙어 있어 쓴 글(박경미 교수의 글)을 보니 가슴이 새삼 답답하다.

내일이 설날이다. 많은 이들이 귀향한다. 아마 올 해도 어느 지방 장터에는 "○○○의 자제, ○○ 대학 합격"이라는 현수막이 위풍당당하게 귀향객을 맞을 것을 별반 의심치 않는다.

이 세상은 잘난 자들, 그들만의 리그가 아니거늘, 그렇지 않아도 머리가 나빠서, 재주가 없어서, 노력이 부족해서, … 등. 이러저러한 이유로 박수만 치는 이들은 살기가 참 팍팍한 대한민국이다. 박수만 치는 이들의 심정도 한 번쯤 헤아려주는 대한민국이 되었으면 좋겠다.

'그 몇 몇 잘난, 그들만을 위한 현수막과 박수소리'를 언제까지 보고 들어야 할까.

개들의 대화

나향욱 교육부 정책기획관의 국회출석 발언을 보았다. 참 귀접스럽다. 대한민국 교육부 정책기획관실에서 풍기는 개고린내 악취를 얼마간 더 참아야 할 듯하다.

그래, 개 둘이 대화를 나누었단다.

"우리 집 사람은 나에게 밥을 주고 똥도 치워 줘. 그러니 그 사람이 내 주인이야."

"우리 집 사람은 나에게 밥을 주고 똥도 치워 줘. 그러니 내가 그 사람 주인이야."

물론 돼지들이 대화를 나누어도 같은 결과다. 같은 상황이지만 해석이 이렇게 정 반대인 경우는 허다하다.

"또 썼어."

"수고했습니다. 참 부지런하군요."

내가 책을 열 권쯤 써 갖다 주었을 때 두 교수님의 반응이다. 그래도 내간에는 상글상글 웃으며 받아주지는 않더라도 "수고했네"라는 말쯤은 해주리라 여겼다. 꼭두새벽부터 책상머리에 지긋이 붙어 앉아 엉덩이에 종기자국 두어 개는 남기고 써낸 책들이어서다.
그런데 왜 이렇듯 준 자와 받은 자의 계산법이 다를까?
답은 저 위의 "내가 그 사람 주인이야"하는 개의 경우를 보면 된다. 개 주인은 밥을 챙기고 똥을 치우는 수고를 마다않는다. 개 주인 입장에서 개를 키우는 데 이만한 수고쯤이야 당연하다고 생각해서다.
그러나 받는 개는 그게 아니다. 편안히 앉아 받아먹고 아무데나 똥을 싼다. 하루, 이틀 지나다보니 아예 제가 주인인줄 행세까지 하게 되었다.
그렇다면 잘못은 누가 한 것인가? 두말할 것도 없이 개가 아닌 주인에게 잘못이 있다.

이번 나향욱 교육부 정책기획관의 경우도 이와 다르지 않다. 그는 분명 백성을 섬겨야 할 공복(公僕: 국가나 사회의 심부름꾼이라는 뜻으로, '공무원'을 달리 이르는 말)인 공무원이다. 백성들이 그와 그의 가족에게 일용할 양식을 주어서다. 하지만 우리 조선 백성은 주인 노릇을 제대로 해보지 못했다.
지금도 많은 이들이 늘 공복을 섬기고 있는 게 사실 아닌가? 당신의 자제들이 그 공복대열에 낀 것을 자랑으로 여기지 않는가? 공무원이 된 자제들에게 백성의 공복임을 알려주는 부모는 몇이나 될까?
신문의 기사내용을 보니 나향욱 교육부 정책기획관의 "개돼지" "신분제"… 운운은 평소 대한민국 1%라는 승풍파랑(乘風破浪: 원대한 뜻)을 품은 그의 지론인 듯싶다. 그의 주변엔 이런 이들이 꽤 많을 것을 의심치 않는다. 그렇지 않고서 이런 발언을 작심한 듯 할 수 없다. 이런 이들과 저 시절 못된 양반(관리)들과 다를 바 없다.

19세기 말 이 땅에 온 이사벨라 버드비숍(Bishop, Isabella Bird, 1832~1904)은 『한국과 그 이웃나라들』(1898)에서 양반(관리)계층을 "하층민의 피를 빨아먹는 면허받은 흡혈귀요, 하층민의 존재 이유는 흡혈귀에게 피를 공급하는 것"이라고 적바림해놓았다.

연암 선생의 〈민옹전〉이란 소설이 있다.
누군가 해서(海西)에 황충(蝗蟲: 백성들이 땀흘려지은 벼를 갉아먹는 메뚜기)이 생겨 관가에서 황충 잡이를 독려 한다고 말하자 민옹은 곡식을 축내기로는 종로 네거리를 메운 '칠척 장신의 황충'보다 더한 것이 없는데 그것들을 잡고 싶어도 커다란 바가지가 없는 것이 한이라고 하였다. 여기서 민옹이 말하는 황충은 하는 일 없이 놀고먹으며 곤댓짓만 하는 양반들이니 이는 곧 황충보다 더 무서운 '인충(人蟲)'에 대한 경고였다.

연암 선생의 〈양반전〉이란 소설도 있다.
〈양반전〉은 '양반'이기에 '양반임'을 고민해야 했던 연암의 미묘한 감정선을 바짝 뒤쫓은 소설로 양반과 백성 사이의 유교적 역학관계가 잘 나타나 있다.
조선 후기에는 두 족속이 있었다. 한 부류는 양반인 '안하무인족(眼下無人族)'이고 또 한 부류는 백성인 '고립무원족(孤立無援族)'이다. 〈양반전〉은 안하무인인 양반들의 세계를 꼬집는 격문으로 조선 후기 '양반의 초상'이다. 양반들은 여기서 '이 녀석의 양반 님네'라고 되알지게 쏘아붙여도 될 만한 행동들을 거리낌 없이 해댄다. 〈양반전〉은 이렇듯 '인간 불평등설'을 굳게 믿고 있는 저들에게 진지한 반성을 촉구하는 소설이요, 양반들의 등판에 식은땀깨나 흘리게 할 만한 소설이다.

2016년, 2003년 이래로 OECD 회원국 중 자살률 1위, 불통, 부조리, ---헬조선, 금수저, ---갑질, n포세대, 빨대족, ---개, 돼지, 흡혈귀, 황충, 인충, 일본천황폐하만세!…따위가 이 대한민국 방방곡곡을 휩쓸고 다니며 교미를 한다.

그래 고개 들어 하느님께 물어보니[仰面問天] 하늘도 괴롭다[天亦苦]고 고개를 홰홰 내저을 뿐이다.

하여, 이것들을 퍼다 버릴 큰 바가지도 없고 그저 백성들의 정신이 유폐되지 않기를 바랄 뿐이다.

첨부: 이 글을 쓰고 몇 시간 뒤 교육부에서 나향욱 교육부 정책기획관 파면 소식이 나왔다. 언급한바, 나 정책기획관 한 사람의 문제가 아니다. 저런 사람은 저 교육부 관료의 거반일지도 모른다. '나향욱 교육부 정책기획관 파면' 이후를 우리가 깊이 있게 살펴야 한다. "개돼지"의 수원지가 된 영화 〈내부자들〉은 1,000만 명이 보았다. 우리 국민의 1/4이다. 그만큼 저 영화에 공명한다는 반증이다.

사람살이와 이름값

사람살이를 하며 이런저런 일을 겪는다. 대부분의 사단은 말과 행동이다. 말과 행동은 이름값만 하면 되지 않나 하는 생각이다. 그래, 내 호 휴헌(休軒)에 대해서 생각해본다. 내 호는 나에게 한학을 가르쳐 주신 중산(重山) 허호구 선생님께서 지어 주셨다. 『대학장구』 전 10장에 나오는 글귀에서 빌어 오셨다.

"한 신하가 단단할 뿐 다른 재주는 없으나, 그 마음이 곱고 고와 남을 용납함이 있는 듯하다[若有一个臣 斷斷兮無他技 其心 休休焉其如有容焉]"라는 글귀의 '휴휴(休休)'이다.

별 재주가 없는 것은 정확히 보셨다. 내가 별 재주가 없으나 단단하고 휴휴하다고 생각하셨나보다. '단단'은 정성스럽고 한결같은 모양이고 '휴휴'란 마음이 곱고 고와 남을 용납함이다. '용납함'이란 남이 가지고 있는 재주를 자기가 소유한 것처럼 여기며 남의 훌륭하고 성스러움을 마음으로 좋아한다는 의미이다.

선생님께서는 "휴휴는 '평이하고 솔직하여 선을 좋아한다'라는 뜻

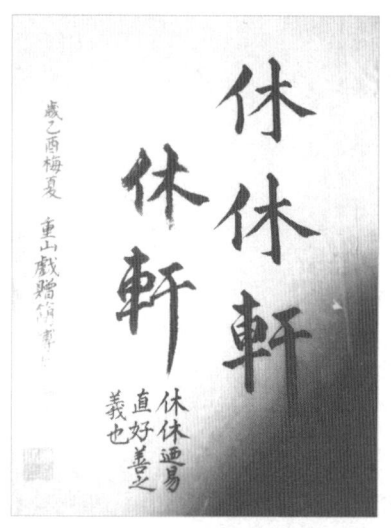

이다[休休洒易直好善之義也]"라고 『서경』 「진서(秦誓)」에 보이는 해석까지 덧붙여 놓으셨다. '평이'와 '솔직', 그리고 '선', 즉 '평이하고 솔직하여 선을 좋아한다'는 뜻이다.

정녕 내가 사람들을 저리 대하고 말과 행동이 저러한지? 사람살이를 하며 이런저런 일을 겪을 때 내 말과 행동에 내 이름값은 하는지? 의심스럽다. 참으로 의심스럽다.

어떤 신문

"충청 총리 낙마 땐 총선 두고보자"… 고민하는 야당
[중앙일보] 입력 2015.02.16 00:55 / 수정 2015.02.16 01:51

"충청 후보 나오는데 … 속상했지유
호남 분이 계속 이렇게 하잖아유"
강희철 향우회장 청문회 발언 후
대전·충청 찬성 33% → 65% 뛰어
야당 의원들 협박 전화·문자 받아

2015년 2월 16일, 오늘 자 한 신문의 기사이다.

내용인즉, 충청 출신의 총리 후보자를 야당이 홀대했다가 충청민심이 두려워 엉거주춤 고민한다는 내용이다.

왜 이럴까?

지방색, 호남민심, 경상민심, … 선거철만 되면 지겹도록 듣는 정치인들의 발언이다. 우리 정치발전을 저해하는 아주 못된 지방색 아닌가. 그래, 경상도니 전라도니를 아예 없애자는 말까지 나오는 터다.

그런데 정치인도 모자라 언론까지 이런 보도를 한다는 것을 어떻게 생각해야 할까? 총리는 한 지역을 대변하는 자리가 아니다. 전 국민의 공복이다. 또 충청도 도민들이 한 마음 한 뜻으로, '충청지역 출신이니 총리후보자에게 흠이 있어도 봐 줍시다.'라고 할 사람들이 몇이나 될 까? 그리고 나아가 '우리 충청 출신 총리를 마다했어. 총선에서 두고 보자.'라고 할 충청도 분들은 또 몇이나 될까? 구독자를 영 허릅숭이로 만드는 이 기사는 결국 '총리 후보자에게 잘 보이려는 이 신문사의 정치관이 써내려간 기사' 아니겠는가.

하기야 어디 이런 신문, 이런 기사가, 이 신문뿐이랴. 대한민국의 언론은 정치인보다도 더 썩어 문드러진 고린내가 풍긴다. 이런 기사를 '문소리'라고 한다. 가람선생 표현으로는 '문덩문덩 썩은 소리'이다. 그럴성싶기는 해도 진부하고 썩어 문드러진 소리라는 말이다.

사실 정치인보다도 언론인만 올곧은 기사를 쓴다면 대한민국은 진작 맑아졌다. 문고리 권력이 따로 있겠는가. 이쯤 되면 언론 또한 문고리 권력으로 부른들 무에 잘못이리오.

학교식당 밥맛

제자와 오랜만에 저녁을 함께 합니다.
음식 맛이 그런대로 괜찮은 편이라 학교 식당으로 갔습니다.

늦게까지 수업을 한 터라 헛헛하니 구미까지 당깁니다. 늦가을인데도 먹음직스럽게 버무린 냉이가 찬으로 올랐습니다.
밥맛이 참 좋습니다.

몇 숟가락질을 할 때쯤 한 육십은 되어 보이는 대추씨 같은 몸매의 낯선 여인이 식판을 들고 와 제자 옆에 와 앉습니다. 제자와는 익숙한 사이인 듯합니다. 여인은 처음 보는 사이건만 거리낌 없이 나를 빤히 쳐다보더니 나이에 어울리지 않게 빨간 립스틱으로 도색한 암상스런 입을 벌려 묻습니다.

"전공이 뭐예요."

우물우물 씹던 밥을 얼른 삼키고 대답했습니다.

"아-, 예-, 고전입니다만…."
…
…
이번 학기에 입학한 박사과정생이었습니다.
내가 물었습니다.

"왜 공부를 하시는지요?"
"예, 애들도 크고. 남편도 취미활동을 해라서. 뭐 그냥 재미로요."
…
…
학교식당 밥이 그렇게 맛없는 줄 처음 알았습니다.

교과서 국정화를 보며

책 내기 참 힘들다.
작년에 넘어간 원고 교정을 1년이 넘어서야 본다.
왼 종일 책상에 앉아 교정을 보자니 인터넷을 안 볼 수 없다.
내 책상 위의 사이버 세상, 그곳은 차마 눈뜨고는 보지 못할 대(大)막장극이 벌어진다.

"대표 집필자로 초빙된 최몽룡 서울대 명예교수와 신형식 이화여대 명예교수에게는 인터넷 악성 댓글이 쏟아지고, 반대로 국정화 반대 콘서트를 연 가수 이승환은 살해 협박을 받았다."

"한국사교과서 국정화에 반대하는 국민을 '비국민'으로 규정하는 듯한 발언을 하고, '용공 세력'으로 매도해 파문을 일으킨 친박핵심 이정현 새누리당 의원(전남 순천·곡성)이 결국 고발을 당했다."

무엇이 문제인가?

세계적인 역사학자 아놀드 토인비는 실패한 21개의 문명권을 조사했다. 그 패망의 원인이 무엇인지? 간단하였다. '첫째, 중앙집권화와 소유권, 둘째, 변화하는 상황에 대한 부적응'이었다.

작금 정부의 교과서 국정화를 보며 아놀드 토인비의 저 말이 생각난다.

'헬 조선', '비정규직 증가', '대학 5학년', '한국 OECD국가 중 인구 10만 명당 자살률 1위', '중산층의 하락과 빈부격차 심화', '지옥불반도', …….

모두 정치인들이 머리를 맞대고 해결해야 할 시급하고도 중차대한 언론의 머릿기사이다. 작금 대한민국의 문제들은 국정 교과서가 없어 발생한 일이 아니다. 이 현안들을 모두 젖혀두고 왜 국민을 분열시키고 나라를 벌집통으로 만드는지 이해에 사해를 해도 납득하기 어렵다.

정치란 정(政)을 공자는 '바를 정(正)'이라 하였다. 대한민국 국민의 한 사람으로서, 저 국민의 공복(公僕)이라 자처한 거짓 공복 분들께 바른 정치를 기대하는 것은 참으로 난망(難望)한 일인지도 모르겠다.

서(書) 군에게

서 군!

오늘 자(字) 신문, '책리뷰'란에 실린 글을 보다가 내 자네에게 푸념 좀 하려네. 저 리뷰란에 실린 글을 보니 참 귀도 코도 막힐 정도의 명문장들의 향연이더군. 나도 글 쓰는 것으로 밥을 먹고 사는데 부끄러워 더 이상 읽기를 폐하고 자네에게 넋두리하니 좀 이해해 주게.

서 군! 여보게,
내 요즈음 "주(酒) 군과 과하게 붙어 다닌다."는 말 자주 듣는 것을 자네도 알 것일세. 난 그런 말을 하는 사람이 때론 야속하다네.
언제부터던가? 한 스무 살 무렵부터던가? 아니 그보다 더 앞선 나이인지도 모르겠네. 이런 생각을 한다네. 내 삶을 벗어나고 싶다고. 이 세상은 무섭고, 참 잘난 사람들도, 잔인한 사람들도 많더라고.

여보게!

내 욕심이 과해서인지 모르겠지만, 난 최선을 다해 사는 것 같은데. 그래, 변명인지 모르지만 주 군과 만나면 그 모든 고민에서 잠시 벗어난다네. 자네의 걱정도 또 내 건강도 모르는 바 아니지만. 내 그래도 아직은 주 군과 독대할 수는 없고. 그래 그 사람들과 앉아있는 것이지, 꼭 그 사람들이 좋아 그 자리에 있는 것도 아니라네. 그래, 늘 주 군과의 지독한 만남이 있은 다음날 아침이면 후회를 거듭거듭 한다네. 그러곤 이렇게 자위를 하지. '이해할 수 없는 세상의 이치, 이해할 수 없는 사람들의 행동이, 난 참 이해할 수 없어 주 군을 지독히도 만나고 만난다고.'

그런데 여보게!

참 이해할 수 없는 일이 또 있다네. 난 언젠가부터 목 놓아 울고 싶단 말일세. 그런데 이놈의 울음이란 놈이 아무리 울려 해도 울음이 안 나온단 말일세.

서 군! 여보게,

난 세상 열심히 살려고 한다네. 남에게 몹쓸 짓을 한 것도 없고. 그래 이 세상에 크게 부끄러울 것도 없다네. 그런데 왜 그런 내가 이런 세상의 대접을 받아야 하는지 이해가 안 된다네. 책상머리에 앉아 있는 것도 남에게 빠지지 않고, 책도 20여 권 내보고, 고등학교를 거쳐 대학 훈장질도 내 깜냥껏 하지 않나. 그런데 왜? 왜? 지금도 나는 심봉사 동냥젖 얻듯, 출판사, 강의, 경제, … 구걸하듯 찾아 다녀야 하느냐 말일세. 내 나이 50도 중반을 넘어선 중늙은이가 되도록. 도대체 왜?

그러니 여보게!

그 진부한 '노력'이란 두 글자가 모자란다고 종주먹을 들이대지 말게. '노력 끝에 성공'이란 말 참 역겨우이. 주 군이 좋아, 주 군과 쏘다닌다고만 하지 말아주게. 이 주 군마저 없으면 나도 정말 미치든지, 아니면 아예 이 세상과 거리를 두든지 할 수밖에 없다네. 그러니 주 군을 과히 허물치 마시게.

여보게!

내 가정사를 제외한다면 가르치고 글 쓰는 게 내 삶의 전부 아닌가. 겨우 두 가지 일이지만, 이 두 가지가 내 삶의 전부이기에 …. 그런데 내가 상대하는 저들의 세계, 늘 나에겐 큰 절벽이라네. 어제도 전화하는 것을 들었겠지만, 난 출판사와 그런 전화를 하루에 몇 번씩 하는 날도 있단 말일세. 그럴 때면 "지방대라 안 되겠네요."라던 한 출판사와 전화통화를 되새김질하며 과잉기억증후군을 또 앓는다네. 한 교수님께 책을 한 열 권 쯤 드렸더니 "또 썼어?"라며 나를 쳐다보던 그 얼굴도, 지금도 난 그 생각만하면 자지러진다네. 자네도 알잖나.

여보게!

이런 날이면 늘 나를 괴롭히는 자괴감에 치를 떨다 주 군을 만나는 것이지. 따지자면 이 글도 내 못남에서 나온 것이니…. 하지만 그 모든 것을 내 탓으로만 돌리기에는 산다는 게 참 그렇다네.

그러니 서 군! 여보시게,

혹 자네, 글재주 남은 게 있거든 보시하는 셈치고 조금만 떼어 적선해 주지 않겠나. 남들에게 주고 남은 그 재주라는 것 말일세. 뭐 발쭉 웃으면서 한 바수거리 달라는 것이 아닐세. 그저 한 됫박이면 족하다네. 내 자네를 벗으로 삼은 지도 수십 년 아닌가. 그러니 웬 투정질이냐 내치지 말고 곁을 좀 허여해 주시게나. 나도 좀 저들처럼 살아보고 싶단 말일세. 서 군! 여보시게! 응!

노력 끝에 성공

"노력 끝에 성공!"
"고진감래"
『씨크릿』, 『아웃라이어』 같은 수많은 책들은 하나같이 기적을 이야기한다.
많은 이들이 이를 믿고 있는 것도 사실이다. 그러나 과연 그러할까? 성공한 이들의 이야기만 모아 엮은 책이지, 만약 실패한 이들의 이야기를 모아 엮는다면 어떻게 될까?
선생이다 보니 학생들을 참 많이도 보았다. 성적면에서 가끔씩은 저러한 기적을 일으키는 아이들이 있다. 그러나 아주 우수한 성적을 기준점으로 삼는다면 단순히 노력으로 이루어진 경우는 거의 찾아보기 어렵다. 이미 그 아이에게는 그만한 능력이 있는 경우가 대부분이기 때문이다. 유전적인 재주를 노력만으로 따라가기는 어렵다. 거북이가 토끼와 경주에서 이길 수 있는 경우는 '토끼가 잠을 자야 한다'는 전제 조건을 반드시 충족시킬 때뿐이다. 정상적인 경우라면 절대 이

길 수 없다.

유전적인 자질, 대단히 불쾌한 일이지만 인정할 수밖에 없다. 유전적인 자질에 환경까지 더한다면 우리의 삶은 이미 결정되었는지도 모른다. 더욱이 우리나라와 같이 사회 지도층의 도덕지수가 떨어지는 나라는 더욱 그러하다. 이미 불공정 게임 룰이기 때문이다. 그러니 '노력', '열심', '최선'이 부족하여 힘들게 살아가는 것이라고 매도하지 말아야 한다.

'깜냥'이란 좋은 말이 있다. 깜냥은 스스로 일을 헤아릴 수 있는 능력이다. 내 깜냥과 저 사람의 깜냥이 다르기에 능력 또한 다른 것이다. 그러니 자신의 깜냥만큼만 '할 수 있는 한' 만큼만 '노력', '열심', '최선'을 다하라고 하면 된다. 또 그렇게 해야 한다.

보통사람은 최고의 경지에 이르기 어렵다. 최고의 경지에 올랐다면, 성공했다면, 그는 이미 보통사람이 아닌 것을 몰랐을 뿐이다. 우리가 세상살이를 하며 힘들어 하는 이유도 여기에 있는 듯싶다. 안타까운 것은 우리 대부분이 보통사람들이란 점이다. 이를 받아들여야 한다. 그래 자기 깜냥만큼만 '할 수 있는 한' 만큼만 하고 또 주변에선 그것을 인정해주는 사회여야 한다. '이러할 때 우리 모두가 존엄하고 행복을 느끼는 사회가 되는 것이 아닐까?' 하며 오늘 조간신문을 들여다본다.

아래는 2014년 7월 17일 〈중앙일보〉 기사이다.

노력하면 된다? … '1만 시간의 법칙' 틀렸다

미 연구팀 노력·재능 관계 조사
노력이 실력에서 차지하는 비중
음악·스포츠 20%대, 학술은 4%뿐

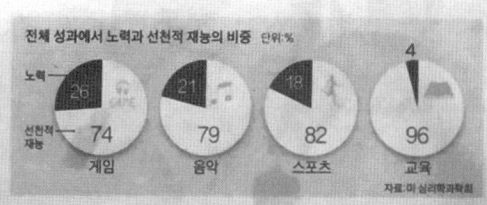

노력으로 선천적 재능을 따라잡을 수 있을까. 국제적 권위의 심리학 학술지인 '심리과학'은 최근 과학계의 해묵은 논쟁을 잠재울 수 있는 연구 논문을 발표했다고 뉴욕타임스(NYT)가 16일 전했다. 논문의 결론은 아무리 노력해도 선천적 재능을 따라잡기 힘들다는 것이다.

잭 햄브릭 미시간주립대 교수 연구팀은 노력과 선천적 재능의 관계를 조사한 88개 논문을 대상으로 연구를 진행했다. 지금까지 진행된 이 분야 연구 중 가장 광범위한 것이다. 연구 결과 학술 분야에서 노력한 시간이 실력의 차이를 결정짓는 비율은 4%에 으로 나타났다.

또 일의 성과를 꾸준히 확인할 수 있는 환경이 뛰어난 실력을 기르는 데 도움이 되는 것으로 나타났다.

다른 사람들과 체스 경기를 꾸준히 한 선수가 홀로 체스를 배운 선수보다 뛰어난 기량을 발휘한다는 설명이다. 연구에 따르면 한 분야를 배울 때 관련 분야와 함께 배우면 학습 진도도 빠르고 실력 향상에도

슨 교수는 음악가를 대상으로 한 연구에서 일급 연주자와 아마추어 연주자 간 차이의 80%는 연주 시간에 따른 것이라고 설명했다. 미국 시사주간지 타임이 2005년 세계에서 가장 영향력 있는 100인에 꼽은 맬컴 글래드웰은 에릭슨 교수의 연구 결과를 바탕으로 《아웃라이어》를 집필해 세계적 베스트셀러 작가가 됐다. 글래드웰이 이 책에서 제시한 '1만 시간의 법칙'은 선천적 재능보다

49

나는 왜 쓰는가?

1.

새벽부터 천둥소리가 요란하다. 그런데 번개도 벼락도 안 보인다. 천둥 치면 번개도 먼저 보이고 벼락도 쳐야 하거늘. 문득, 내 글쓰기 또한 이러한 것이 아닌가 하는 생각이 들어 길거리에서 한동안 서 있었다. 명색이 고전을 읽고 글을 쓰는 나이다. 몇 권의 저서도 내었다. 그런데, '그 책이, 아니 글이, 글은 있는데 의미가 없는. 혹은, 의미는 있는데 글은 없는. 아니, 어떠면 글도 의미도 없는 것은 아닌가?' 하는 생각이 들어서다. 나는 왜 쓰는가? 내 글은 내 삶에 무엇이고 나는 학자로서 치열하게 글을 쓰는 것일까?

이 시대 글쓰기의 거장 김윤식 교수님은 루카치와 에토 준에게서 치열한 글쓰기를 배웠다고 하였다. 그는 나와 두 번의 인연이 있었고 모두 강인한 인상을 남겼다. 한 번은 서울대학교에서 중등교사 1급

연수를 받을 때이고 한 번은 중앙대 학회에서 내가 사회를 볼 때 연사로 오셨을 때이다. 서울대 연수에선 자신이 국어국문학과가 아닌 국어교육과이기에 열심히 공부했다는 내용이었고 학회에서는 백철 선생에 대한 내용이 기억에 남는다. 서울대 연수는 1993년 여름 경이고, 중앙대 학회는 2009년 가을 쯤이 아닌가 한다. 훤칠한 키에 카랑카랑한 목소리, 슬몃 입은 돌아갔지만 논리적인 내용, 사람들을 향한 차가운 시선은 그때나 이때나 여전하였다. 그의 글쓰기도 그러하였다.

그는 루카치의 『소설의 이론』을 가슴 설레며 밤새워 읽었고 유일한 가족이던 자기 부인이 죽는 과정까지 글로 쓰고 더 이상 글을 쓰지 못하게 되자 자살한 에토 준에게서 치열한 글쓰기를 배웠다고 한다.

그는 나이 76세에 『내가 읽고 만난 일본』이란 책을 출간하였다. '원로 국문학자 김윤식의 지적 여정'이란 부제를 단 에세이였다. 그는 이 책의 출간을 이렇게 말했다. "이제 나에게 남은 시간이 얼마 되지 않으니, 유서 비슷한 게 아니겠소." 저서가 150권인 80여 세의 그, 그분이 노구를 이끌고 '유서!'를 쓰듯 글을 썼다는 말이다.

그와 나, 같은 국문학의 길을 걷지만 그 길은 분명 다르다. 그분은 앞섰고 나는 뒤섰고, 그분은 20대에 서울대 교수가 되었고 나는 50대에도 대학 강사임을 굳이 따질 필요 없다. 그분은 그의 길을 가고 나는 내 길을 가는 것이 학문의 길이기 때문이다. 제 아무리 위대한 분의 길이라도 내가 따라가면 그것은 새로운 사유를 내놓아야 할 학자로서 결격이다.

문제는 '그분에게 있는 글쓰기의 치열함이 나에게 있는 것인가?' 하는 글 쓰는 이로서 근본적인 문제이다. '글쓰기의 치열함' 그것이 없다면 학자로서도 글 쓰는 이로서도 결격이다. 고전을 읽고 쓴다고 '고전독작가(古典讀作家)'라는 명칭도 만든 나이다. 연암 박지원 선생은 '소단적치'라 하여 전쟁에 임하는 마음으로 글쓰기를 하였다. 목숨을 건 글쓰기이다.

오늘, 난 천둥이 울리고 벼락이 치는 글쓰기를 하는가? 아니, 그런 글쓰기를 하려는 치열한 마음은 있는가? 아니면 글 따로 나 따로인 '서자서아자아(書自書我自我)'의 세상에서 나 또한 사이비 향원(鄕愿)식 글쓰기를 하는 것은 아닌가?

목숨을 건 글쓰기, 그러할 때 글에서 천둥이 울리고 벼락이 친다!

2.

연암 선생님
글쓰기를 전쟁이라 하셨지.

무딘 창과
부서진 방패,

난 오늘도,
어느 전쟁터에서,

허연 백짓장에 베어진,

새하얀 선혈이 뚝뚝 떨어지는 수급을 들고
서 있다.

그런 말은 뻥

페이스북을 본다.
언어가 유희를 한다.
호화로운 만찬이 〈심청전〉의 맹인잔치처럼 성대히 벌어졌다. 호기롭게 창공을 박차고 비등하는 글자들. 호쾌하게 대양을 가로지르는 문장들. 함박눈 퍼붓듯, 천둥치듯, 벼락치듯, 쏟아지는 의미들, 석가와 예수와 마호메트에서 라캉과 포스트모더니즘에 쉬르리얼리즘을 고명으로 얹은 언어의 향연. 이에 뒤질세라 깔깔! 호호! 불립문자와 염화시중을 오르내리는 웃음들.
휴휴헌의 책들도 덩달아 난장을 선다.
이 책과 저 책이 교접하고, 만년필이 날고, 안경이 글자들과 부둥켜안고 입맞춤을 퍼붓는다. 휴휴헌이 카오스다. 아마게돈이다.
내 글이 숨고 내 책이 통곡을 한다. 푸른 하늘을 대롱으로 보았다. 가두리양식장 안의 고기였다. 조개껍데기로 바닷물을 퍼담고 앉았다.
휴휴헌을 나선다.

두리번두리번…글 아귀라도 된 양 글 요깃감을 찾는다. 허기진 개새끼처럼 글 뼈다귀라도 주으면 달게 먹으련다.

그때, "그짓말 안 하고 솔직합니다"라는 점포에 붙은 글을 보았다.

그짓말 안 하고 솔직한 글을 쓰자. 저런 글을 써야 한다. 거짓말은 안 된다.

―――――――――

욕을 한 바탕 해주어야겠다.

"나쁜 놈! 쓰지 말라는 소리냐! 그러는 넌 '그짓말' 안 하고 솔직하냐? 응. 정말……정말……뻥이 아니란 말이지. 뻥이 아니란다. 그렇다면 할 수 없고."

난 공원에나 앉아 있으련다.

바람은 시원하다.

아니 바람만 시원하다.

바람결을 따라 푸른 하늘에서 땟꾹물이 뚝!뚝! 떨어진다. 구멍이 뻥 뚫렸나보다. 땟국물이다.

내 글 땟국물인가보다.

뚝!뚝!

소경의 안질

방학이라 책상머리에 앉으면 이 '단서장사'를 씁니다.
애초부터 그저 한 두어 줄, 짧은 글만 쓰려고 했습니다.
그런데 쓰다 보니 제법 긴 글도 있더군요. 읽어보면 한두 줄 글 만도 못한 것이 태반입니다. 오히려 한두 줄로 생각을 짧게 옮긴 글에서 사유와 상상이 깃들어 있는 것을 발견합니다.

말을 했다고 말이 아니듯, 글을 썼다고 모두 글이 아닙니다.
말하는 이의 참 마음이 들어 있지 않으니 말이 아니라는 게요, 글 쓰는 이의 참 마음이 담겨 있지 않으니 글이라고 할 수 없다는 게지요.
그래 이 몇 글자 쓰면서도 글이 아닐까봐 걱정이 됩니다.

일본의 지성(知性) 다치바나 다카시는 『나는 이런 책을 읽어 왔다』에서 "I/O 비율 100대 1"이란 말을 하였습니다. 'I는 입력(Input: 독서)이요, O는 출력(output: 글쓰기)'란 뜻이지요. '100대 1의 법칙', 즉 좋은 글 1편을 쓰기 위해서는 100권을 읽어야 한다는 셈입니다.

오죽하였으면 영조(英祖) 11년(1735) 을묘년 과거시험 부의 시제가 「독서함이 연단(鍊丹)함과 같다[讀書如鍊丹]」이겠는지요. '연단(鍊丹)'이란 신선(神仙)이 되기 위해 공부하는 사람이 만드는 약입니다. 연단은 단사(丹砂) 등 귀중한 약재를 특수한 방법으로 오랜 시일 동안 불에 담금질합니다. 정신을 집중하지 못하면 마지막에 가서도 실패하고 말지요. 저러하게 책을 읽기를 쓰기의 100배를 해야 한다는 소리입니다. 판소리의 대가들, 똥물을 먹으며 득음을 했다잖습니까. 격렬한 고통을 수반하지 않은 글이 어디 글이겠는지요.

글자 한 자 옮기기에 오금이 저립니다.

맹탕 헛소리인 '소경의 안질*식 글쓰기'는 말아야겠습니다.

---

* 소경의 안질: 있으나 마나 아무 상관이 없는 것을 비유적으로 이르는 말.

향원, 혹은 속물

연암 박지원의 『열하일기(熱河日記)』 「심세편(審勢編)」을 보면 '오망론(五妄論)'이란 말이 나온다. 연암은 이 글에서 조선에 시원치 않은 망령된 행동을 일삼는 종자들이 다섯 부류나 된다고 한다.

망령된 행동을 일삼는 종자 다섯 부류인 '오망'은 다음과 같다.

자신의 지체와 문벌을 과시하며 청나라 지배하의 한족(漢族)을 경멸하는 것이 일망이요,

한줌도 안 되는 상투로 중국인의 변발과 의복 등 풍속을 비웃는 것이 이망이며, 멸망한 명나라에게 굽실거리면서 청에게 거만한 것이 삼망이요, 글자(漢文)깨나 좀 안다 하여 상대편을 얕보는 것이 사망이고, 중국의 선비들이 청나라를 섬긴다고 탄식하고는 고고한 체하는 것이 오망이다.

딱하기 그지없는 노릇. 어디 그때뿐이겠는가. 이 글을 쓰고 있는

지금도 사리에 맞지 않는 일들이 항다반사로 벌어지고 있으니 그때와 지금이 도와 개 사이에서 맴돌이 한다. 나라만 저 태평양 너머로 바뀌었을 뿐 여적도 통하는 이야기인 듯싶어 안타깝기 그지없다. 요절복통의 사회상, 언제까지 우리 사회는 신동엽(申東曄, 1930~1969)의 "껍데기는 가라"를 외쳐야 하는 것일까?

조선 최고의 문호요, 양심인 연암 박지원(朴趾源, 1737~1805), 그는 울울한 마음의 병에 걸렸다고 한다.

연암의 처남인 이재성(李在誠)이 지은 제문에서 그 이유를 찾아보면 이렇다.

最所不能(최소불능)　　가장 참지 못한 것은
酬接鄕愿(수접향원)　　두루뭉술 인물을 상대하는 일.
曲鍼腐芥(곡침부개)　　굽은 바늘 썩은 겨자씨 무리들
胥致尤怨(서치우원)　　모두들 너무나 미워하였네.

이재성이 말한 '두루뭉술 인물[鄕愿]'은 '옳고 그름을 가리지 않고 아첨하는 짓거리를 하는 자'이다. 이 말은 『맹자(孟子)』의 「진심편(盡心篇)」과 『논어(論語)』의 「양화편(陽貨篇)」에 나오는데, 공자는 "향원은 덕의 도둑이니라[鄕愿德之賊也]"라고 하였다. 즉 덕이 있는 체하지만 실상은 아첨하여 모든 것을 좋다고 넘어가기에 덕을 훔치는 짓이라고 한 것이다.

『맹자』 「진심편」의 내용은 이렇다.

어느 날 맹자에게 제자 만장(萬章)이 찾아와선 말하였다.

"한 마을 사람들이 향원을 모두 훌륭한 사람이라고 칭찬하면 그가 어디를 가더라도 훌륭한 사람일 터인데 유독 공자만 그를 '덕을 해치는 사람'이라고 하셨는데 이유가 무엇인지요."

맹자는 이렇게 답한다.

"그를 비난하려고 하여도 비난할 것이 없고, 일반 풍속에 어긋남도 없다. 집에 있으면 성실한 척하고 세상에서는 청렴결백한 것 같아 모두 그를 따르며, 스스로 옳다고 생각하지만 요(堯)와 순(舜)과 같은 도(道)에 함께 들어갈 수 없기 때문에 '덕을 해치는 사람'이라 한 것이다."

'덕을 해치는 사람', 즉 '사이비 군자'란 뜻이다.

공자는 이를 두고 "나는 사이비한 것을 미워한다[孔子曰 惡似而非者]"라고 하셨으니, 외모는 그럴 듯 하지만 본질은 그렇지 못한, 즉 겉과 속이 판연히 딴판이라 그러한 것이다. 향원은 이렇듯 올바른 길을 걷지 않고 시류에 일시적으로 영합하며, 자신의 본분을 망각하거나 말로 사람을 혼란시키는 사회의 암적인 존재들이다.

서양에서는 이러한 자들을 스노브(俗物: snob)라고 부른다.

이러한 '향원' 류들, '학문의 유사품'들, '오망을 일삼는 무리들'…. '삼류'란 용어는 이럴 때 쓰는 말 아니겠는가.

저 물 건너 그리스의 철학자 디오게네스(Diogenēs) 선생 말씀으로 붓을 놓을까 한다.

디오게네스 선생이 환한 대낮에 불을 켜들고는 두리번두리번 다니더란다. 그래 사람들이 "거 왜 그러시오." 하고 물었겠다.

디오게네스 선생 가로되, "어디 사람다운 사람이 있어야지. 그래 이렇게 사람다운 참사람을 찾고 있다네."

생활건달

가끔씩 아침을 서재 근처에서 해결한다.
아침부터 두 사내가 술자리를 한다. 형님이니 아우이니 하는데 나이 차는 꽤 나 보인다.
50대쯤의 후줄근한 옷차림의 사내와 달리 상대편은 말쑥한 차림에 20여 살은 어려 보인다. 손님도 없고 보니 두 사람의 말소리가 본의 아니게 성큼성큼 끊어지나마 들린다. 흐트러진 서너 개의 술병이 말해 주듯 혀는 이미 반쯤 꼬였다.

…………….
"형님! 그냥 형님이라……, 부르겠습니다."
…………….
"내 너를 생각해서 하는 말인데……."
…………….
"형님, 감옥에서도 그렇지 않아요."

……………….

주고받는 이야기를 대충 합해보니 건달인 듯하였다. 그러니 형님 건달이 아우 건달과 술자리다. 그런데 목소리는 두 사람 다 의외로 상냥하고 대화도 조곤조곤 이어진다. 내 식사가 그렇게 거의 끝나갈 무렵이다.

……………….
"너, 생활건달은 되지 마라. 생활건달은……"

"여기 설렁탕 둘 주세요."
그때 중늙은이 연인인 듯한 아침 손님이 들어서는 바람에 듣지 못했다.

식대를 치르고 나오며 묻고 싶었다. 생활건달이 무어냐고?
'생활건달이라. 인문학이니 뭐니 한답시고 읽을거리도 안 되는 글이나 축내고 내가 그토록 아니 되고 싶은 글 따로 나 따로인 사이비 향원이 혹 내가 아닌가? 그렇다면 내가 생활건달이 아닌가?' 하는 생각이 자꾸만 자꾸만 들었다.

괜히 아침만 축냈나보다.

이런 나라

오늘 한 신문 기사이다.

⟨중앙일보⟩, 2015.2.11

대한민국 대통령선거에 국정원 개입 문제를 다룬 기사이다. 빈부, 천귀로부터 가장 공명정대한 곳이 사법부이다. 따라서 사법부는 공정한 판단을 내리기 위해 천칭(天秤: 저울)을 상징으로 내건다. 저울의 한 쪽에는 법(法)이라는 규정을, 한 쪽에는 죄(罪)를 올려놓고 양쪽에서 수평을 이루도록 법관의 양심에 따라 판결하는 곳이 사법부이다. 이것이 이 사회의 정의를 구현하는 사법부의 존재 의의이다.

그런데 어찌 저토록 1심과 2심이 다를까? 1심이 양심적 판결이라면 2심이 불량한 판결이요, 2심이 양심적 판결이라면 1심은 불량한 판결이다. 결국 1심과 2심, 둘 중 하나의 재판부는 대한민국의 정의 사회 구현에 해악을 끼친 것이다.

왜 이럴까? 왜 우리 사회는 사법부마저 이토록 공명정대하지 못할까? (1심 판사는 승진하였고, 1심 재판이 잘못되었다 한 2심 판사는 징계를 받았다고 한다.)

이완구 총리 후보자 청문회로 나라가 시끄럽다. 이 분이 충청도 출신의 총리 후보자로 지명되자 한 노 정치인이 전화를 걸어 이런 말을 하였단다.

"일인지하 만인지상 감"이라고.

딱하다! 참 딱하기 그지없는 말이다. 농담이라도 이런 말을 하지 말아야 한다. 대한민국은 국민이 주인인 민주국가이다. 왕권국가가 아니다. 총리는 모든 백성 위에 군림하며 황 한 사람을 섬기려는 조선 왕조의 영의정이 아니다.

혹 대통령이란 호칭의 문제에서 이런 문제가 발생한 것은 아닐까하는 생각도 든다. 우리나라에서 '대통령'이란 칭호를 듣는 사람은 딱 한 사람이다. '1/대한민국 국민'이다. 그러나 영어권의 경우 프리지던트(president)는 ① 대통령 ② 사장 ③ 회장 ④ 총장 ⑤ 위원장… 등 어느 단체의 대표격인 자는 이 호칭으로 불린다.

'박근혜 프리지던트'라고 호칭을 바꿔야만 할까?

총리는 군림할 백성이 없고 받들 국민만 있다. 대통령도 이와 동일하다.

대한민국 헌법 ②항이 이렇기 때문이다.

"대한민국의 주권은 국민에게 있고, 모든 권력은 국민으로부터 나온다."

이 법 조항만 생각하면 공명정대한 판결을 하였을 터인데.

이 나라의 주인은 바보가 아닌데.

국민에게 주권이 있는 나라, 그러한 나라에서 살고 싶은 것이 '그렇게 어려운 일일까?'를 생각해 보는 오늘이다.

이런 교육부 수장

"취업문제를 먼저 해결하고 난 뒤 자기계발을 위한 인문학을 생각해야 한다."(중앙일보, 2015.2.6)

작금의 인문계 학생들 취업난을 보고 교육부총리가 한 말씀이다. 저 말씀을 한 사람보다도 저 말 자체가 참으로 딱하고 안 되어 보인다.
인문학은 말 그대로 인문학(人文學, 즉 사람 인, 무늬 문, 배울 학)이다. '사람의 무늬를 배우다'란 그 '사람 자체를 만들다'란 말이다. '사람 자체를 만들다'는 '사람이 사람답게 되자'는 말이니, 그러려면 나를 먼저 찾아야 한다. 내가 없는데 취업을 한들 인간의 최고선이라는 '행복'을 얻을 수 있단 말인가.
취업이 있고 사람이 있는 것이 아니라, 사람이 있고 취업이 있는 것이다. 그래야만 취업을 하여 사람을 위한 집도 짓고, 사람을 위한 공장도 짓고, 사람을 위한 물건도 만들고, 사람을 위한 가르침도 주고, ……모두가 행복한 사회를 만드는 것이다. 이것이 인문학이 이 사회에

유용한 학문인 실학(實學)이 되는 이유이다.
"취업 문제를 먼저 해결하고……자기계발……" 운운은 그야말로 개도 웃을 일이요, 고소를 금치 못할 실학(失學)적 사고이다. (대학문제가 나왔으니 한 마디 첨언한다: 신문지상을 심심치 않게 더럽히는 기괴한 교수들의 행태도 취업이 먼저에서 온 사이비학자들의 문제일 뿐이다.) 더욱이 문리과의 구분도 없애야 하는 판국에 이 무슨 해괴한 편 가르기인가. 사람이 사람답게 되자는 학문에 무슨 문과가 있고 이과가 있는가.
'작금의 인문계 학생들 취업난'은 오히려 이 대한민국 지배층에 인문학적 사고가 없음을 보여주는 단적인 예다. 인문학을 반(反)취업학으로 폄하하는 교육부 수장이나 대기업의 인사권을 휘두르는 간부들은 인문학이란 세 글자를 다시금 배워야 한다. 지금 취업을 못 하는 젊은이들은 오히려 당신들과 같은 반(反)인문학자들 때문에 고통 받는 것이라는 것을 알아야 한다.
"사람은 취업하려고 태어난 것이 아니라 사람답게 살기 위해서 태어난 것이다."

이미 두어 세기 전, 연암 선생을 위시한 실학파 글을 읽고 교육부총리직을 수행하였으면 좋겠다.

몇 자 더:
이 글을 써놓고 보니 인터넷에서 김무성 새누리당 대표의 경제인 대상 연설로 왁자하다. 그는 "복지가 과잉으로 가면 국민이 나태해지고 필연적으로 부정부패의 만연이 따라온다"라고 하였다. 과연 '우리 복지 수준이 국민이 나태하지고 부정부패가 만연할 정도'인지? 그가 국민의 대의를 책임지는 한 당의 대표라는 것이 매우 의심스럽다. (기

획재정부에 따르면 복지는 39개국 중 29위(2011), 어린이와 청소년의 삶 만족도 30개국 중 30위(2010), 사회 지출 39개국 중 31위(2011)였다.)

망진자(亡秦者)는 호야(胡也)

　내 공부가 짧아서인지 모르지만, 배울 만큼 배운 박사니, 교수니 하는 분들, 물질에 영예에 위선을 동무삼고, 더하여 네편 내편을 갈라 서로 바라보지도 못하게 높다랗게 담벼락을 쌓아놓았더군요. 나보다 학문적 내공으로 보나 인생으로 보나 사회적 지위로 보나 열하고도 몇 뼘은 더 올라갈 분들이기에 한동안은 참 고민하였습니다.
　당신들이 써 놓은 그 아우라(Aura) 넘치는 글귀들, 하느님 버금가는 놓치기 아까운 말씀들, 그래 눈맛에 귀맛까지 여간 아닌 그 글과 행동이 영 각 따로이기에 말입니다. 세상의 풍화작용에 저 이들의 고담준론(高談峻論)이 맥없이 스러지는 것을 목도함은 뒤늦게 공부의 길로 들어선 나에겐 더없는 충격이었습니다.
　그러던 어느 날, '글은 글대로 나는 나대로[書自書我自我]'라는 말을 알고 고민에서 배추꼬리만큼 벗어났습니다. 그것만도 얼마나 다행인지 모릅니다.
　몇 해 전부터 인문학의 위기란 말이 돌더군요.

요령부득이지만 한 마디로 말하자면, 우리 삶의 근간인 인문학이 부고장을 돌릴 판이니 살려달라는 소리 아닌지요. 한때 인문학이 부조리한 사회에서 우리네 삶의 구원군 역할을 하던 시절이 있었지마는 이미 과거지사입니다. 지금은 그 누구도 인문학이나 인문학하는 사람을 더 이상 우리 사회의 해방군으로 보지 않습니다. 아니, 이제는 인문학자들의 자조(自嘲)와 자긍(自矜)의 자웅동체 용어 '남산골샌님'조차도 웃음가마리가 된 지 오래입니다.

그래, 내가 보기엔 '인문학의 위기'라는 말은 교조적 지식의 마당쇠를 자임하고 나선 인문학자들이 더 이상 할 소리는 아예 아니라 생각합니다. 인문학의 위기를 다른 곳에서 찾는 것은 개도 웃을 일이지요. '망진자(亡秦者)는 호야(胡也)' 아니던가요.

헌혈(獻血) 유감(有感)

봄날이다.

수업을 마치고 휴휴헌으로 가는 길, 나른한 봄날 오후가 세상사 긴장을 잠시 해제시킨다. 휴휴헌 거의 다와 저만치 헌혈차를 만났다. 하얀 차에 그려진 선연한 붉은 십자가, 그리고 헌혈을 유도하는 내 딸 나이쯤 되는 예쁜 아가씨가 그 옆에 서있다. 저만치 서 있지만 왠지 헌혈하는 사람이 없어서인지 좀 맥도 없는 듯해 보였다.

'그러고 보니 내가 헌혈을 언제 했지?' 하는 생각이 들었다. '그래 잡으면 하고 가야지' 하며 짐짓 아가씨 앞으로 보란 듯이 지나갔다.

그런데, 잡지 않았다.

아니, 눈길조차 주지 않았다는 표현이 적확하다.

'왜? 무엇 때문이지?'

생각해보니 서울역에서도, 학교에서도, 아니 다른 어느 곳에서 나에게 헌혈을 하라고 잡은 적이 없었다. 귓결에 헌혈을 하면 이러저러한 병도 찾아준단 말도 들었는데, '왜? 무엇 때문이지? 그래, 좋은 일

한 번 하자. 혹 이러저러한 병도 찾아주면 좋겠고. 시간도 있겠다.'
 뒤돌아섰을 때, 헌혈녀는 저만치에서 역시 멍하니 서있었다.
 하지만 내가 다가가 "헌혈 좀 해볼까요?"라고 말하기 전까지, 헌혈녀는 나에게 눈길조차 주지 않았다. 내 말에 뜨악하며 말똥 나를 쳐다보더니, "아, 예." 하고는 제2의 헌혈녀에게 "여기, 이 분." 하고 나를 건네주고는 차 밖으로 나갔다.
 헌혈차 안엔 고등학생쯤의 앳된 여학생만이 헌혈을 하고 있었다. 내가 윗옷을 벗으려하자, "아니에요." 하며 다가온 제2의 헌혈녀는 종이를 내밀었다. 문진표부터 작성하란다. 문진표는 내 주민등록부터 직업, 각종 병력 등, 앞뒤로 제법 빽빽하였다. 눈길을 끄는 것은 문진표 성명기재란에 '○○고등학교 ○반'이라는 란이 있었다. 고등학생들이 헌혈을 많이 하는 것이라 짐작했다. 정성껏 작성해 주니, 이제는 제3의 헌혈녀에게 나를 인계하였다.
 제1, 제2의 헌혈녀도 그렇지만, 제3의 헌혈녀는 아예 표정조차도 없었다. 제2의 헌혈녀는, 제3의 헌혈녀와 내가 앉자 둥글게 커튼을 쳐주었다.
 '무엇이 이리 복잡하지?'
 순간, 당황스럽기 시작했다. 내가 이 감미로운 봄을 타 아픈 이들을 위하여 큰마음 먹고 피를 좀 나눠주러 왔거늘. '혹 헌혈을 못 하고 쫓겨나는가?' 하는 우스운 생각마저 스쳤다.
 제3의 헌혈녀는 내 문진표를 보며 혈압을 재게 윗옷을 벗으라고 하였다. 혈압을 문진표에 기록하고는, 역시 무표정한 얼굴로 이제는 혈액형을 알아보겠다고 바늘을 들며 나에게 물었다.
 "그런데, 어제 약주는 안 하셨겠지요?"
 생각할 것도 없이 어젠, 오늘 아침에 수업이 있어 맥주 한 병밖에 안 했던 터다. 기분 좋게 말했다.
"예. 겨우 맥주 한 병이요."
제3의 헌혈녀는 그러면 그렇지 하는 야릇야릇한 표정을 지으며 바늘을 놓고 말했다.
"그럼, 안 되는데요."
"예? 아니, 맥주 한 병인데요?"
제3의 헌혈녀 말투는 단호하였다.
"예. 안 됩니다."
그러고는 일어나 커튼을 거두었다.

이제야 알았다.
헌혈차 옆을 그렇게 지나도 잡지 않은 이유를. 내 피는 이미 맑지 못하였다. 생각해보니 문진표에 '○○고등학교 ○반'이라는 란이 있었던 이유가 떠듬적떠듬적 짐작이 갔다.

아! 나에겐 헌혈이 더 이상 '헌혈'이 아니었다. 그것은 '바칠 헌(獻)에 피혈(血)', 피를 바치는 경건한 행위이어야 했다.
상점의 유리창에 비친 나의 실루엣은 영락없는 늙수그레한 한 마리 낙타였다. 피조차 탁해진 채로 세상사를 그대로 등허리에 짊어진······.

세상사

세상사, 늘 왕벚꽃나무 활짝 핀 길을 걸을 수는 없겠지.
그렇겠지.

그래, 이런 실타래를 풀어야 할 때도 다반사.
_____

어제도, 저런 실타래를 한웅큼 안고 돌아왔다.
_____

생각해보니, 그제도, 그끄저께도, 늘 그랬었다.

자화상

나.
나인 듯, 아닌 듯.
나인 듯, 아닌 듯.
나인 듯, 아닌 듯.
……………

인생이란,
끝없는 다이달로스의 미궁(迷宮),
모노산달로스의 잃어버린 한 짝 신발 찾기,
…………….

사는 게 부끄러워

지나가는 바람이 손도 없는데
자꾸자꾸 내 맘 흔들기에
부칠 수 없는 편지를
하늘에 쓴다.

하늘엔 조물주가 벼름질한
낮달이 낫처럼 걸렸고
뭉게구름 두엇이
무심히 흘러간다.

똥통 하나 오줌통 하나 달고
세월길을 따라가는 게
인생이란다.

문득 사는 게 부끄러워져
똥장군이나 되지 말아야겠다고
구시렁구시렁해본다.

인문학이란 무엇인가?

　오늘 자(2013년 11월 1일) 신문 사설을 보니 「인문학 붐인가 거품인가」라는 글이 실렸다.
　인문학에 대한 반성을 촉구하는 글이다. 불과 두 달 전에도 이에 대한 글이 신문지상을 덮은 일이 있었다. 당시 상업화하는 인문학을 보며 안타까워 몇 자 적어놓은 글이 있다. 인간성의 최후 보루인 인문마저 경제의 노예가 되어 가는 현실이 너무 착잡하다. 두 달 전 글은 아래와 같다.

　인문학이란 무엇인가?
　오늘도 어제처럼 매우 독기어린 돌연변이성 여름더위로 전국을 달굴 태세다. 어제오늘 도하 신문들은 인문학자들의 청와대 초청과 그에 관한 관계기사로 넘친다. 오지랖 넓은 인문학은 대통령의 창조경제에까지 팔을 걷어 부치고 나섰다. 엊그제 모처럼 나가 본 대형서점의 화려한 진열대 위에서도 인문학이라 이름 붙은 도서들이 문간부터 왁자하다. 인문학 열풍도 이 정도면 가히 이 여름더위에 비견할 만하다.

청와대 초청된 분들 중, 국문학하는 분들이 보이니 나 역시 인문학(국어국문학, 그것도 고전문학)을 하는 것 같은데, 괜히 손거스러미를 뜯적이는 양 영 불편하다.

내가 하는 것이 인문학은 맞나?

누구는 '인문학(人文學)'을 그리스어 필로소피아(philosophia) 운운하며 서양에서 들어온 박래품으로 보고, 누구는 인문을 예교(禮敎)와 문화(文化) 운운하며『주역』「비괘(賁卦) 단사(彖辭)」에 "인문을 관찰하여 천하를 교화시킨다[觀乎人文 以化成天下]"라는 말을 주섬주섬 챙긴다. 이것조차도 모르겠다. 아니 인문학이란 석 자도 모르겠다.

인문학은 '사람인(人)'과 '글월문(文)', '배울학(學)'이니 분명 '사람이 있고 글이 있고 배움이 있다'는 듯한데, 어찌된 영문인지 사람도 글도 배움도 안 보여서다.

과연 사람은 있나?

20대 때부터 시작하였으니 근 30여 년 국문학 가두리를 넘겨다보았다. 헤아릴 수 없이 많은 인문학자들을 만났고 보았다. 그래, 인문학자를 손가락으로 접어본다. 하나, 둘, 셋…, 채 한편 손가락 다섯 개조차 꼽을 수 없다. 인문학자를 몰라보는 내가 잘못인가? 아니면 저렇게나 많은 인문학자들이 문제인가?

과연 글은 있나?

20여 권의 책을 썼다. 한 번은 내로라하는 분께 드렸더니 "어! 또 썼어."라는 답례가 돌아왔다. 글은 곧 행동으로 이어져야 하거늘 내 행동이 영 그분의 성에 차지 않았나보다. 그분이 나를 본 것이 10년도 훨씬 넘음을 상기한다면 마땅히 들을만하다. 연암 박지원 선생께서 '전쟁하는 마음'으로 글을 썼다는 것을 복기(復棋)한다면 더욱 그렇다.

과연 배움은 있나?

"아랫사람에게 묻는 것을 부끄럽게 여기지 마라." 공부 9단 공자의 말씀이다. '책을 보고 글을 쓰느라 복숭아뼈가 세 번 뚫어졌다.' 다산 정약용 선생의 일화이다. 한계성 있는 인간이기에 배우고 또 배워야 한다는 인문학적 행동이다. 그래, 학문의 '문'자가 글월문(文)이 아닌 물을문(問) 자가 아니던가?

모르겠다.

독기어린 돌연변이성 여름더위가 전국을 달구는 오늘 아침, 손거스러미를 뜯적이며 생각해본다. 나는 과연 인문학을 하는 지? 아니 인문학이 무엇인지나 아는지를?

글이 나를 죽이다

1.

글이 나를 죽인다.
그러므로 아래 써 놓은 글은 의미 없다. 써도 쓴 것이 아니기에 읽어도 읽은 게 아니다.

'글 따로 나 따로!' '서자서 아자아!'
연암 선생이 지극히 경멸했던 사이비 향원이다. 책 몇 자를 보면서 가장 힘든 것이 바로 이것이었다. '어떻게 글은 저렇게 고상하고 멋진데 행동은 이렇게 치졸하고 저급할까?'에서 오는 책깨나 읽은 이들의 파르마콘적(Pharmakon-的) 인간군상이다.
글의 이중성, 치유와 질병, 진정과 가식을 모두 지닌 글을 꿰뚫어 본 플라톤은 파르마콘이라 하였다. 누군가 내 글을 '글 따로 나 따로'라고 한다면, '당신의 글은 의미 없는 문자의 나열 아니요?'라고 묻는다면 난 어떻게 답할까? 노동한 손의 부산물, 아니면 근로한 뇌의 사생아.

정녕 내 글은 나인가? 아니면 나 또한 내가 경멸하는 이들처럼 내 글과 내가 각성받이인가? 그래 파르마콘적 인간이 바로 나인가? 내 글을 읽은 누군가에게 의미 없는 글이고 의미 없는 존재란 말인가? 엿장수 가위질처럼 맘대로 궁벽스럽게 마음 없는 생각을 잘라놓은 파리대가리만한 먹물덩어리란 말인가? 자고로 글 쓰는 이라면 임금 앞에서도 옷을 벗어젖히고 벌거숭이로 두 다리를 쭉 뻗고 앉아야 하는 해의반박(解衣槃礴)이란 오연한 자존이 있어야 하거늘, 내 맘을 내가 거짓으로 그려 놓았단 말인가? 더욱이 내 글쓰기 책 『다산처럼 읽고 연암처럼 써라』의 첫 장이 '마음'인데… 간단없는 생각에 주저앉는 자괴감.

이제, 내 글이 나에게 묻는다.

"어이! 간 선생! 나를 글이라고 써 놓은 당신! 당신의 마음이 진정 나요?"

글이 무섭다.

아니, 이 글을 쓰는 내가 무섭다.

이쯤이면 글이 나를 죽인다.

(쓰는 이와 글과 읽는 이 사이에 오는 필연적 오독 및 오해는 이 글과 상관 없을 터.)

2.

아침 6시 30분.

눈이 왔나보다. 다음 주 동아 마라톤 준비를 위해 인천대공원에 들어섰다. 설경(雪景)! 물안개가 아닌 눈안개가 펼쳐졌다. 운동을 마칠 무렵 산봉우리에 아침 해가 떠오르고 몽롱한 한 폭의 그림 같은 산수화가 펼쳐졌다.

문득, 연암 선생 일화가 생각났다.

객: "거참 산수가 그림 같네. 절경이야!"
연암 선생 일갈한다.
"자네 산수가 그림에서 나왔나? 그림이 산수에서 나왔나? 이런 게 사이비야!"

비슷한 가짜이니 사이비다.
사진만 올려놓으면 거짓이 없다고 생각했다. 내 마음을 써 놓지 않았으니 글이 나를 죽이지 않는다고. 그래 군붓질은 군수작이니 하지 말자고.

그렇다면 프레임에 잡힌 저 산은 진짜 산인가? 이 또한 거짓 아닌가. 찍는 이 마음대로 설경이라 찍었으니 저 이가 보기에는 영 엉터리일 수도 있다. "저 까짓게 무슨 사진이야. 아무거나 시답잖은 핸드폰 카메라로 찍은 것일 뿐. 저런 걸 사진이라고. 아 이러저러한 것을 찍어야 하지. 에이 경치도 하나 못 보는 허튼 사이비야! 사이비!"라고 한들 할 말 없다. 그렇다면 이 사진은 시답잖은 문명의 이기로 인화된 물경 그 이상도 이하도 아니다. 그러니 이 또한 실경과 다른 사이비다.

연암 선생은 사진과 실경 사이에 틈을 묘파하여 '틈의 미학'이라 한다. 진짜와 가짜, 진실과 거짓, 행복과 고통, 사랑과 배신, 삶과 절망 사이의 '틈의 미학'이다.

연암 선생 말을 따르자면 참 나는 나와 내 글 사이에 있다. 그러니 저 사진 속의 나는 엄밀히 사이비인 셈이다. 이 글을 쓰는 나 또한 마찬가지다.

내 글을 나와 다른, '책 따로 나 따로'라 한들 틀린 말이 아니었다. 글 잘 쓰는 이들이, 글 속에 인품까지 넣은 글이, 그래 글이 정녕 몸의 사리인 이가, 참 부럽고 부럽다. 그들의 글은 틈 하나 없는 완벽한 글이기 때문이다.

각설하자. 틈의 미학 속에 있다는 '참 나'는 어디에 있는가? 아니 있기는 한 건가?

의미 없는 가짜 글로 또 이렇게 군수작을 붙이고 있는 것인가?
또 글이 나를 죽이는가?
오늘도 글이 나를 죽인다.

마음

1.

 분수처럼 쏟아지는 팔만사천의 아귀 같은 번뇌.
 인간의 번뇌가 팔만사천이라 합니다.
 내 마음 하나에서 뿜어진 번뇌가 팔만사천일진대 어찌해야 하나요? 하나, 둘, 셋, …… 팔만사천의 번뇌를.
 부처님께서 만드신 팔만사천법문을 한 자로 줄이면 '마음'이랍니다. 마음, 두 글자만 잡으면 된다 합니다.
 마음, 마음, 마음을 잡아 보려는 마음으로 인해, ………팔만 사천하나, 팔만 사천둘, ……오히려 느는 번뇌들.
 그만두어야겠습니다.
 그냥 이 아귀를 동무인 듯, 님인 듯 함께 가야겠습니다.

2.

이 글을 쓰는 것도 마음이요
이 글을 버리는 것도 마음이요
채워진 것도 마음이요
비워진 것도 마음이요
욕심도 마음이요
보고 싶은 것도 마음이요
미워하는 것도 마음이요
사랑하는 것도 마음이다.
....
잉걸불처럼 이는 마음의 사생아들
....
그래 마음으로 마음을 죽이자.
마음으로 마음을
마음으로 마음을

……………

언젠가 마음은 목이 졸려 죽었다.
만장도 요령도 필요 없으니
에헤라 달궁! 에헤라 달궁!

20전 20패 0승

오늘(2015년 1월 17일) 중앙일보 29면 기사 '나는 노땅 대학생이다'라는 제하의 글 내용이다.
"20전 20패 0승. 지난 학기 내 취업성적표다."

20전 20패의 취업 성적표를 받은 학생이 졸업유예를 하는 심정을 토로한 글이다. 엇비슷한 나이의 딸과 아들을 둔 나이기에 가슴 아프다. 이 글에서 송 양은 '20전 20패 0승'이라고 했다.
아빠와 같은 심정으로 송 양에게 말해주고 싶다.
20전 20패는 사실일지 모르나 "0승은 아니다!"라고.
인생의 "유죄선고(有罪宣告)"가 아니라고.
"송 양은 다른 이가 보지 못한 수목을 보았다"고.
"송 양의 이 글이 바로 앞 문장을 증명한다"라고.
이런 글은 20전 20패를 경험해보지 않으면 쓰지 못한다. 또한 20전 20패의 요인이 모두 송 양 자신에게만 있지 않다는 것은 대한민국 국민이라면 모두 아는 사실이다.

  나 역시 고등학교 교사를 사직하고 대학 강사 길로 들어선 지 18년째다. 시나브로 내 이력서 경력은 170전 170패를 기록 중이다. (기억하는 정도만 그렇다.) 하지만 0승이 아니라는 것은 20권을 훌쩍 넘어선 내 책들이 증명한다. 송 양의 표현대로라면 나야말로 '노땅 이력서쟁이다'.

  하지만 난 오늘도 171번째의 이력서를 쏠 것이다. 아마 200번째 이력서를 쏠지도 모른다.

  이력서를 쓰지 않을 때까진 아직 나에게 '1승'이라는 취업성적표가 남아있다.

  '송 양'에게, 아니 더 많은 '송 양들'에게 "주눅들지 마라"고. "누구나 이 세상에서 동거할 자격이 있는 존엄한 존재"라고. "패자도, 스스로 '패자라 불러다오' 하기 전엔 패자가 아니라고." 이야기해주고 싶다.

  송 양의 21번째의 이력서를 기대한다.

책꽂이 단상

"선생님! 거 좋은 책꽂이를 누가 버렸던데요."

바람을 쐬러 나가는데 마음씨 좋은 경비 아저씨가 불러 세웠다. 내 휴휴헌을 보고 책이 많다고 천진하게 웃음 짓는 분이다. 그래서인지 두어 번 좋은 책꽂이를 나에게 챙겨 주었다.

이번 것은 큼지막한 책장으로 썩 마음에 들었다.

아저씨의 도움을 받아 책꽂이를 가져와 걸레질을 하니 새로 산 것과 진배없었다. 이리저리 구상 끝에 티비가 있던 벽면을 치우고 세우니 방 구조도 달라졌다.

책을 꽂고 몸을 씻고 누워 책꽂이를 바라보았다. 책을 좋아하는 나다. 좋다! 쌓아 두었던 책이 제법 좋은 집을 찾은 듯도 싶고. 무섭고 두려운 세상과 사람들에게서 벗어난 듯한 이 휴휴헌이 더 아늑해 보였다.

문득, 책이 보였다.

책꽂이에 꽂힌 저 책들, 깨알 같은 글자들로 세상 지식을 담아 낸 저 책들, 온 몸으로 써 냈을 지은 이들, 대박을 꿈꾸며 책을 만든 출판인들, 저 책을 만들기 위해 종이를 만든 이들, 그 수많은 이들과 그 곁에 있는 이들, 그리고 종이의 재료인 나무와 그 나무를 자라게 한 비, 바람, 흙 등 자연현상까지.

언젠가 강의에서 이현주 목사님의 말씀이 생각난다.

"모두 함께 만든 셈이니, 내 책도 따지고 보면 내 책이 아니랍니다."

슬그머니 생각은 책 속으로 들어간다. 한 번 쯤은 내 손을 거친 저 책들의 파리대가리만한 글자들, 하나같이 진리를 서술하는 문자들의 향연. 나는 저 글자들 중 몇을 알고 실행하나? 학문의 끝이 위기지학이요, 자득지학이라 하였다. 내가 처음이요, 내가 나중이란 뜻이다. 나로 시작하여 나로 끝나는. 그런데 나는 혹 저 문자들의 향연에 취하여 나를 잃어버린 것은 아닌가? 저 책 속의 문자처럼 행동을 하였는가?

생각이 여기에 미치니 갑자기 책들이 무섭다. 파리대가리만한 활자들이 하나하나 살아나 나를 매섭게 노려보는 것 같다.

그렇잖아도 세상이 무섭고 사람이 무서운 나다. 요령 있는 삶은 애초부터 내 삶과 먼 것인지도 모르겠다. 그래서인지 이 휴휴헌이 좋고 책에 더 애착을 보였는지도 모르겠다.

그런데 지금까지 벗처럼 여겼던 책까지 무섭다니. 서둘러 옷을 주워 입고 휴휴헌을 나왔다.

마음씨 좋은 경비 아저씨에게 아이스크림이나 사 드려야겠다. 그리고 "이제는 책꽂이 놓을 데가 없습니다"라는 말씀을 드려야겠다.

어느 나른한 오후

1.

요사이 책 출간이 참 어렵다. 글을 써도, …… 나른하다. 휴휴헌을 나섰지만 갈 곳이 없다. 책 한 권을 들고 산보를 하다 벤치를 찾아 앉았다. 어디선가 고양이 한 마리가 나타나 내 옆자리에 와 길게 하품을 하더니 곤한 잠을 청한다. 사진을 찍어도 별 반응이 없다.

제법 자태가 나는 것하며 사람의 곁을 쉽게 파고드는 것을 보니 길냥이는 아닌 듯한데, 녀석도 나만큼이나 갈 곳이 없나보다.

잠든 녀석을 가만히 들여다본다. 사진을 두어 장 찍으니 그 소리에 눈을 가볍게 뜨다가는 도로 감고는 깊은 잠에 **빠졌다**.

길냥이든 고양이든 이만하면 서로의 공감대가 형성된 것 아닌가? 오랜 벗이라도 만나 듯하다.

편안치 않은 나른한 오후가 갑자기 즐길 만하다는 생각이 든다.

2.

글을 쓰다 글을 쓰다 쓰지 못하여
자지러질 때면,
글칼로 마른 가슴에 샘을 판다.

3.

어제 먹은 술을 짬뽕으로 달랜다.

홍합, 오징어, 조개, 고추, 물, 양파, 게, 면, 버섯, 숟가락, 젓가락, 컵, ……홍합 캔 아줌니, 오징어 잡은 아저씨, 고추종묘 만든 공장과 사람들, ……홍합 자란 바다, 양파 자란 땅, 햇빛, 공기, 물결소리, 바람소리, ……홍합짬뽕 만든 이, 종업원 아가씨와 그의 가족들…… 홍합 캐며 함께 이야기한 이들, 그들의 웃음들, 울음들, 누구는 장가들고 누구는 사장되고 이야기들…… 속고속이는 세상사, 진실과 거짓, 수근수근, 소근소근, 와글와글, 버글버글, 개새끼, 쇠새끼, 엉엉, 잉잉, ……이 짬뽕 속에 있다.

6,000원 짜리 짬뽕이
휘뚜루마뚜루한 내 마음속 풍경.
나는 가만가만 나를 씹어 삼켰다.

말은 해야 맛?

　오늘도 하루를 살아낸다는 것이 여간 힘든 게 아닙니다. 날치기 처리 등으로도 못내 서운한지 보온병, ……, 자연산 운운, 참 속상하는 세상입니다. 제 아무리 "말은 해야 맛이고 고기는 씹어야 맛"이라지만 참으로 고약한 말을 수없이 뱉습니다. 저런 이들이 대한민국의 지도자라는 사실에 분노가 치밀고 속이 썩습니다.
　그래 화병을 달래려 이황 선생의 『활인심방』에 나오는 중화탕 한 첩 달여 복용해야겠습니다. 중화탕은 중국 명(明)나라 때 주권(朱權)이 지은 『활인심방(活人心方)』에 나오는 비방을 이황 선생이 빌려온 것입니다. 중화탕(中和湯: 화병을 풀어주는 약처방)의 약재는 다음과 같습니다.

　청심(淸心: 마음을 깨끗이 함), 과욕(寡慾: 욕심을 적게 함), 인내(忍耐: 참고 견딤), 겸화(謙和: 겸손하고 온화함), 지족(知足: 만족을 앎), 보애(保愛: 보호하고 사랑함), 계노(戒怒: 성냄을 경계함), 수정(守靜: 조용함을 지킴), 순천도(順天道: 대자연의 도리에 순응함), 음즐(陰騭: 마음을 안정시킴), 존인(存仁: 어진 마음을 보존함) 등 30가지인데 이를 가루 내어 심화(心火: 심중의 화기) 1근에 신수(腎水: 신장의 수기) 2사발을 붓고 달여서 시간에 관계없이 온수로 상시 복용한다.

그런데 하 고약한 병이라 중화탕을 복용하여도 쾌차하지는 못할 듯합니다.

안방준(安邦俊, 1573~1654)의 「구잠」이란 시로 나 또한 입을 경계합니다.

「구잠(口箴)」　　입을 경계하다

言而言　　　　말을 해야 할 때는 말을 해야만 하지만
不言而不言　　말해서 안 될 때는 말하지 말아야 하나니
言而不言不可　말해야 할 때 말을 안 해도 아니 되지만
不言而言亦不可　말해선 안 될 때 말을 해서는 말아야 하니
口乎口乎　　　입아! 입아!
如是而已　　　이렇게만 하거라.

신경숙 창비 표절 운운을 보며

1.

신경숙 작가의 표절에 대한 창비의 입장 번복을 다룬 글을 보았다. 한 마디로 우리 문학계의 부패를 보는 듯해 딱하다.

글을 쓰는 사람들은 대충 창비를 안다. 대한민국 문학계에서 그들만의 리그를 충실히(?) 지키는 오만한 순혈 추종 집단이라는 것을. 나 역시 책을 내려 창비에 전화를 하였다가 전화비만 날렸다. 창비라는 그들만의 히잡[hijab]을 쓴 눈으로만 저자든 독자든 본다는 것을.

움켜쥔 주먹손으로는 악수할 수 없다는 절대진리를.

각설하자.

독자들의 분노로 분명한 표절을 두둔하던 태도를 바꾼 것도 그렇거니와 "충분히 제기할 법하다는"이란 문장은 또 뭔가?

"~인정합니다"라고 해야 맞다. 그런데 우정 '~할 법하다'는 무책임

99

하고 추상적인 의미가 강한 보조형용사를 쓴 이유가 무엇인가? 마치 똥 싸는 것을 누구에게 보이자 엉거주춤 일어서며 고의춤 여민꼴이다.

참 오만한 그들만의 리그적 '그럴 법한 용어'일지 모르나 순결함으로 마음을 도스르고 붓을 잡아 때꺼리 잇는 자 치고는 꽤 치졸하다. '창작과 비평'이란 글자가 너무 낯간지러워 저들에게 손해배상청구권을 행사할 법하다.

2.

참 민망하다.

신경숙 씨의 경향신문 인터뷰를 보았다. 표절은 우연이고 제목은 알면서 한 것이라며 "발등을 찍고 싶다" 하였다. 왜 "발등을 찍고 싶다"라고 하는지 그 이유를 모르겠단다.

글 쓰는 이로서 최소한의 도덕성마저 잃은 저 '일그러진 한국문학의 우상'에게 작가로서 '시대의 고민'과 '양심의 사자후'는 언감생심이다. '표절'에 내성이 생기거나 항체가 단단히 형성된 것 같다.

"~할 만하다"라는 '창비 어법'과 "표절인 듯 아닌 듯, 나도 몰라 발등을 찍고 싶다"라는 '신경숙스럽다 어법'까지 표절 관련 신조어로 사전에 등재할 만하다.

대한민국 글쟁이들의 난장판을 보고 있자니, 글자들에게 참 면구스럽다.

──── 이하 각설.

3.

신경숙 작가의 표절 문제가 새로운 물줄기를 타고 흐른다.

한국사회문제연구원장(무엇을 하는 단체인지 필자는 알 수 없다.)이 고발을 해서 이 문제가 문학계의 자정에 맡겨야 한다는 측과 법정으로 가야 한다는 측으로 나뉘어 설전이 오간다. 그동안 켜켜이 쌓인 한국 문단 및 출판의 문제가 그 추한 맨살을 드러낸 듯하다.

관람자로서 흥미롭기도 하지만 한 편으론 무례하다는 생각이다.
사실 이번 표절 작가는 한국 문단의 거목이기에 더욱 그렇다. 거목 뒤에는 저자, 비평가, 출판사가 나누어 가진 이문(利文)이 있다 . 그들의 이문은 독자들의 쌈짓돈임은 굳이 말할 필요조차 없다. (개인적인 생각이지만 '창비'만의 문제가 아니다. '문학동네' 등, 우리나라의 내로라하는 출판사들은 대부분 이 이문과 무관치 않다. 따라서 '문학계의 자정(自淨)능력' 운운은 '스님 빗질하는 소리'밖에 안 된다는 생각이다. '자정작용(自淨作用)'은 '물이 흘러야 한다'는 사실을 전제한다. 이미, '그들만의 리그'라는 '고인물'이거늘, 어찌 자정작용이 일어날까?) 물론 이 쌈짓돈으로 만든 한국문단의 거목은 제 몸조차 가눌 수 없는 공룡이 되어 버렸다. 비대해진 공룡은 더 이상 공룡이 될 수 없다.

작가는 인정물태를 기록하는 이다. 작품 속에는 그래, 그 시절이 들어 있다. 한국문단의 거목이던 그 작가의 그 시절이, 이웃 나라 작가의 문장을 표절한 그 작품이었다면, 이를 어떻게 한국문학사에 기술해야 한단 말인가? 먼 훗날 후배 문인들이, 현재 우리들이 친일 문학가를 찾아내듯 그러해야 하는가?

이번 기회에 반드시 이 문제를 짚어야 한다. 그동안 한국문단에 이런 문제는 내로라하는 비밀이었다. 그 한 예로 전상국 선생의 『우상의 눈물』을 패러디한 이문열의 『우리들의 일그러진 영웅』 같은 경우도 되짚어 보아야 한다.

글쓰기는 글짓기가 아니다. 글짓기는 꾸밈으로 작위적이지만 글쓰기는 마음에서 우러나온 것을 쓴다. 마음에서 우러나온 글은 생명은 걸지 못하더라도 작가의 영혼을 걸었다. 양심이 살아 숨 쉬는 글은 여기에서 나온다. 그렇게 써야만 아롱이다롱이, 일곱 난장이와 같은 일란성 쌍둥이 글은 나오지 않는다.

그럭저럭 국문학 밥을 먹은 지도 30년이 넘는다. 그동안 20여 권의 책을 내고 내 머리에도 제법 백발이 내려앉았다. 글쓰는 이와 출판사 '출판인'도 제법 보았다는 뜻이다. 문제는 그 글쓰는 이와 출판사 중, 마음으로 글을 쓴 이 몇이며 진정한 작가 발굴을 하려한 출판사가 몇이나 될지 의문이다. 굳이 수치로 환산하자면 글쓰는 이든, 출판사든, 단 세 손가락을 제대로 꼽지 못하겠다.

학문을 한다는 분들이라고 다르지 않다. (나 역시 이 문제에서 벗어날 수 없다.) 책 따로 나 따로인 서자서아자아는 보편적인 학계의 모습이다. 모쪼록 내 글 또한 '자음과 모음'의 사생아가 아닌지 살필 일이다.

(이 글을 쓰는데, 또 '신경숙 표절 논란'에 이어 '소설 제목 도용 의혹…윤희상 시 제목과 일치'라는 제하의 글도 인터넷상에 떠돈다.)

4.

이번엔 백낙청 교수이다.

"저희는 그간 내부토론을 거치면서 신경숙의 해당 작품에서 표절 논란을 자초하기에 충분한 문자적 유사성이 발견된다는 사실에 합의했습니다. 하지만 동시에 그런 유사성을 의도적 베껴쓰기로 단정할 수는 없다고 판단했습니다. 그렇다면 무의식적인 차용이나 도용도 포함하는 넓은 의미의 표절이라는 점이라도 신속하게 시인하고 문학에서의 '표절'이 과연 무엇인가를 두고 토론을 제의하는 수순을 밟았어야 했는지도 모릅니다. ……"

과연 '창비스럽'고 그 창비를 이끄는 '백낙청 교수스럽다'.
글쓰는 이로서 양심의 부고장이라도 발송하려는 것일까?
신경숙의 글에서 "표절 논란을 자초하기에 충분한 문자적 유사성이 발견"되었다면서, "그런 유사성을 의도적 베껴쓰기로 단정할 수는 없"기에 "표절이 아니"라는 글이다. 결국 신경숙의 글은 '표절 논란을 부를 만큼 문자적 유사성은 있었지만 의도성이 없었기에 표절은 아니다'라는 아이러니한 문장구조이다. 신경숙의 속내를 훤히 꿰는 "의도성이 없었"다는 저 문장은 또 어떻게 이해해야 할까?
더욱이 뒤에 이어지는 '출판권력 운운……'은 더 이상 대꾸조차 할 수 없게 만든다. 저 글을 보면 저이들은 문학권력도 아닌 끊임없이 자기발전을 꾀하는 성스런 작가집단이다. 더욱이 백낙청 선생의 "반성과 성찰은 규탄 받는 사람에게만 요구할 일은 아닐 테니까요."라는 말에서는 누가 누구에게 반성과 성찰을 구하는지조차 알 수 없게 만든다.

하지만 서울대 명예교수이고 창비를 만든 백낙청 선생이고 보면, 저 말씀을 '여든에 이 앓는 소리'라고 할 수도 없는 터. 그래 이런 속담을 떠올려 본다.

우리네 속담 중에 '여드레 삶은 호박에 송곳 안 들어갈 말'이 있다. 조금도 이치에 맞지 않는 말을 할 때 쓴다. 저들로서 보면 신경숙의 글을 표절이라 하고 창비를 문학권력이라 하는 이들이 바로 이 속담의 대상이요, 신경숙의 글을 표절이라 하고 창비를 문학권력이라 하는 이들로서 보면 저들이 바로 이 속담의 주인공이렷다.

"잘못했습니다." 한 마디면 될 것을, 너무 괴괴망측해졌다.

"표절이 아니다"와 '창비스럽다'의 초과배란 어휘들, "발등을 찍고 싶을 정도지만 표절이 아니다."라는 '신경숙스럽다'를 거쳐, 이제는 아예 "표절도 아니고 문학권력도 아니다"라는 '백낙청 교수스럽다'까지. 정말 이 나라 문단(文壇)을 쥐락펴락하는 저들의 글쓰기 장소는 소음(騷音)이 난분분하는 소단(騷壇)인가보다.

글쓰기의 어려움을 '소단적치(騷壇赤幟: 전쟁하는 마음으로 글을 써라)' 넉 자로 정리하고 그래, '향원(鄕愿: 사이비)은 죽어도 아니 되겠다'던 연암 선생의 말씀이 생각나는 오늘이다.

개도 주인의 눈빛만 보면 안다

〈복면가왕〉

'복면가왕'의 성공 이유는 무엇일까?

'칭찬', '격려', '배려', '박수'. 그리고 선후배를 가리지 않는 뜨거운 경쟁.

27년차 가수 심신이 나왔다. 그는 1990년대 최고의 가수였다. 최진희라는 30년차 가수도 나왔다. 그들은 당시엔 가왕이었으나 모두 가왕이 되지 못하였다. 심지어는 1라운드에 떨어졌다.

하지만 노래를 하는 이나 듣는 이, 모두 분위기를 즐기고 격려의 박수와 칭찬을 아끼지 않았다. 나이의 많고 적음도, 연륜의 많고 적음도, 가수왕을 지냈든 아니든, 심지어는 가수든 아니든, 가리지 않고 경쟁을 하고 즐기는 한마당이다.

내 전공인 국문학은 이제 '국어국문학과'라는 문패조차 지키지 못하고 있다. '복면가왕'은 성공하고 내 전공인 '국문학'은 날개도 없는데 잘만 추락한다.

그 이유는 무엇일까? 시대의 조류로 설명하기에는…….

'슈퍼스타K' 역시 마찬가지다.

"너무 잘했어요."

"진짜 노래 잘한다."

"난 울었어요."

"감동이에요."

심지어, "이런 노래는 우리가 돈 내고 들어야 해."

가요계에서 내로라하는 심사위원들이 아마추어 출연자들에게 아낌없이 칭찬해주는 말이다.

학문을 한답시고 이 세계에 발을 디딘지 수십 년이다. 난 논문 발표장이나 강단에서 이런 말 하는 분을 '거의' 기억해내지 못한다. '거의'라는 부사를 쓸 수밖에 없는 내 기억력이 아쉽다기보다는 정말 기억이 별반 없다.

무엇이 문제일까?

그 누구든 끊임없이 배우고 배워도 결코 비등점에 도달치 못함을 안다. '우황 든 소'처럼 울어도 학문의 꼭짓점에 도달할 자는 없다. 이를 번연히 알면서도 상대의 논문을, 책을, 학문을 끊임없이 무시하고, 나와 출신학교가 다르다고, 선후배끼리 패거리를 짓고, 못된 순혈주의를 우생학(優生學)이라 신봉하며 잡종강세를 마다하고, 혹은 선민의식으로 카스트 제도보다 더한 학교 등급을 매겨놓고……. 그러저러한 이유를 대며 차디찬 말과 경멸의 눈초리로 후안무치한 행동을 서슴지 않는다. 허나, 냉소적인 그 입술과 싸늘한 눈매의 저이들은 마치 하늘님이 자신들을 그러한 용도로 창조라도 한 듯 당당하다.

백지영의 저 눈을 보라. 아마추어에 지나지 않는 후배(?)들의 노래를 듣는 저 눈을. 저러한 눈으로 제자를 보고, 후학을 본다면, 어찌

국문학을 매혹적인 질료로 보지 않겠는가. 어찌 국문학이라는 우리의 아름다운 학문을 공부하는 사람이 없겠는가?

한 외국영화를 보니 그 학교에선 정년을 하는 분에게 만년필을 주었다. 존경의 표시로. 나도 만년필 한 자루쯤 드리고 받았으면 좋겠다.

그러하려면 이 문장부터 익혀야 할 듯하다.

'개도 주인의 눈빛만 보면 안다.'

틈새를 노리는 부모

어제 도봉산을 가려 전철에 올랐습니다.
내 앞에 앉은 예쁘장한 여자아이가 골독하니 책에 빠져 있더군요.
기특하여 "몇 학년이니?" 물어 보았습니다.
"초등학교 5학년이에요."라고 얌전히 대답을 합니다.

그래 "무슨 책을 그렇게 재미있게 보니?" 하였습니다.
자꾸 묻는 게 귀찮았는지 이번엔 새치름하니 눈을 뜨더니 겉표지를 보여 주었습니다.
초등학교 5학년 아이가 보는 책은 『특목고 공부…』였습니다.
아이가 보고 있는 페이지의 작은 제목은 '틈새를 노리는 부모가 되어라'였습니다.
아이의 옆에 있던 '틈새를 노리는 부모'인 듯한 여인이 마뜩하지 않게 나를 빤히 치어보았습니다.
저 아이가 특목고를 가려는 특별한 공부를 한다 하니 공부의 대선

배이신 정약용 선생과 그의 수제자 황상선생의 공부 비법을 전수해주지요.

다산 정약용 선생의 제자인 황상(黃裳)이 70이 넘어서도 쉬지 않고 부지런히 메모해 가며 책을 읽었다. 사람들이 그 나이에 어디다 쓰려고 그리 열심히 공부를 하느냐고 비웃자, 황상은 이렇게 대답했다.

"선생님께선 귀양지에서 20년을 계시면서 날마다 저술에만 힘써 과골, 즉 복사뼈가 세 번이나 구멍 났다[踝骨三穿]."

'과골삼천(踝骨三穿)', 즉 '복사뼈가 세 번이나 구멍' 나도록 하는 게 공부인데, 틈새를 노리는 부모들께서는 아실까?

과유불급(過猶不及), 그 틈(闖)의 역학

'지나침은 모자람과 같다.' 과유불급 넉 자가 생각났다.
내가 머무르던 방에 화재가 났다. 난로에 장작을 많이 넣은 것이 화근이었다. 달아오른 난로의 열기가 벽체를 타고 올랐다.

'잠시 수고로움을 덜자고 그랬구나. '아하! 몇 번에 걸쳐 넣을 장작을 한 번에 넣었구나.' 이미 후회해도 도리가 없는 일이었다.

'지나침'은 '모자람'을 채우려 일어난 소치이니, 조금 더가 만들어낸 욕심의 결과이다. 이 욕심에 인간으로서의 생득적(生得的) 결함 운운은 하지 말아야겠다. 인간으로서 생득적 결함이든 무엇이든 간에 그것은 욕심의 지나침이 빚은 과유불급임에 틀림없다.

어디 이것이 비단 난로에 장작 집어넣는 것에 그치랴. 가만 생각해보니 사람과 사람이 만나는 일도 과유불급이란 넉 자를 새김질 해두어야 한다. 내가 그 사람을 사랑한다고 모든 것을 소유해야 한다고 우긴다면 결과는 화재 진압 정도로 끝나지 않는다. 과유불급의 결과는 두 사람을 갈라놓는 것에 그치지 않고 서로의 행복도 앗아가 버린다.

연암 선생은 그래 '틈'을 들었다. 연암 선생은 「마장전」에서 '천지사물이 제 각각이기에 반드시 틈이 있게 마련'이라며, "한 번 틈이 벌어지면, 아무도 그 틈을 어떻게 할 수가 없는 법이다. 그러므로 사랑스러운 것도 틈타서 결합되며, 고자질도 그 틈을 이용해서 벌어지게 만든다. 그러므로 남을 잘 사귀는 자는 먼저 그 틈을 잘 타야 한다. 남을 잘 사귀지 못하는 자는 틈을 탈 줄 모른다."라고 하였다. 모든 인정물태에 내재한 '틈의 역학'이다.

사람과 사람 사이, 사람과 사물 사이엔 모두 이렇듯 틈이 있다. 그것은 동서남북의 틈도 서울과 부산의 틈도 아니다. 연암 선생의 말처럼 "둘이서 무릎을 맞대고 자리에 나란히 앉았다 해서 '서로 밀접하다'고 말할 수 없고, 어깨를 치며 소매를 붙잡았다고 해서 '서로 합쳤다'고 말할 수도 없다". 그 사이에 틈이 있기 때문이다.

화재로 인한 '과유불급' 넉 자에서 연암 선생의 '틈의 역학'을 조금이나마 알았다. 너무 멀어도 안 되지만 틈이 너무 가까워서도 안 된다. 더욱이 지나침은 아예 틈을 지나친 경우이니 모자람만 못하다.

이젠 내가 머무르던 이 방을 나서야 한다. 그러나 생득적 결함이 있기에 '과유불급'과 '틈의 역학'을 내 깜냥으로 감당할지는 모르겠다. 아마도 후회하고 후회하며 '과유불급'과 '틈의 역학'을 되새김질할 것이다.

  다만 이 화재를 경계삼아 다른 방에 가서는 난로에 장작 넣기만은 삼가고 삼갈 일이다.

이런 일이

강의하러 갔더니, 이런 일이 ○○교육대학교. 일찌감치 도착하여 아침 식사를 든든히 마치고 강의실로 들어섰다. 대형 강의실에서 이루어지는 강의는 언제나 부담이 간다. 수업은 9시, 심호흡을 크게 하고 강의실로 들어섰다. 내 강의는 200여 명의 초등학교 학부형(어머니)을 상대로 한 〈인문학과 리더십〉이다.

9시가 넘었는데, 자리가 많이 비었으며 마이크도 준비 안 되었다. 맨 앞 의자에 앉아 강의의 서두를 생각했다. 모든 강의는 서두 5분이 중요하기에 신중을 기하여 말문을 열어야 한다. 잠시 후, 직원인 듯한 남자가 마이크를 들고 들어 와 나에게 "강의하러 오셨죠" 하고 눈길 한 번 주더니 이내 학부모들에게 이렇게 말한다.

"아이들 밥 차려주고, 그래서 늦으시지요. 200명 정원에 한 100명뿐이 안 되는군요. 좀 있다가 시작하지요. 그런데 어제 강의가 맘에 안 드셨나보지요. 불만을 토로하시는 분들이 많더라고요. 사실 시교육청에서 요청을 해와, 학기 중에는 이런 프로그램 안 해야 하는데 학생들과 점심시간도 겹치고… 관청이라 어쩔 수 없이. 강사 섭외는 사실 시교육청에서 한 것이라. … 오늘도 강사 문제가 있으면 말씀하세요."

거침없는 언변에 당당함, 그분의 말씀은 대충 이런 요지였다. 그러더니 나에게 마이크를 주며 "한 2, 3분 뒤에 하시지요."라며 나갔다. 딱히 나를 소개하러 온 분도 아닌 듯한데, 내 시계는 이미 9시 18분, 어제 강의를 어떤 분이 했는지는 알 수 없지만, 그래 오늘 강의를 하러 온 사람 앞에서 이렇게 말해야 한단 말인가? 이곳이 국립대학교이며, 국가공무원들이 근무하는 관청이라는 것을 그제야 알았다.

아! 속으로 이럴 수밖에 없었다.

"아! 이런, @#$%!"

물론 내 수업도…@#$%!

길을 걷다

1.

길을 걷습니다.

배 한 척이 뱃줄에 매여 있습니다. 배는 물 위에 있어야 하거늘 뭍에 정박된 배는 더 이상 배가 아닙니다.

그렇지요. 내 생각 또한 저렇듯 무엇엔가 매여 정박하고 있는 것은 아닌가 생각해 봅니다.

단 한 줄! 무섭도록 잔인한 한 줄! 단 한 번 출신대학!

해당화랍니다. 열매도 아름다워 관상식물로 좋지요. 찾아보니 꽃은 향수 원료로 이용되고 약재로도 쓰이며 과실은 약용 또는 식용한다고 합니다.

그러나 겨울 벌판의 늙은 해당화에게는 관상용이라는 말이 무색합니다.

길, 언제나 우리는 길을 걷습니다. 나는 내 인생길을 어디쯤 걷고 있는 걸까요.

2.

길을 걷는다는 것. 욕망인가? 아니면 비움인가? 아니면 쾌락? 아니면 고통? 한 발자국씩 걸으며 생각을 했습니다만, 깨달음도 얻음도 잃음도, 아무 것도, 진정 아무 것도 없었습니다.

애초에 원효의 '해골바가지 물' 따위를 기대한 것도 아니요, 뭐 대단한 '구경(究竟)'을 얻으려 함도 아니었습니다. 하지만 옴니암니 따지자면 '이 나이에 이 정도의 거리라면'이라는 생각이 없지 않았던 것도 사실입니다.

다만 하나 분명한 것을 보았습니다. '지금 내가 이 길을 걷고 있다'는 엄연한 사실과 '시나브로 시간은 흐른다'는 당연한 진리를 말입니다. 나는 '그 시간' '그 장소'에서 단 한 발자국도 벗어나지 못하였습니다. 곰곰 생각해보니 충만함으로 가득한 완벽한 경지인 유토피아도 '그 시간' '그 장소'에 내가 있어야만 합니다.

지금 나는 휴휴헌에 앉아 이 글을 씁니다. '이 시간' '이 장소'가 바로 내 삶입니다. '그 시간' '그 장소'에서 단 한 발자국도 벗어나지 못하였던 것처럼 나는 '이 시간' '이 장소'에서 한 발자국도 벗어나지 못합니다.

지금 내가 이 글을 쓰고, 생각하고 책을 읽는 바로 여기 '이 시간' '이 장소'에서 말입니다. 그래 충만함만 가득하다면 바로 지금 여기, '이 시간' '이 장소'가 나의 유토피아가 아닐까 하는 생각입니다. 이는

'이 글을 쓰는 일과 생각하고 책을 읽는 일에 충실할진져!'라는 문장과 치환을 한들 하등 밑질 게 없다는 산수셈입니다.

그러니 그저 그렇게 하던 대로 떠나기 전처럼 글을 쓰고 떠나기 전처럼 생각하고 책이나 읽어야 할까 봅니다.

국토대행진 5일째

인하대학생들과 국토대장정을 한다. 5일째다. 오늘은 야간행군까지니 40킬로를 걷는다.

"교수님, 멋지십니다."

껍질린 다리가 불편하여 중간에 잠시 대열을 벗어나 합류한 뒤 화장실에 갔을 때 한 학생의 말이다. 겨우 5일째 걷는 선생에게 '힘내세요'라는 격려의 말이렷다. 아마도 내 절뚝이는 다리와 연결된 말인 듯싶다. 나에게 눈길을 주고 있었다는 것이기에, 멋쩍지만 은근 힘 솟는 격려이다. (학생들은 삼척에서 대관령을 넘어 벌써 12일째 걷는 중이다.)

행군 중 한 여학생과 대화를 하였다. 장솔 양 '정외과 4년'과.

"제가 참 이기적이란 걸 알았어요. 몸이 좀 불편하다고 천막을 칠 때도 제가 편한 일만 하려 하더라고요."

"저는 ngo가 되고 싶어요."

―――――――――

이만하면 됐다 싶다. 대학생들이 꿈이 없다느니 이기적이라느니…….
 어찌 이 말을 듣고 그런 편견을 갖겠는가.
 또한 서포터즈들의 열정과 국토대장정에 임하는 학생들 서로에 대한 예의와 배려. 너나들이하는 사이가 아닌데도 서로가 행여 다칠세라, 행진을 멈출세라, 손도 잡아주고 뒤도 밀어주고 가방도 들어준다. 그 행동거지가 참 너볏하다.
 가만 생각하니 저 아이들이 내 선생이다.
 늦은 밤, 11시에 걸음을 의정부에서 멈췄다.
 내 발걸음도 꽤 느려졌고 오른쪽 발은 병원에 다녀올 만큼 불편했지만, 꽤 살 만한 오늘이었다.

종강의 변

1.

또 이맘때가 되었다. 종강(終講) 무렵은 늘 마음이 불편하다.

뒤돌아보니 이번 학기는 시작부터 애를 먹었다. 전공과목의 폐강(閉講), 겨우 2주차 대학신입생들의 리포트 제출 않기 동맹(?), 여기에 '글쓰기와 토론'이라는 수업시간을 경시하는 일부 학생들(의예과 일부)의 태도, 심지어는 토론 중에 'ㅆㅍ'이라는 욕까지……. 하기야 이 모든 것이 어른들의 책임(1차는 선생인 내 책임임을 통감)임을 모르는 바 아니지만. 폐강은 그렇다손 치더라도 일부 대학생들(의예과 일부)의 수업태도는 넘지 말아야 할 선을 한참이나 넘었다.

근 30여 년 선생으로서 처음 겪는 일이기도 하지만 내 능력 밖이라 자괴감이 들었다. 수업을 끊고 이를 바로 잡아야 하지만, 이미 신입생 첫날부터 흰 가운에 청진기를 귀에 꼽고 한 손엔 메스를 들고 들어온 '미리 의사인 아이들'에게 '글쓰기와 토론'이란 교양 수업은 수업이 아니었다.

  종강날까지도, ……한 여학생은 토의 중에 거울을 들고 눈썹 기구로 눈썹까지 붙이고 있었다.

  나는 지적하지 않았다. 아니, 못 한 것인지도 모른다. '부처님 살찌우기는 석수장이 손에 달렸다'는데……. 난 저 아이(들)에게 더 이상 선생이 아니었기 때문이다.

  '종강(終講)'이 아닌 '종강(腫講: 부스럼투성이 강의)'이란 착잡한 마음이다.

  강의실 밖으로 빨리 나가고 싶었다. 캠퍼스엔 때 이른 여름 햇볕이 따갑게 내리쬐고 있었다.

2.

  학생들이 떠나버린 빈 강의실에 내가 마지막으로 아니, 개강 초부터 강조한 '환타본분(還他本分)' 넉 자만 남았다. '자기 자신으로 돌아가라' 한 학기 내내 학생들에게 '나를 찾으라'고 주문하였다. 그래야 내가 이 세상을 살아내는 것이라고. 그래야 남과 다른 내 삶이라고. 그래야 남과 비교하지 않는 것이라고. 그래야 아롱이다롱이 삶은 안 산다고. 그래야 내 글을 쓴다고.

  그래, 학생들에게 무던히 강조하였다. 저 넉 자를 옆에 놓고 살라고.

  강의실을 나서는데, 칠판에 써 놓은 '저 넉 자'가 자꾸만 나를 잡아끈다.

  "간 선생! 당신, 혹 나를 떼놓고 가는 것은 아니겠지."

폐강과 다완

오늘 금요일, 이번 학기 고전산문교육론이 최종으로 폐강되었다. 폐강은 늘 마음을 불편케 한다. 고전문학을 수업하는 나로서는 종종 겪는 일이면서도 학생들의 고전에 대한 경시가 못 마땅하다. 사실 고전수업은 한문에 또 고어로 학생들에게 고전을 감내케 하는 면도 없지는 않다. 그러나 고전 없이 현재의 우리 문학이 어찌 있겠는가. 더욱이 내 수업에 대한 자조까지로 부연하여 읽히면 여간 불쾌한 것이 아니다.

커피 한 잔으로 속내를 삭일 즈음 후배에게 전화가 왔다.

"형님! 제가 잠시 뒤에 가겠습니다. 형님에게 드릴 게 있습니다."

후배가 가져온 것은 다완 세트와 방향제였다. 다완세트는 도자기계에서 우리나라 4대 명인으로 꼽히는 분의 작품이란다. 흙빛이 살아있는 것하며 투박하면서도 단아한 멋을 풍기는 것이 문외한인 내가 보기에도 무엇인가 있어 보인다.

이런 것을 무에 가져왔냐고 하자.
"형님이 고전을 하시는 것이 좋아서요."라며 싱그레 웃는다.

"형님! 그리고 이것은 라벤더향인데요. 사무실에 있어 챙겨왔습니다."
큰 덩치에 어울리지 않게 곰살궂은 말도 한 자락 깔았다.

후배와 나의 인연이란 겨우 고등학교 동문회에서 만난 술자리 두어 번이 전부였다. 아는 것이라야 큰 덩치에 전공은 경제요 성격은 특전사 출신답게 씩씩한 후배라는 정도였다. 나이 또한 이미 40대 중반을 넘어 함께 나이 들어가는 처지였다.

커피 한 잔을 하고 내 점심을 내마고 식당으로 옮긴 자리에서도 후배는 '형님이 고전을 해서 참 좋습니다'라는 말로 너스레를 떨었다.
후배는 끝내 점심값을 지불하려는 내 손마저 떨치고 계산까지 마치고서야 돌아섰다.
"형님! 전 형님이 좋습니다. 제 꿈도 이런 서재하나 만들어……그리고 형님이 주신 이 책 꼭 읽겠습니다. 전 이 책 한 권이면 족합니다."

돌아서는 후배의 큰 손에 내가 준 책(그림과 소설이 만났을 때)이 가볍게 흔들리고 멈춘 허공에, 폐강이 된 내 '고전산문교육론'이란 글자가 지나쳤다. 무겁게. 무겁게……

어여 내 서재에 올라가 후배가 준 다완에 찬물 한 잔 그득 따라 죽 들이켜야겠다.

누군가와 향원, 사이비

2014년 1월 1일. 새해 첫날입니다. 사실 2014년이니, 1월 1일은, 서양의 힘 있는 자가 만들어 놓은 숫자에 불과하지요. 그렇지만 저 숫자에 전 세계인이 매여 있으니 나라고 아니 따를 수도 없습니다.

그래서인지 이 아침, 어제인 지나간 해와 오늘인 올 해가 새삼스럽습니다.

이미 작년이 되어 버린 2013년 나에겐 적지 않은 일들이 일어났습니다. 적지 않은 일을 곰곰 생각해 봅니다. 모두 누군가였습니다. 누군가와 만남을 통해서 작고 큰 일이 만들어졌습니다. 어느 날.

어느 날. 내가 금주를 결단하게 된 것도 누군가와 만남을 통해서였습니다. 나에게 금주란, 누군가 만남이 아니고는 불가능한 일이었습니다. 그렇게 보면 올 한 해도 동일한 귀결일 것 같습니다. 누군가를 만나고 누군가와 헤어지며 나에게 적지 않은 일이 일어날 것입니다. 어느 날.

그러고 보니 슬며시, 누군가를 만나는 나를 돌아보지 않을 수 없습니다. 나는 누구인가? 나는 나를 만나는 누군가에게 의미 있는 존재인가? 아니면 잠시 몸을 스치고 지나가는 바람결에 지나지 않나?

누군가에겐 의미 있는 존재이지만 누군가에겐 지나가는 바람결일 수도 있습니다. 가만 생각해보니 존재와 바람결은 모두 내가 만드는 것입니다. 내가 누군가를 존재로 혹은 바람결로 대하느냐에 따라 누군가도 나를 존재 혹은 바람결로 대할 것입니다.

연암 선생은 그 누군가를 대하는 나를 '향원'과 '사이비'란 말로 다 잡았습니다. 향원이 사이비이니, 사이비로 누군가의 누군가는 되지 말자는 뜻입니다. 연암 선생 따라잡기야 언감생시일망정, 저 두 낱말에게 경의를 표하지 못할 이유는 없다고 생각합니다.

이제 '어느 날'입니다. 누군가의 만남은 어느 날 이루어집니다. 어느 날은 어제, 오늘, 내일 중, 오늘입니다. 물리적으로 우리는 오늘, 바로 이 시간밖에 살지 못해서입니다. 누군가와 만남은 오늘, 바로 이 시간에 이루어집니다.

올 한 해도 나에게 적지 않은 일이 누군가에 의해 일어날 것입니다. 그 누군가는 이미 알고 있는 이일 수도 전혀 모르는 이일 수도 있습니다. 누군가가 존재도 바람결일 수도 있습니다. 그것은 누군가의 나로부터 시작합니다. 오늘.

2014년 1월 1일. 누군가와 향원, 그리고 오늘을 생각해 보는 아침입니다. 모두들 카르페디엠!

일류 출판사, 아니 삼류 출판사,
아 - 아니 일류 출판사

　정신의학자인 융(Carl Gustav Jung, 1875~1961)은 다른 사람과 관계에서 내보이는 일종의 공적인 얼굴이라는 뜻으로 '페르소나(Persona)'라는 용어를 사용하였다. 페르소나는 우리가 사회인으로 역할을 수행하기 위해서 '필수 불가결하게 착용해야 하는 일종의 가면(假面)'과 같은 것이라고 할 수 있다. 나의 경우만 하더라도 남편, 아들, 아버지, 사위, 친구, 선생 등 수많은 역할 속에서 여러 가지 페르소나를 가지고 살아간다.

　제 책장엔 2003년도에 출간되어 절판된 『선현유음』이란 책이 있습니다. 『선현유음』은 17세기에 필사된 한문소설집으로, 8편의 전기소설이 필사되어 있어 우리 고소설사에서 매우 중요한 문헌입니다. 마침 출판사도 없어졌고 하여 다른 출판사를 찾아보기로 하였습니다. 더욱이 이 문헌은 작고하신 선생님께서 저에게 주신 것이기에 더욱 소중합니다.

그래 '이번 기회엔 많은 사람들에게 접하게 하였으면…' 하는 생각이었습니다.

제법 출판계에선 이름깨나 드날리는 한 출판사로 전화를 걸었습니다.

"안녕하세요. 전, 간호윤입니다."
"그런데요."

"아, 예. 저 귀 출판사에서 책을 좀 냈으면 해서 전화드렸습니다만. 제 이름은 간호윤입니다. 실례지만 선생님 성함은…"
"아, 뭐 그런 것까지……. ○○○입니다. 원고를 보내시지요."

"아, 예, 잘 알고 있습니다만, 제 원고는 이미 절판된 책이고, 그 출판사가 없어졌기에…"
"음, ………"

"바쁘신가 보군요."
"예! 바쁩니다."

"전화를 끊을까요."
"그러시죠."

"아, 예, 죄송합니……."
"찰칵"

채 말이 끝나기도 전에 전화를 끊었다.

저러한 사람이 대한민국에서 내로라하는, 그것도 '인문서적을 출판한다는 출판사의 편집책임자'라는 사실에 놀랐습니다. 칼도 날이 서야만 칼입니다.

일류 출판사, 아니 삼류 출판사, 아— 아니 일류 출판사, 가면(假面). 페르소나.

나도밤나무와 너도밤나무

지인과 카톡을 주고받았습니다.
휴헌 왈: "오늘 하루 행운의 여신을 만나시기를……."
지인 왈: "그런 건 없소."
…
없나? 아님 있나?
사실 팍팍한 이 세상, '세상 사는 맛'이 너나할 것 없이 칼칼한 것이 사실입니다. 그래도 우리는 1%의 그 무엇인가를 잡으려 하는 것이 또한 사실이 아닐까요? 이마저 없다면.
문득 몇 년 전 써 둔 「나도밤나무와 너도밤나무」라는 글이 생각났습니다. 그 글은 이렇습니다.

나도밤나무와 너도밤나무

이야기 하나,

능가산에서 본 '나도밤나무'입니다.
'나도밤나무'라는 이름이 신기하여 인터넷에서 찾아보니, '나도밤나무과'의 낙엽활엽 교목이라고 적혀 있습니다. 이 '나도밤나무'는 해안 또는 산골짜기에서 자라며 높이가 10m에 달하고, 줄기는 곧게 올라가며 나무껍질은 갈색이라는군요. 꽃은 6월에 흰색으로 피고 9월에 콩알만한 새빨간 열매가 줄줄이 달린답니다. '밤나과'인 밤나무와는 비슷도 안 한데 왜 이름이 '나도밤나무'인가 했더니, 잎 모양이 살짝 비슷해서 인 듯합니다.

그런데 '나도밤나무'에는 이보다 더 재미있는 이야기가 있더군요.

옛날 깊은 산골에 가난한 부부가 힘겹게 살아가고 있었다. 어느 날 꿈에 산신령이 나타나 몇 월 며칠까지 밤나무 1천 그루를 심지 않으면 호랑이한테 물려 가는 화를 당할 것이라는 계시를 받는다. 그날부터 부부는 밤낮을 가리지 않고 주위에 자라는 밤나무는 모조리 캐다가 열심히 심었다. 그러나 999그루를 심고 마지막 한 그루는 아무래도 채울 수가 없었다. 해가 지고 산신령이 말씀하신 운명의 시간은 다가오는데 뾰족한 방법이 없었다.

이때 이율곡 선생이 갑자기 나타났다. ('율곡(栗谷)'이란 호가 '밤나무 골'이어서 이 율곡 선생을 끌어 온 듯하다.) 이 율곡 선생이 가까이 있는 한 나무를 지팡이로 가리키면서 "네가 밤나무를 대신하렴." 하였다. 드디어 호랑이가 나타나 999까지 세자, 율곡 선생이 가리킨 나무가 썩 나서며 "나도 밤나무요!" 하였다. 호랑이 눈으로서야 '그게 그것이라'. "천!"하고는 그냥 가버렸다. 그때까지 이름이 없던 이 나무를 사람들은 '나도밤나무'라고 부르기 시작했다.

'나도밤나무' 덕분에 가난한 부부가 살았습니다. 살다보면 '99%'의 노력으로도 모자라는 일이 많다는 것을 자주 경험하더군요. 그때 1%를 채워 줄 '나도밤나무'가 필요하겠지요. '나도밤나무'라고 썩 나서 줄, '그 사람'. '그 사람'을 만나려 우리는 999그루의 나무를 오늘도 심는 것 아닐까요?

이야기 둘,

'나도밤나무'만 있는 줄 알았는데, '너도밤나무'도 있군요.
너도밤나무는 오직 울릉도 성인봉의 높은 곳에만 자라는 특별한 나무랍니다. 그런데 이 녀석은 '참나무과'에 속하니, '나도밤나무'와 '밤나무'와도 또 다릅니다. 다만 약간 작고 통통하게 생긴 잎이 그래도 밤나무잎과 비슷하다고 여긴 듯합니다.
각설하고, '나도밤나무'에 '너도밤나무'까지 만난다면 참 '세상사는 맛'이 여간 아닐 겁니다.

진정한 일류 세상을 꿈꾸며

바야흐로 정치 철이 봄과 함께 도래했다. 인문학적 사고를 지닌 정치인이 많았으면 하여 몇 자 적어본다.

청나라 정치가 증국번(曾國藩, 1811~1872)이라는 사람이 있었다. 증국번은 세상이 어지러워지는 3가지 조짐을 이렇게 들었다.

첫째로 무엇이건 흑백을 가릴 수 없고,
둘째는 하찮은 녀석들이 설쳐서 선량한 사람이 위축되어 아무 말도 못하며,
셋째로 이것도 지당하고 저것도 무리가 아닌 우유부단과 이해할 수 없는 행동으로 얼버무리는 풍조.

나는 일주일 한 번쯤은 인근에 있는 서점을 찾는다. 딱히 책을 사려는 것보다는 산보 겸 책 구경을 나간다. 그 엄청난 양의 책 더미에

짓눌리는 것이 다반사지만, 어쩌다 꽤 괜찮은 책이라도 얻은 날이면 얄팍한 지갑을 몽땅 털어낸다. 이런 날은 낚시꾼 월척이라도 낚은 양 신바람이 난다. (참고로 우리나라는 OECD국가 중 월 평균 독서량 0.8권으로 단연 꼴찌라 한다.)

엊그제는 ○○경제연구소에서 시리즈로 나온 책을 빼들었다.

현대 독서자들이 좋아할 법한 적당한 쪽수(150페이지 정도임)에 디자인도 심플하여 눈길을 끌었다. 표지 장정이며, 책 행간 여백이 시원한 것하며…. 한 눈에 보아도 꽤 공들여 만든 책임을 알 수 있었다. 책을 몇 번 내 본 경험으로 미루어 이런 출판사에서 책을 내었으면 한다. 한두 권을 그 자리에서 읽고는 몇 권을 더 뽑아 들었다.

'세계화 시대의 공력 쌓기', '영토적 상상력과…', '한국의 평등주의…' 등 문패의 단면만 보아도 꽤 시사성이 있는 문제들을 다뤘다. 주머니를 몽땅 털어 여남은 권을 사들고는 얼른 내 서재로 달려 왔다. 나는 책을 사오면 속지에 내 책이라는 서명을 한껏 멋부려한다. 다음 차례는 책과 볼펜 하나를 턱하니 방바닥에 던져 놓고 배를 너부죽이 깔고는 베개로 가슴팍을 지탱하여 자세를 잡는다. 포만감 뒤에 따르는 나른한 몸의 반응이랄까. 새 책과의 대면은 이런 편한 자세일수록 좋다. 배를 깔고 첫 장을 열어 읽는 맛은 여간 아니다.

내용도 좋았다. 밑줄을 칠 곳이 꽤 많았다. 그렇게 예닐곱 권쯤 읽었을까. 깜짝 놀랐다. 아! 저 책들 속에는 인간이 없었다. 인간이 없는 자리엔 '일류! 일류가 아니면 죽는다!'는 격정적 외침만 있었다. 모든 낱말마다 '경쟁', '수월', '인간 경영'이요, '인간 처세술' 등 차디찬 어휘들만이 설쳐댔다. 저 책 속에는 꿀이 있으면서도 끊임없이 설탕마저 탐하는 독기어린 눈이 번뜩였고, 결점 하나 없는 차디찬 신들만 있었다.

언필칭 우리는 저들을 '1류요, 엘리트'라 부른다. '엘리트(elite)'는 불어이다. 사회에서 뛰어난 능력이 있다고 인정한 사람, 또는 지도적 위치에 있는 사람으로 17세기 프랑스에서는 '품질이 우수한 상품'을 뜻하였다. 민주주의 사회에서 엘리트의 지배는 당연한 것이기에 딴죽걸 일은 아니다. 다만 엘리트는 '경제'와 '정치', '사회문화' 등으로 다양하게 분산되어 있어야 하고, 두엇 필요충분조건도 갖춰야 한다는 점은 꼭 짚고 싶다. 엘리트라 불리는 이들의 끊임없는 자기혁신, 그리고 엘리트 계층으로 들어감과 나옴의 문이 여럿 있어야 한다는 분명한 사실을 말이다. 단어로 돌려놓으면 '예의', '윤리', '염치', '정의' 따위일 것이다.

'1류요 엘리트'라 불리는 자들, 제 아무리 빨리빨리 민족을 이끄는 자들이라지만 때로는 멈춰야 할 때도 있는 법. 저 단어들 앞에서는 멈춰 경건한 예의를 표할 줄 알아야 한다. 남산이 무너져 내려앉아도 저 뜻만은 굳건해야 한다.

그래, 누가 '경제학은 머리의 학문이요, 의학은 피의 학문이요, 인문학은 가슴의 학문이다'라고 하는 말을 들었다. 그렇다면 정치학은 인간을 다스리는 것이니, 인문적인 가슴으로 하면 안 될까?

"나는 피와 수고, 눈물 그리고 땀밖에 드릴 게 없습니다." 영국의 정치인 처칠의 말이다.

처칠과 중국번이라는 사람이 생각나는 정치철이다.

운명

연초라서 그런지 운수니 '운명(運命: 運數)'이니 하는 말을 자주 듣는다. 애꿎게 손바닥에 접혀진 주름을 보며 명줄이 짧으니 기니, 어쩌고 저쩌고도 한다. 홍대용(洪大容, 1731~1783)의 『담헌서(湛軒書)』 「내집(內集)」 권2(卷二) '사론(史論)'을 보면 운명에 대한 이런 글이 있다. ('사론'은 주로 동진시대(東晉時代)의 인물에 대한 평을 적어 놓은 글이다.)

곽박이 안함을 위해 점을 쳐보려고 하자, 안함이 말하였다.
"수명이란 하늘에 달려 있고, 지위란 사람에게 매여 있는 것이니, 자기의 몸을 닦아도 하늘이 돌봐주지 않는 것은 운명이다. 바른 도리를 지켜도 남이 알아주지 않는 것은 태어난 본성이라. 저에게는 정해진 성명(性命)이 있으니, 시·귀를 괜히 수고롭게 하지 말라[年在天, 位在人, 修己而天不與者, 命也. 守道而人不知者, 性也. 自有性命, 無勞蓍龜]."

곽박(郭璞)은 감여술로 안함(顔含)은 학자로 이름난 진나라 때 사람이다.

'감여술(堪輿術)'이란 하늘과 땅, 음양설에 의하여 집터나 묘 자리를 잡거나 또는 풍수지리에 관한 학문이다. '시·귀(蓍龜)'란 점치는 데 쓰이는 시초와 거북을 말한다. 설명할 것도 없이, 곽박이 안함을 위해 점괘를 보려하자, 안함은 정해진 운수이니 부질없는 짓하지 말라는 뜻이다. 안함의 말을 되 친다면, '그저 직수굿이 온 정성을 다할 뿐'이란 의사와 크게 멀지는 않으리라.

한 옥편을 찾아보니 운명이란 '사람에게 닥쳐오는 길흉화복의 사정'이라고 간단히 적어 놓았다. 운명의 '운(運)'이란 글자는 '돌 운'이다. '길흉화복'이 '빙빙 돌다'는 의미이다. 운전망이(運轉亡己)라 하였다. '우주의 만물이 늘 운행 변전하여 잠시도 그치지 않는다'는 뜻이다. 자연의 섭리는 길흉도 화복도 제자리에 멈추어 마냥 있는 것은 없다.

비운의 삶을 산 이를 인용함은 온당치 않지만, 우리가 잘 아는 영조의 아들 사도세자(思悼世子, 1735~1762)는 겨우 2세에 세자 책봉 되었으니, 포대기에서 이미 만인의 추앙을 받은 것이다. 하지만 27세에 뒤주 속에 갇혀 철저하게 비극적이라는 말에 맞는 죽음을 한다. 또 사도세자는 10세에 동갑내기 헌경왕후(獻敬王后, 혜경궁 홍씨, 1735~1815)와 결혼하였으니, 조선 왕들 중 최연소 결혼기록도 보유하고 있다.

길흉이 저와 같으니 오늘의 삶을 내 운명이라고 단정할 수 없지 않은가.

그래 우리들은 '오늘의 불행이 내일의 행복으로, 오늘의 행복이 내일의 불행이 될 수도 있다.'라는 생각을 가져야 한다. 동서남북이야 변하지 않겠지만, 상하좌우야 내 위치에 따라 변하는 것이 정한 이치 아니던가.

안함의 저 말을 나도 믿는다.

아니 굳건히 믿으려 노력한다. 운명을 결정하는 인자가 또 무엇이 있으랴. 아니, 있다고 한들 나에게는 없으니, 믿을 것은 저뿐이다. '쇠뿔도 각각이요, 염주도 몫몫'이라고 했다. 무엇이나 다 제각각 맡은 몫이 있다 하였으니 '힘닿는 내내 쇠공이를 갈아 바늘을 만든다는 공력'으로 열심히 사는 수가 있지 않겠는가. 운명을 하늘의 뜻만으로 돌리기엔 한 번 살다 가는 내 인생이 너무 가엾지 않은가.

그래 『진서(晉書)』라는 책에 이런 구절이 있다.

"인각유능유불능(人各有能有不能)", 즉 '사람은 저마다 능한 것이 있고, 능하지 못한 것도 있다'는 말이다. 그러니 능한 것은 취하고 능하지 못한 것은 버리면 된다.

매사는 간주인(看主人)이라 했다. 무슨 일이든 주인이 알아서 처리하는 법, 손이 이러쿵저러쿵 간섭할 것이 아니다. 일곱을 셋으로 짐작할지라도 내 운명의 주인은 나다.

행복과 성공이란 자기 계발의 허상

1.

 아침에 눈을 떠 밤새 포스팅된 글들을 본다. 어김없이 오늘도 사건 사고만큼이나 제일 먼저 눈에 띄는 단어가 '행복'이니 '성공'이니 하는 자기 계발성 어휘들이다. 행복과 성공을 향해 줄달음칠 날이 또 밝은 것이다.
 맞다. 행복과 성공을 위한 자기 계발의 나라. 바로 대한민국의 오늘 아침이다. 블로그의 글, 매스미디어의 글들은 행복과 성공을 위한 이야기들로 채워졌다. 베스트셀러도 태반이 이런 유이다. 그만큼 이 나라에선 행복과 성공이 간절하단 반증일지도 모른다.
 그런데, 보자. 내 주위에 그 책을 읽고 혹은 그렇게 행동하여 성공하고 행복해하는 사람이 몇이나 있는지? 대부분의 책과 글은, 그렇게 하여 행복하고 성공한 이들의 특별한 이야기일 뿐이다. 아니 사실 그들도 행복하고 성공하기 위해 그 책과 글을 썼는지도 모른다. 결코 일반화시킬 이야기가 아니다.

하버드대 교수인 롤스라는 경제학자는 "태어나는 순서에 따라서도 사는 게 다르다"고 하였다. 태어난 나라에서부터, 부모의 유전자, 환경, 시간 등에 따라 사람은 태어나는 그 순간부터 다르게 변한다. 마치 인간이 항온동물이라 하지만 36.5도를 정확히 유지하지 않는 것과 유사하다. 우리 몸의 체온은 수시로 변한다.

행복, 성공, ……. 지천으로 깔린 이런 자기 계발성 어휘들, 오히려 이런 말들로부터 자유로워야 정말 행복하지 않을까? 또한 행복이니 성공이니도 순간적인 휘발성 어휘이다. 그 누구도 24시간조차 지속적으로 성공과 행복을 느끼지 않는다. 수많은 일들이 행복과 성공 사이에 끼어들기 마련이다.

그러면 어떻게 살아야 하는가?

동서고금을 통틀어 정답인 삶은 없다. 굳이 정답을 찾으라면 나는 나대로의 삶이 정답 아닐까. 그래, 많은 현인들은 '지금 이 순간'만 잘 살라했는지도 모르겠다.

주섬주섬 오늘을 껴입으며, 몇 자.

2.

"꿈이 가난하다고
행복이 가난한 것은 아니다."

사람들은 큰 꿈을 꾸라고 한다. 그러나 세상을 살아보면 안다.
꿈을 쫓다가 행복을 잃어버리는 사람이 더 많다는 것을.

"사르비아 같은 꽃을 가꾸듯이 가난을 가꾸어라.
옷이든 친구든 새로운 것을 얻으려고 너무 애쓰지 말라."

헨리 데이빗 소로우, 강승영 옮김, 『월든』, 이레, 1993에서 한 줄 옮겨옴.

주섬주섬 오늘을 껴입으며, 또 몇 자.

정전(正典)이 아닌, 정전(停典)이다!

2012년 9월 1일 토요일, ○○대학교에서 열린 학회에 들어섰다. 언제나 그렇듯 대학교정은 학생들의 싱그러움으로 가득 차 있었다. '제100차 ○○문학회 정기학술대회 – 주제: 문학연구 교육과 정전 재수립'이란 플랜카드가 눈에 들어왔다.

"음…미묘한 문제입니다만…대강 조사한 바에 의하면 서울대 국어교육 11명, 국어국문 10명, 고려대학교 국문과 3명, 국어교육 10명, 그 외 서강대 1명, 한양대 1명, …전에 비하면 많이 좋아졌다고 생각합니다."

내 질문에 대한 발표자의 답변이다. 내가 토론을 맡은 논문은 「2009 개정 문학 교과서의 정전 구성의 동향」이었다. 내 질문은 이랬다.

"1) 정전중심주의는 편벽된 특수성의 틀거지를 만들고 끝없는 학문의 근친상간으로 인한 학문적 열성유전자를 생산한다. 이는 우리 학계에 만연하여 사이비 학문과 학자로서 정신적 불구를 만드는 저수원인 학연과도 연결된다. 이와 관련하여 교과서 필자진과 출신학교 분포도는 어떻게 되는가?"

이 논문은 현행 고등학교 문학교과서 Ⅰ, Ⅱ에 수록된 고소설을 중심으로 정전의 문제점을 다루었다. 우리나라의 입시제도로 미루어 교과서에 수록된 작품은 각종 시험에 문제로 나오기에 학생들과 교사들은 이 작품의 분석에 온통 매달린다. 이러한 작품은 문학교과서 Ⅰ, Ⅱ를 통틀어도 겨우 두 세 작품 밖에는 안 되기에, 1000여 종에 이르는 고소설 중 가장 으뜸지인 정전(正典)으로 등극하는 순간이다.

문제는 '정전'이란 두 글자가 지니는 규범, 척도, 표준이란 함의이다. 따라서 정전은 문학사와 시대사, 문학성과 시의성을 씨줄과 날줄로 삼아야 한다. 여기에 고등학교 문학 활동이 지향하는 능동적 문학활동, 창의적 사고, 공동체 문화 발전에 모두가 공감할 수 있는 작품이 선정되어야 한다. 마땅히 교과서 집필진은 정전으로 보편타당한 작품을 선정하려는 고민이 따를 수밖에 없고, 응당 교과서를 발행하는 출판사는 교과서 집필진 구성에 엄격한 잣대를 보편타당하게 들이댈 수밖에 없는 이유가 여기에 있다.

"음…미묘한 문제입니다만…."

발표자가 필자의 질문에 상당히 난처한 입장인 듯 운을 떼는 데서 알 수 있듯이 이 논문 또한 고민처가 여기다. 발표자는 필자의 질문에 대강 조사해온 자료를 난색을 표하며 읽어 내려갔고 그래도 "…전에 비하면 많이 좋아졌다고 생각합니다"라고 하였으나 대강 조사해 온 것이기에 타당한 결론인지는 알 수 없다.

타당한 결론은 대강 조사해온 자료만 보아도 알 수 있듯 일부 대학이 중심임이 번연하다는 점이다. 그렇다면 문학교과서 I, II에 수록된 고소설은 이미 정전으로서 문제성을 출발부터 내재했다는 의심을 떨칠 수 없다. 물론 일부 대학 출신만으로 교과서 집필진을 구성해도 정전에 문제없다는 이론에 동의할 이도 없지 않겠으나 궁색한 변명을 꽤나 늘어놓아야 할 것이기에 그 이유를 조목조목 거론할 필요조차 없다.

정전(正典)이 문제이기에 학술대회까지 열었다. 더욱이 이 정전 문제는 우리나라 학연의 폐단을 고스란히 보여주며 학술발전을 저해하는 괴물 같은 암적 존재이다. 그런데 이 학술자리에서조차 이를 '미묘한 문제'라 하여 두루뭉수리 구렁이 담 타듯 넘어간다면 내 학자로서 양심은 어디에 가서 찾아야 하나?

이쯤이면 문학교과서 I, II에 수록된 고소설은 바를 정(正) 자 정전(正典)이 아닌, 잠시 머무를 정(停) 자를 붙여 정전(停典)으로 해야 마땅하다. 몇 년 동안만 잠시 문학 교과서에 수록한다는 뜻의 정전(停典) 말이다.

필자는 더 이상 질문하지 못했다. 참석자들 중 누구도 이에 대해 보충 질의가 없었다. 서둘러 자리를 일어서 도망치듯 학회장을 **빠져** 나왔다. 싱그러운 대학교정에 늦더위와 함께한 가을 햇살이 언제부턴가 표독스럽게 내리쬐고 있었다.

2. 살아내는 것

살아내는 것 / 언젠가부터 / 세 가지 일 / 두 움큼 / 인연 / 그랬으면 / 라면은 잘도 풀어진다 / 입원, 엿샛날- 퇴원을 한다 / 허리띠 / 새가슴 선생의 중무장 / 손가락을 세어 봅니다 / 절강 혹은 남원 / 추석, 그리고 '크로노스(chronos)'와 '카이로스(kairos)' / 어머니 / 애비 / 외눈박이 환쟁이 / 유붕자원방래(有朋自遠方來)하니 / 책상물림 하는 꼴 / 고춧대를 뽑으며 / 지팡나무 / 눈물 / 인생 / 화장실 사용금지 / 주례를 섰다 / 마라톤 / 벌초(伐草)

살아내는 것

친구를 만나러 일산에 갔습니다.

친구는 일산에서 꽤 큰 안경점을 합니다.

길눈이 서툰데다 장소를 찾다가는 교통경찰에게 딱지까지 한 장 받았습니다. 실은 친구를 만난다는 생각보다 '안경 값을 깎아줘서'라는 것이 솔직한 행차의 이유였습니다. 괜히 왔다 싶었습니다. '돈 몇 푼 아끼려다' 하는 생각이 들고 후회가 났습니다.

안경을 맞추고 친구와 자리를 마주했습니다.

친구는 나와 고등학교 동창입니다. 까까머리 고3 시절, 녀석과 나, 그리고 '다마'와 '서스까치'라는 별명을 가진 4명은 제법 잘 어울려 다녔습니다. 그때도 그랬지만, 친구는 요즘사람 같지 않게 참 정직한 삶을 살고 있었습니다. 평택에 있는 고아원을 찾는 것하며, 세상을 보는 눈이 나이답지 않게 맑습니다. 고생도 꽤 했습니다. 친구는 고등학교를 졸업하고는 바로 안경점에 취직을 했답니다. 저 어엿한 안경점은 단돈 300만원으로 시작한 것이랍니다.

　말끝에 이런 삶의 지혜를 풀어 놓습니다.

"호윤아, 세상을 산다는 게 말이야. 살아가는 게 아니라, 살아내는 거더라."

　친구가 만들어 준 안경을 쓰고 돌아옵니다.

　한강변의 가로등이 참 밝습니다.

언젠가부터

언젠가부터 이런 생각을 한다.
'유한한 세상을 무한하다고 여기며 사는 것 아닌가?'라고.
불과 한두 주 사이에 보는 벗의 얼굴에서 문득 늙음을 보거나, 어쩌다 만난 동창생 녀석이 "잘 견뎌 봐야지"라는 자조 섞인 말을 할 때, 문득 본 거울 속에 내 아버지의 얼굴이 보일 때 저런 생각이 들며 왠지 초조하다.
지금껏 내 삶은 무엇인가?

내 젊은 날, 누구를 죽도록 사랑해본 것도 아니요, 죽도록 어떤 일에 미쳐 본 적도 없다. 이제 와서야, 이 나이에 와서야 그 모든 것을 조금 알 것 같다. 내가 참 가엾다는 생각조차 드는 것을 보니 나이를 먹은 포만감의 소치치고는 참 감상적이다.
그러고 보니 이 새벽, 단 1분 1초의 시간조차 멈추지 않는 '째깍째깍……' 쉼 없이 가는 시계소리가 참 공포스럽다. 시간이란 절대 괴력의 사내가 시나브로 내 몸을 옥죄어 오는 듯하다.

세상을 산다는 것, 아니 누구를 만나고 살아가고 살아내는 이 행위들, 정말 나는 나의 유한한 삶을 즐기는지 묻고 싶다. "아는 것은 좋아함만 못 하고 좋아하는 것은 즐김만 못 하다"라는 말이 정녕 맞기에 하는 말이다.

오늘 난 내 삶을 즐기려 가는가? 좋아서 가는가? 아님 몇 자 알려 가는가? 괴로움을 떨쳐버리려고 가는가? 행복하려 가는가? 아니면 그도 저도 아닌 그냥 가는가?

오늘 난 전라도 변산 선유도로 간다. 무작정 걷고, 쉬고 싶음 쉬고, 걷고 싶은 걷고, 잠자고 싶으면 아무 곳에다 내 몸을 뉠 것이다.

세 가지 일

어제 세 가지 일을 했다.

1) 대전뿌리공원에 세울 가평간씨대종회 조형물 동판에 유래문을 최종적으로 새겨 넣었다.
2) 고려속요 최종 교정을 보아 출판사에 넘겼다.
그리고 늦은 저녁 친구에게 전화가 왔다.
내용인 즉, 급한 일이니 도와 달란다. 친구도 나도 한 번도 없던 일이었다. 마침 내 수중에 어쩐 일인지 도와줄만한 그만큼이 있었다. 별 주저 없이 그러마하고 약속했고 만나서 쥐어주었다.
그리고 한 잔 술을 하고는 집으로 가는 길… .

문득 이런 생각이 들었다.
'내가 오늘 세 가지 일을 하였는데 한 가지도 만족스럽지 않구나.
1) 다른 사람이 썼으면 더 잘 쓸지도 모를 터인데, 괜히 내가 1000년

이 넘는 집안의 유래문을 쓴 것은 아닌가?
　2) 고려속요에 대해서 정녕 이렇게밖에 쓸 수 없는 것이었나?
　3) 내 친구에게 정말 도움을 준 것이 맞는가? 혹……'

어느 하나 자신 있는 게 없었다.
가을 밤길 낙엽마다 뚝!뚝! 옹송망송한 상념들이 떨어진다.
아마도 술이 덜 취한 것 같다.

두 움큼

방학이라 휴휴헌에 있는 시간이 많다.

엊그제는 자장면을 시켰다가 반 넘게 버렸다. 볶짬면을 시켰는데 짬뽕은 불었고 볶음밥에서는 면발이 나왔다. 더운 여름이라 그러한 것 같았다. 그래, 오늘부터 밥을 해 먹으려 한다. 냄비에 쌀을 담근다. 한 움큼, 두 움큼, 겨우 두 움큼에 지나지 않는다. 문득 산다는 것이 이런 것인가 하는 생각이 든다. '이 두 움큼을 먹기 위하여 내가 사회생활을 영위하는 것인가?' 하는 생각을 하니 헛웃음이 나온다.

가만 생각해보니 언젠가 이에 대해 써 둔 글이 있는 것 같아 찾아보았다. 6년 전 글이었다. 깜짝 놀랐다. 그땐 이 생활을 꽤 재미있어 한 듯해서이다. 6년 전의 나와 지금의 나, 그때와 지금, 무엇이 나를 이렇게 변하게 만든 것일까? 나는 나의 삶을 잘 경영하고 있는가?

2014년 7월 18일

2008년에 써 둔 글은 이랬다.

방학이라 서재에서 주로 지냅니다.
밥을 사 먹기도 그렇고 하여, 엊그제부터 해 먹기로 하였습니다.
아침에 서재로 올 때, 집에서 간단하게 반찬을 가져오고 밥을 짓습니다.
옛날 자취생활의 경험도 살아나는 것 같고 은근한 재미가 있습니다.

오늘 쌀을 담그다 문득 알았습니다.
내 한 끼 식량이 겨우 쌀 두 움큼밖에 안 된다는 것을······.
2008. 8. 11.

인연

1.

인연(因緣)

인연을 맺은 것이 인연이지만
인연을 막는 것도 인연이더라

어제 김포공항 근처의 한 허름한 주막. 막 근무를 마쳤다는 동창 녀석의 얼굴은 60촉 전굿불에 붉었다. 마치 불경스러운 것인 양 소주 몇 잔을 연거푸 털어 넣더니 주사처럼 주억거렸다.
  '인연이 인연을 막더라고……. 그래, 인연이 무섭다고.'

2.

무가내하(無可奈何)!

내가 너를 만난 것도 인연이요,
네가 나를 만난 것도 인연이요,
인연은 의지와는 상관없는 마크툽.

악연(惡緣)이든, 선연(善緣)이든, 이연(離緣)이든,
인간으로 살아가는 한 인연은 끊을 수 없는 법.

"하여, 인연은 인연일지니, 이왕이면 악연만을 말지라."
주문처럼 욀지라도, 인연은 내 뜻과는 상관없는 마크툽[Maktub: 섭리].

무가내하(無可奈何)!
무가내하(無可奈何)!

3.

"사랑할 때까지만 열심히 사랑하세요."
어느 책에서 읽은 인디언들의 혼인식 축사란다.

어디 남녀 간의 혼인뿐이랴. 모든 인연 또한 그렇다. 인연이 있기에 만난 사람이다. 그리고 가족이란 이름으로, 벗으로, 동료로, 애인으로, 이름은 다르지만 따지고 보면 모두 인연이다.

　불교에서는 인(因)과 연(緣)을 곧 '결과를 만드는 직접적인 원인과 그를 돕는 외적이고 간접적인 힘'으로 풀이하고 있다. 해석이야 어떻든 인연이란 두 사람이든 세 사람이든 여러 관계 힘으로 맺어진 끈을 말한다. 그러나 우리는 한계성을 지닌 인간인 것처럼 끈은 언젠가 끊어지는 게 속성이다. 물론 쌍방이 끊는 경우도 있고 어느 한 쪽이 끊는 경우도 있다. 여하간 인연의 끈이 끊어졌다는 결과는 동일하다. 인연이란 상대와 관계이기에 그렇다.

　그렇기에 인연에는 딱 두 가지밖에 없다. '인연을 맺다'와 '인연을 끊다'이다. 맺으면 인연이지만 끊으면 인연은 거기까지이다. 고운 인연이든, 미운 인연이든 간에 언젠간 그렇게 끊어지고 만다.

　그러고 보면 모든 인연(因緣)은 반드시 헤어지는 이연(離緣)이다. 혈연으로 맺어진 보모자식 간도, 사랑으로 맺어진 부부 간도, 우정으로 맺어진 친구 간도, 직업으로 맺어진 직장동료 간도, 하다못해 이해관계로 맺어진 관계도, 모든 인연은 이연이 된다.

　지금 내 몸은 수많은 인연의 끈으로 묶여져 있다. 언젠가는 모두 끊어질 인연들이다. 그러니 이미 내 몸에서 끊어져 나간 이연에 가슴 아파하지 말자. 이미 삭아 곧 끊어질 인연에도 슬퍼하지 말자. 가닥가닥 끊어진 이연의 끈을 애써 이으려하고 삭은 인연의 끈에 연연하기에는 아직도 내 몸을 칭칭 묶고 있는 인연의 끈이 더욱 소중하기 때문이다. 인연이 끊어져 이연이 되기 전에 더 열심히 인연의 끈을 잡아당겨야 한다.

　그러니 인디언들의 혼인식 축사야말로 참 혜안의 말인 듯싶다. 그래, 어쩌면 '사랑이 식기 전에 열심히 사랑하세요.'라는 의미로 읽어야 하지 않을까.

그렇다면 이런 인연에 대한 말로 바꾸어질 수 있다.

"인연이 있을 때까지만 열심히 인연을 맺으세요."

4.

한 해가 저물어 갑니다. 올 한 해 내 삶을 말해주는 것은 내 주변의 사람을 보면 됩니다. 소중한 인연으로 나와 만난 이도 있지만 그렇고 저런 이유로 나를 떠난 이도 있습니다. 사실 존재하는 이 모든 것은 가뭇없이 사라질 것이기에 떠남이나 만남이나 다를 바 없을지도 모릅니다.

하지만, 그렇기에 소중한 인연을 한 번이라도 더 보아야 할 이유인지도 모르겠습니다.

  일체유위법(一切有爲法): 모든 것은 법이 될지니
  여몽환포영(如夢幻泡影): 꿈같고 그림자 같으며
  여로역여전(如露亦如電): 이슬 같고 번개 같으니
  응작여시관(應作如是觀): 응당 이렇듯 살필지라

「금강반야바라밀경(金剛般若波羅密經)」 구절입니다. 20자로 전달해주는 삶의 무상감이 적지 않습니다. 모두 그렇게 그렇게 꿈처럼 그림자처럼 사라졌습니다. 지금 내 옆에 있는 모든 만물은 어느 날 이슬처럼 번개처럼 사라질 것입니다.

혹 소중한 인연이 있는지요?
한 더 보아야 하는 이유가 여기에 있지 않을까요?
물론 인연과 이연, 모두 초연(超然)한 것이 더 좋습니다만.

그랬으면

주사위를 굴려본다.
1, 2, 3, 4, 5, 6.
경우의 수는 단 여섯 개.
여섯에다 마침표를 찍는다.
그랬으면 좋겠다.

삶법도 단 여섯이면.
1, 2, 3, 4, 5, 6.
그랬으면, ······.

라면은 잘도 풀어진다

"라면은 잘도 풀어진다. 우리네 삶도 이랬으면……."

나도 모르게 이런 말이 나왔나보다.
벗은 라면을 젓다 말고 웃으면서 받는다.

"거 시 한 수 일세."

수술한 팔에 보호대를 하고 휴휴헌에서 온종일 지낸다. 수술은 왼쪽 팔뿐인데 온몸이 병치레를 하느라 야단이다. 야단인 병치레는 마음까지도 주눅 들게 만든다. 늘 사는 세상이건만 세상이 더욱 강고해 보인다. 작년 초부터 올 해 시작까지, 여러 일들이 새삼 떠오르고…… 이런 이유로 저런 이유로 삶이 난마처럼 내 주변에 얽혀 있다.
　생각을 재우려 연암 박지원 선생의 글을 읽는다. 점심이 되려는지 시장기가 돌지만, 날씨도 추운데 보호대를 하고 식당을 찾는 것도 영

모양새가 그렇다. 오늘도 점심은 간단하게 물 한 컵으로 속일 양이다.

그렇게 잠시 책을 덮고 점심을 생각할 즈음, 인천에서 회사를 꾸리는 친구에게서 전화가 왔다. 내 속을 잘 알아주는 벗이다. 잠시 회사 문 잠그고 나에게 오겠단다. 내 안부도 물을 겸 점심이나 하려고.

점심은 김치찌개. 저나 나나 주님과는 정다운 사이요, 한겨울 낮술은 주당들이 애호하는 몇 안 되는 멋진 술자리다. 반주(飯酒) 생각이 어찌 없으련마는 벗은 나를 위해 아무 말도 없다.

난 벗을 위해 소주 한 병을 시켰다. 수술한 후 처음으로 나도 소주 반잔을 따랐다. 벗의 술잔에 대한 내 술잔의 예의이다. 잠시 맑은 소주 잔에 비친 내 얼굴을 들여다보았다. 근 한 달여 만이라 그런지 영 낯설다. 그러고 보니 제 아무리 가까운 사이였더라도 떨어져 있으면 시나브로 잊히는 것이 세상 이치인가 보다.

이런저런 이야기를 반찬 삼는다. 여간 맛있는 밥상이 아니다. 찾아준 벗이 새삼 고맙다.

김치찌개에 라면까지 넣었다. 벗이 라면을 젓는다. 라면은 참 잘도 풀어졌다. 나도 모르게 이런 말이 나왔다.

"라면은 잘도 풀어진다. 우리네 삶도 이랬으면……."

벗이 웃으며 던진 '시 한 수'란 말이 정겹다. 갑자기 연암 선생의 〈동란섭필(銅蘭涉筆)〉이 떠올랐다. 동란재(銅蘭齋)에서 쓴 잡문 정도라는 의미이다. '-섭필'은 잡문이지만 글로서 조금도 손색없다. 그러고 보니 내 서재 이름이 휴헌(休軒)이다. '휴헌섭필' 또한 어떠랴 하는 생각이 들었다.

소주잔을 들었다. 참 맑다. 오랜만이라 그런가보다. 온 몸에 맑은 소주가 핏줄을 타고 흐르는 듯하다.

  라면은 참 잘도 풀어진다. '휴헌섭필' 한 편 써야겠다. 라면처럼 술술 풀어졌으면 한다.

입원, 엿샛날 - 퇴원을 한다

퇴원을 해야겠다.

병원에 입원하면 나만의 세계가 있을 줄 알았다. 그래 노트북부터 챙겼다. 글이나 쓰고 이런저런 생각도 정리할 수 있을 듯해서다.

전연 그렇지 않다. 이곳 역시 복닥거리며 사람 사는 곳이었다. 6인 병실에는 6인 병자와 그 보호자 한 명, 적어도 12인의 삶이 돌아다녔다.

매우 흥미로운 것은 침대에 새 사람이 들고 나며 병실 분위기가 급변한다는 사실이다. 처음 내 옆자리엔 수다스런 젊은 내외였다. 낮엔 수근수근, 밤엔 소근소근, …끊임없이 'ㅎㅎ, ㅋㅋ'의 웃음성 자음 행렬이 옆 침대를 떠나지 않았다. 그 수다를 보고 듣는 다는 것이 팔뚝을 자꾸 찔러대는 바늘구멍만큼이나 괴로웠다.

이 부부가 퇴장한 자리엔 조선족 노부부가 들어왔다. 들어 올 때부터 어린애 울음소리만한 "아야! 아야!" 소리를 내며 젊고 나이 든 8명의 수하 가족을 거느리고 침대에 누운 노인은 24시간이 모자란 듯 'ㄱ자 허리 부인'을 닦아세웠다. (할머니의 단점이라면 30분 간격으로 정확히 해대는 트림이다.)

나머지 다섯 명도 상태가 좋은 것은 아니다. 단 한차례 가족 1명을 본 앞자리의 사내는 간호사가 그 자리를 채웠다. 사내는 짬 날 때마다 간호사 응급벨을 눌렀다. 그 옆 내 아들과 동갑인 녀석은 자동차 전복으로 들어왔는데 무용담을 들어보니 가히 살아난 게 기적이다. 온몸이 의료행위로 난장이니 "아이고, 에이씨!, 아이고! 에이씨!" 하다가도 도대체 환자 면회 온 것으로 볼 수 없는 옷차림의 여자 아이가 나타나면 손잡고 뽀뽀하고 연애질이다. 어찌나 민망한지 부모까지 자리를 비켜준다. 그 옆, 침대의 환자와는 지금까지 얼굴 한 번 제대로 마주친 적이 없다.

내 옆자리 조선족 노부부 옆은 교통사고를 당한 내 또래의 사내이다. 온종일 보험회사 직원과 설전을 진행한다.

내 오른쪽 팔등은 급기야 주사바늘로 부어올랐다. 주삿바늘을 내 팔뚝 한자리에 붙박이로 꼽고 이 바늘 저 바늘을 꼽다보니 구멍이 막혔는데도 수액으로 밀어 내다 그렇게 되었다.

아직도 어깨의 통증은 꽤 심하지만 나가야겠다.

"아야! 아야!" 하는 이 앓는 소리는 내 귀에 착 들러붙었다. 부인이 못 마땅한지 갑자기 질러대는 "에익!" 소리엔 병실 사람들도 놀란다. 어서 이 병실을 나가야 한다. 어서 이 병원을 나가야겠다.

주사로 부은 팔도 얼음찜질을 하러.

난생 처음 입원한 병원에서 많은 것을 배우고 간다. 사람살이 사람을 피해 살 수 없다는 평범한 진리이다.

허리띠

며칠 전 허리띠가 없어졌습니다.

'집 안 어딘가 있겠지' 하여 그냥 지내니 여간 불편한 게 아닙니다. 처음엔 몰랐는데 시간이 흐를수록 더합니다.

자꾸 바지춤이 흘러내리는 것이며, 왠지 힘도 없는 것 같습니다.

그래, '오늘은 사야겠구나' 하였는데, 농 안에 무언가 비죽이 나온 게 있어 보니 허리띠였습니다. 아마 이불에 딸려 들어간 것 같습니다.

반가운 마음에 허리에 둘러봅니다. 힘이 받칩니다.

그러고 보니 허리띠가 꼭 우리 인생 같습니다. 버클서부터 시작하여 띠의 끝이 연결된 것이, 꼭 우리의 태어남과 죽음처럼.

허리띠를 잔뜩 조이고, 신발 끈을 동여매고 오늘을 살아봐야겠습니다.

새가슴 선생의 중무장

옷차림을 매만지며 성총 스님의 말씀을 중얼거린다.
조선조에 성총(性聰, 1631~1700) 스님이란 분이 있었다.
이런 말씀을 남기셨다.

"心不懺 面不愧 腰不屈(심불참 면불괴 요불굴: 마음은 뉘우치지 말고, 얼굴은 부끄럼 없고, 허리는 굽히지 말아라)!"

무에 그리 걱정스러운지.
잘난 자들 앞에 서면 왜 그리 오금이 저리고, 왜 그리 내가 못나 보이는지.
성총 스님의 저 말씀 가지고는 안 되겠다.
당나라의 선승이신 임제(臨濟, ?~867) 선사의 말씀을 외운다. 어떤 상태이든 줏대 없이 끌려 다니지 마라는 의미이다.

"不隨萎萎地(불수위위지: 시들시들하니 질질 끌려 다니지 마라)!"

'수처작주(隨處作主)', 즉 가는 곳마다 주인이 되라는 뜻이다.
그래도 안심이 안 된다.
중무장을 해야겠다.
다시 두어 말씀을 더 왼다.

무소의 뿔처럼 가라!
천상천하유아독존(天上天下唯我獨尊)!
……
……
새가슴 선생이 오늘 논문 발표하는 날이다.

손가락을 세어 봅니다

모데카이 피터 센테니얼 브라운(Mordecai Peter Centennial Brown)이라는 야구 선수가 있습니다. 메이저리그 야구 선수(투수). 통산 239승 130패. 방어율 2.06. 매년 20승(1906~1910년간).

그의 손은 이렇습니다.

7살 때 삼촌의 농장에 놀러갔다 옥수수 절삭기에 검지 절단.

사고로 중지 뒤틀림.

소지 끝마디가 구부러진 채 마비.

미국 야구사에 큰 업적을 남긴 명감독이나 명선수들의 초상화만 걸린다는 '메이저리그(MLB) 명예의 전당(Hall of Fame)'에 그의 이름도 있습니다.

어디 저 선수뿐이겠습니까. 이희아라는 네 손가락 피아니스트도 있습니다. 그녀의 진취적 삶은 (사)한국신지식인협회가 〈올해의 신지식인〉 수상자로 선정한 데서도 알 수 있습니다.

이희아 양이 평화방송 인터뷰에서 이런 말을 하더군요.

"이렇게 태어난 것을 단 한 번도 부끄러워한 적이 없었습니다."

내 손가락을 세어 봅니다.
하나·둘·셋·넷·다섯!
참, 부끄럽습니다.

모데카이 피터 센테니얼 브라운의 오른손과 공을 쥔 모습

절강 혹은 남원

경제사정이 나쁘다 보니 가정불화가 잦고 이혼 또한 급증한다는 뉴스를 들었다.

그래 「최척전」이란 우리 고소설 한 편을 소개하려 한다.

「최척전」은 임진왜란과 정유재란, 병란 등 전쟁으로 피폐한 조선의 중심부를 꿰뚫는 한문소설이다. 최척과 옥영은 28년 간 두 아들을 낳고 두 번의 헤어짐과 만남을 겪는 우여곡절 끝에 행복하게 산다. 이 부부의 삶 속에 전쟁, 죽음, 피난, 이역만리의 삶 따위가 짙게 그려져 있다.

아래는 최척과 옥영이 주고받는 시이다.

왕자진이 피리를 부니 달도 와선 들으려 하는데,
푸른 하늘엔 바다 이슬처럼 냉기 돌아 쓸쓸하네.
때마침 풀쩍 나는 청란을 함께 타고 날아올랐지만,
봉도 가는 길은 안개 놀이 가득하여 찾을 수 없네.

왕자진(王子晉)은 중국 주(周)나라 영(靈)왕의 태자로 생황을 잘 불고 봉황(鳳凰)의 소리 내는 것을 좋아하다, 백학을 타고 신선이 되어 간 이요, 청란(靑鸞)은 공작을 닮았다는 새고, 봉도(蓬島)는 중국 전설에서 나타나는 가상적인 삼신산(三神山) 가운데 하나이다. 이 봉도는 동쪽 바다의 가운데에 있으며 신선이 살고 불로초와 불사약이 있다고 한다.

옥영의 "봉도 가는 길 안개놀이 가득하여 찾을 수 없네[蓬島烟霞路不迷]."라는 시구처럼 행복은 늘 저 멀리 안개 속에 있다.

그러나 옥영은 끊임없이 봉도라는 행복을 찾으려 했고 마침내 그곳에 도착했다.

소설 같은 삶이라 내칠 이야기는 아니다. 이 「최척전」은 사실적인 기록을 바탕으로 지어진 작품이기 때문이다.

따지고 보자면, 이 글을 읽는 여러분이나 나, 우리 모두 역시 저러한 삶을 사는 것이 아니겠는가. 얼마를 더 돌아가야 저 봉도에 도착할는지요?

지금 당신이 있는 곳은 절강인가요? 아니면 남원인가요?

추석, 그리고 '크로노스(chronos)'와 '카이로스(kairos)'

손목시계를 시골집에 그대로 두고 왔습니다. 어쩌다 행사가 되어 버린 고향 방문엔 늘 있는 일입니다. 돌아설까 하다가 시계는 집에 또 있고, 이미 읍내를 지났기에 그냥 올라가기로 하였습니다.

올해는 당일로 고향을 다녀왔습니다. 추석 연휴가 짧아서이도 하지만 집안에 혼인이 있어 차례를 모시지 않은 까닭도 있습니다. 집안 조카가 내 얼굴을 빤히 보더니 살이 빠졌다고 합니다. 가만 보니, 그의 얼굴 역시, 올 설보다는 좋아 보이지 않았습니다. 주름살도 더 늘은 것 같았습니다.

지금도 짓궂은 면이 있지만 그는 어릴 적 꽤 개구쟁이였습니다. 그의 주름진 낯이 영매(靈媒: 중개자)가 됩니다. 그와 나의 어릴 적입니다. 앞 산자락에서 유도풀을 뽑고, 여름이면 우리들의 풀장이 되었던 우물배미, 연을 날리던 불로산을 내달립니다.

불로산은 '늙지 않는 산'이란 뜻으로 내 나이 12살까지는 우리 산이었습니다. 그래 난 불로산만 오르면 내가 대장인 양 우쭐했습니다. 이제는 앞 산 자락도 우물배미도, 불로산도 모두 없어졌습니다. 내 꼬마둥이 시절은 그렇게 나와 조카 이마의 주름살에 살아있다는 것을 알았습니다.

시간에는 두 가지 경우가 있습니다. '크로노스(Chronos)'와 '카이로스(kairos)'.
헬라어로 흘러가는 시간을 '크로노스'라 하고, 의미 있는 시간을 '카이로스'라 합니다. 풀어보자면 물리적으로 흘러가는 시간, 즉 현실을 '크로노스'라 하고 '카이로스'는 개인적으로 멈춰있는 의미 있는 시간, 즉 과거의 어떠한 공간입니다.

빛바랜 달력의 속지를 따라가 본 내 꼬마둥이 시절의 끝 읍내는 벌써 지나쳤습니다. '카이로스'에서 '크로노스'라는 공간을 넘어선 지 오랩니다.

내 시계는 한동안 어머니와 있을 겁니다.

어머니

권정생문학관의 어머니란 조각

1.

"아범! 오늘 바쁜가? 내가 많이 아픈데……."

아침 9시. 수화기를 통해 전해 온 어머니의 말씀이다. 아버지께서 돌아가신 뒤 10여 년을 묵묵히 시골의 큰 집을 지켜 오신 분이다. 아들에게 귀찮은 말씀은 물론 단 한 번도 한 적이 없다.

급히 차를 몰아 시골로 내려갔다. 나를 문간에서 맞은 것은 올망졸망한 보따리. 감자, 양파, 노각 따위 큰 방에 덩그러니 누워 있는 어머니는 몹시도 야위었다. 그 몸으로 자식이 내려온다고. 스무날 전에 뵈었을 때는 이렇지 않았는데.

집 근처로 모시고와 입원을 시켜 드렸다. 이러저러한 검사를 해보아야만 알 수 있단다. 어머니가 혼자서 병실에 계신다.

되새김질하듯 새겨지는, 어-머-니란 석 자, 가슴이 먹먹하다.

2.

온양에서 모임이 있었다.

겸하여 어머니 혼자 사시는 시골집에 들렀다. 근 두 달째 잠을 제대로 못 이루신다는 것도 걱정되었고 텃밭에 비료를 늘어놓을 겸해서다. 어머니는 아버지가 돌아가신 뒤 동네에서 제일 큰 이 집에서 잘 견디며 텃밭을 가꾸신다.

늦게 도착하여 하룻밤 묵고 일찍 일어나 비료를 밭에 늘어놓고는 어머니와 식탁에 앉았다. 모처럼 모자간 겸상이다. 반찬이라야 짠지에 김치, 된장, 파무침, 감자국이다.

"아범은 국이 있어야 먹지. 끓였는데, 내 요새 입맛을 잃어 간을 모르겠어."

20살에 시집오셔 이날까지 몸으로 살아오신 어머니다. 내 아버지와 평생을 농사짓느라 굽은 손가락으로 몇 숟가락질을 하시더니 물끄러미 나를 쳐다본다.

"아범, 머리 깎았구먼. 이제야 선생님 같구먼. 아버지가 살아 계셨으면 벌써 나무랐을 텐데."

내 아버지는 자식이 선생이라는 사실에 꽤 만족해 하셨다. 당신이 시골서 농사를 지어 자식을 가르쳤다는 자부심이셨는지도 모른다. 그 직업에 대한 예우가 전과 달라졌다는 것도 끝내 인정하시지 않고 돌아가셨다. 시골 분이지만 옷차림과 예의를 꽤 따졌고 동네에서 우리 집 대문을 가장 먼저 열고 마당을 쓰셨다. 그러고 보니 내가 아침에 일찍 일어나는 것도 내 아버지의 부지런함 덕이다. 그런 아버지는 내가 머리를 단정히 하는 것에 꽤나 집착을 보였다.

"거, 선생님이. 하이칼라로 머리를 싹 빗어 포마드를 바르라니까." 라는 말을 나만 보면 하셨다.

아버지가 돌아가신 뒤, 난 비로소 머리를 길렀다. 그리고 얼마 전 다시 예전처럼 깎았다. 몇 해, 내 머리에 대해 불만이 있었던지 어머니는 내 머리카락을 물끄러미 보신다.

"그런데 아범 머리카락이 많이 희었어. 어느새 이렇게 되었네. 부모가 물려준 것도 없고… 나이도…"

내 늙으신 어머니의 눈가에 그렁 눈물이 고였다. 그제야 어머니 얼굴의 주름살이, 움푹 들어 간 괭한 눈이, 더부룩하게 흘러내린 흰머리카락이, 한 줌도 안 되는 가냘픈 어깨가 눈에 들어왔다.

'홍천 이쁜이'라고 조암장에서도 알아주던 어머니의 고운 얼굴이다. 그 어머니의 얼굴이 갑자기 뿌여졌다.

아마도 감자국의 김이 올라와 안경에 서리가 꼈나보다.

3.

"애비가 오니 오늘은 진수성찬이구나."

김치와 깍두기, 김치찌개, 호박볶음에 간장 한 종지.
겸상한 어머니는 진수성찬이라 우깁니다.

애비

1.

가을바람이 슬쩍 손가를 스칩니다. 토요일 오후의 나른한 대학 캠퍼스에 여기저기 교복을 입은 학생들이 어색한 걸음을 옮깁니다.

그 아이들 속엔 아들 녀석도 있습니다. 아들아이의 면접을 따라왔습니다. 세상 구경하곤 처음, 혼자 힘으로 대학 입시라는 치열한 경쟁 속에 나서는 것입니다.

"잘 보거라."

등을 투덕하고는 돌아섭니다. 내가 할 수 있는 것은 여기까지입니다.

면접실에 들어가는 아이를 보니 내 아버지 생각이 납니다. 다랑치 논마지기까지 남김없이 팔아 자식 공부를 시킨 분입니다. 내가 대학 입시를 치르던 날 아버지가 동행했습니다.

그때, 내 아버지께서도 아들의 등을 보며 나와 같은 생각을 하셨을 겁니다. 이제, 그 아버지는 이 세상에 없습니다.

높다란 가을 하늘에 파란 물이 듭니다.

2.

2011년 새해가 밝았습니다.

내 올해로 자식으로 산 지 쉰한 해요, 아비로 산 지도 스물세 해건마는 사는 것이 참 만만찮습니다. 특히 아비로.

아들에게 몇 자 적어 봅니다.

아들아!

너를 보고 있으면 마음 한구석이 아프구나. "내일 할 게요."라고 하였지. 이른 봄 씨를 뿌리고 여름 뙤약볕의 수고로움이 없는 한, 가을걷이와 추운 겨울을 날 양식은 없단다. 네 나이 스물하고도 두 살이면 꽉 찬 봄이지. 곧 너에게도 서른과 마흔이 오는 것은 정한 이치란다.

아들아!

네 인생의 봄날은 너에게 다시 오지 않는다는 사실을 잊지 말았으면 한다. 물론 오늘도 네 인생에 한 번뿐이지. 성공사전에 '내일'은 결코 없단다. 내일은 네 인생에 단 하루뿐인 오늘을 빼앗아가려는 악마의 속삭임임을 아빠는 뒤늦게 깨달았단다.

아들아!

오늘은, 2011년 1월 1일이다.

이미 해는 중천에 떴단다.

어서 일어나 네 인생의 사래 긴 밭에 씨를 뿌리려무나.

2011년 1월 1일

너를 이 세상에서 가장 사랑하는 아빠가.

3.

대학 4학년 마지막 학기, 이 계절학기와 겨울학기를 끝으로 아들은 대학생활을 마감하고 사회인이 된다. 그 아들을 위하여 방을 얻어 주고 돌아섰다.

내 대학시절 자취방에 비하면 별 다섯 개인 호텔급이지만 자꾸만 뒤돌아봐진다. 밥은 잘해 먹으려는지? 마지막 학기 취업으로 인한 고충은 어떠한지?.

나이가 이미 적잖지만 아들은 자식이었다.

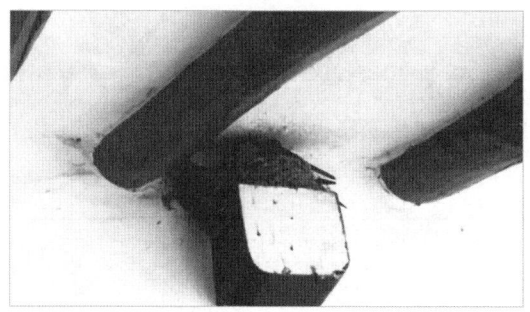

돌아오는 길, 어머니께서 홀로 계신 시골집을 들렀다. '너도 자식을

두고 와 마음 아픈 것을 안다며, 나는 네 자취방에 한 번 갔었다며, 겨우 이불 하나로 네가 살더라며, …….'

어머니는 이미 쉰이 훨씬 넘은, 그래 이미 머리에 서리가 내려앉은 아들에게 순댓국을 사주신다며 가자신다. 그러고는 어제 새벽 3시 30분에 일어나 품팔이하고 받은 꼬깃꼬깃한 3만원을 꺼내놓으신다. 나이를 이렇게 먹었어도 아들은 그냥 자식이었다.

시골집 처마엔 작년에는 집만 지어 놓고 갔던 제비가 다시 찾아왔다. 이번엔 새끼를 품고 있었다.

4.

할머니 기고로 어머니 홀로 사시는 시골을 찾았다. 젯꾼들이 모두 가고 어머니가 나를 조용히 부른다.
"아범, 이거 보게. 꽃이 피었어."
어머니가 안방에서 기르시는 화초이다. 동장군이 몹시 꺼덕대는 데도 난꽃이 예쁘게 피어 있다.
하룻밤을 묵고 아침에 일찍 일어나 출근을 서둘렀다. 굽은 허리로 밥상을 차려 놓은 어머니가 안방으로 들어가시더니 화초들과 대화를 나눈다.
"오늘은 안 추웠지. 따뜻해서 좋았지."
그러고 보니 추위를 꽤나 타는 내가 한겨울에 반팔로 잠을 잤다. 겨울이면 당신이 그렇게 아끼는 보일러 기름 덕이다. 큰 집에, 큰 방이기에 늘 냉기가 돌아도 어머니는 기름을 아끼느라 제대로 보일러를 틀어 놓지 않으신다. 아들이 왔다고 춥게 자지 말라고 보일러 온도를 한껏 올려놓은 것이다.

덕분에 어머니의 화초들이 따뜻하게 잔 폭이 되었다.

"오늘은 안 추웠지. 따뜻해서 좋았지."

늘 당신과 함께 추운 방에 있는 것이 안타까우셨는지 화초들에게 건넨 말이다.

올라오는 길, 어머니는 중늙은이가 된 아들에게 "차 조심 하라."고 신신당부시다.

어머니와 찬 방에서 지내는 화초들에게 참 미안하다. 옴니암니 따질 것도 없이 화초보다도 못한 자식이다.

'너희들이 나보다 낫다. 추운 방에서 홀로 주무시는 어머니 잘 좀 보살펴드려주렴.'

새벽안개라서 그런지 차창 밖이 참 뿌옇다.

외눈박이 환쟁이

혹한의 겨울밤이다. 길손을 향해 짖는 개, 어디 갔다가 돌아오는 나그네인가. 이런 그림을 '지두화(指頭畵)'라 한다. 지두화란 붓 대신에 손가락이나 손톱에 먹물을 묻혀서 그린 그림을 이름이다. 곽곽한 삶, 붓대를 손으로 잡는다는 것조차 사치이던가? 달리 마련 없는 인생길을 걸었던 최북은 그렇게 자기의 삶을 그렸다.

화가의 기량을 따지는 좋은 말이 있다.

"보통 화가는 있는 대로 그리고, 못난 화가는 있는 것도 못 그리고, 뛰어난 화가는 있었으면 좋은 것을 그려낼 줄 안다."

최북은 저 그림처럼 어느 한겨울

최북의 〈풍설야귀인도(風雪夜歸無人圖)〉

날, 그림 한 점 팔아서는 술 사먹고 돌아오다 길가에서 얼어 죽었다 한다. 저 그림 속에는 그래도 개도 있고, 꼬마둥이 녀석도 있건마는, 저승길 배웅하는 동무 하나 없이 갔다. 혹 '"있었으면" 하는 마음에서 저 그림을 그린 것은 아닐까?' 하는 우문(愚問)을 삼킨다.

누구는 비견할 이로 서양의 빈센트 반 고흐(Vincent van Gogh)라는 귀를 자른 화가를 꼽기도 한다지만, 어디 최북의 고단한 삶과 예술에 비길쏜가?

눈보라 몰아치는 중세의 길목을,
외눈박이 환쟁이가 허정허정,
걷는 걸음걸음을.

최북의 본관은 경주(慶州)요, 자 성기(聖器)·유용(有用)·칠칠(七七)이다. 그는 호생관(毫生館)이란 호를 즐겨 썼는데, '호생관'은 붓(毫)으로 먹고 사는(生) 사람이라는 뜻이다. 칠칠이라는 자는 이름의 북(北) 자를 둘로 나누어 스스로 지었다. 메추라기를 잘 그려 최메추라기라고도 하였으며, 산수화에 뛰어나 최산수(崔山水)로도 불렸다. 1747년(영조 23년)에서 1748년 사이에 통신사를 따라 일본에 다녀오기도 한 조선 산수화의 큰 인재였다. 그는 그림을 볼 줄도 모르는 이를 위해 그림을 그려줄 수 없다면 제 스스로 눈을 찔러 한 눈이 멀어서 항상 반안경을 쓰고 다녔다. 항상 술을 즐겼고, 그림을 팔아 가며 전국을 두루 유람하다, 금강산 구룡연(九龍淵)에서 투신하여 죽으려 한 자살 미수사건도 있다. 조선 후기의 화가로 많은 일화와 재치를 남긴 진경산수화의 대가로 자기만의 예술에 대한 끼와 꾼의 기질을 발휘, 회화 발전에 크게 이바지하였지만, 출신 성분이 낮았던 최북은 직업 화가로서 그림 한 점 그려서 팔아 술을 마시는 것이 고작이었다. 말년의 생활은

곤궁했고 비참했다. 또한 삶의 각박함과 현실에 대한 저항적 기질을 기행과 취벽 등의 일화로 남겼다.

유붕자원방래(有朋自遠方來)하니

비가 내립니다.

어제는 30년도 훨씬 전, 까까머리시절의 중학교 동창들을 만났습니다. 장소는 동창이 경영하는 음식점. 대부분 동창이 된 이래 처음 보는 얼굴들이지만, 제 각기 추억의 끈을 잡고 공유한 과거를 살리려 애씁니다.

이어 한 명씩 자기소개를 합니다.

대기업 상무, 자영업, 회사대표, 카이스트교수, 헬스크럽 운영, … 말들이 천상유수입니다. 단단히 우리사회의 주역다운 연륜과 배짱이 배어 있습니다. 갑자기 내가 참 궁색합니다. …자리를 제공한 음식점 동창 녀석 차례가 되었습니다.

"얘들아, 이렇게 만나 반갑다. 유붕자원방래하니 불여낙호라! '친구가 찾아오면 술 한 잔 주라'는 뜻 아니냐. …"

? ? ?. 아! 해석이 저렇게도?

시간이 흐르며 몇 안 되는 추억의 편린들도 동나고, 지금 사는 이야기들로 넘어섭니다. 직업만큼이나 생각도 제 각각입니다. 이 나이에 첫 장가든다고 청첩장을 슬며시 주는 녀석도 있습니다.

음식점 동창 녀석의 제 나름 해석이 그럴듯하다는 생각이 듭니다.

돌아오는 길, 아슴아슴 눈길을 차장 밖 화려한 네온에게 건네 봅니다. 『논어』의 첫 구절을 중얼중얼 댑니다.

　　子曰: 學而時習之, 不亦說乎? 有朋 自遠方來, 不亦樂乎? 人不知而不? 不亦君子乎? (공자 가라사되, "배우고 때로 익히면 또한 기쁘지 아니한가? 벗이 있어서 먼 곳에서 찾아오면 또한 즐겁지 아니한가? 남이 알아주지 않아도 성내지 않으면 또한 군자가 아니겠는가?")

책상물림 하는 꼴

어머니께서 홀로 사시는 고향에 다녀왔습니다.
바리바리 싸 주신 짐 보따리를 차에 싣고 지갑을 열었습니다.
……
다해진 어머니 손만 잡았다 놓고 돌아왔습니다. 책상물림 하는 꼴이 그저 이렇습니다.

모든 것의 우위를 경제(돈)에 두는 세상입니다. 그래 인간 행동의 경제적인 근거를 밝힌 이론으로 1992년 노벨경제학상을 수상한 게리 베커라는 이는 "결국 모든 것은 계산되기 마련입니다."라고 경제에게 전폭적인 독점적 지위를 수여하였습니다. 그러나 저와 같은 견해가 있으면 이러한 생각도 있는 법입니다.
프로이트라는 이는 돈을 '배설물'이라고 보았더군요. 그래, 그는 "부자는 정서발달 부진과 배변 훈련 부족에 기인하여 현금과 재화의 축적에만 몰두하는 항문유형의 인간들"이라고 독설을 폅니다.

자본주위를 사는 우리로서야 해괴한 부자관이요, 결코 부자에 대한 명경이라 할 수는 없을 겝니다. 하지만 파랑새가 꼭 돈의 도움을 받아야만 비상하는 것이 아니라는 것쯤도 압니다.

그래 아주 조금, '항문(肛門)유형의 인간들'에 내가 속하지 않음으로 위로 삼습니다.

영국의 비평가 존 러스킨(John Ruskin)의 전언입니다.

"부란 존재하지도 않는다. 오직 생의 풍요로움만이 있을 뿐이라네 (There is no wealth but life)."

오늘 저녁은 어머니께서 싸주신 호박잎쌈이나 먹어야겠습니다.

고춧대를 뽑으며

봄, 고추를 심었다. 고춧가루를 만들기 위한 고춧대의 시작이다.

시나브로 가을, 이제 고춧대를 뽑는다. 무서리를 맞기 전 익지 않은 푸른 고추를 붉게 익히기 위해서다. 쓸모없는 희나리로 만들지 않으려면 제 몸을 뿌리 채 뽑혀야 한다.

고춧대는 이제 제 역할을 다했다.

뿌리가 뽑힘으로써 제 삶도 다한다. 제 몸에서 나온 고추들이 제대로 된 고춧가루를 만들기 위한 마지막 과정이다. 고춧대는 이제 제 몸의 영양분을 모두 고추에게 주고 말라 죽을 것이다.

고추밭에 바람이 분다. 꾹꾸꾸궁 꾹구꾸궁…… 어디선가 산비둘기가 자식이라도 부르나 보다.

"아범! 일 안 하다 하면 힘들어. 쉬었다 해. 허리 아퍼……"

내 어머니도 내 옆에서 마른 고춧대처럼 늙어 가신다.

올려다본 하늘에 가을 햇볕이 따갑다.
가을 햇볕은 물비늘이라도 뿌리나 보다.

지팡나무

지팡나무. 그렇게 불렀다. (사전을 찾아보니 지팡나무라는 명칭은 없었다.) 우연히 인근 학교 운동장 가에서 내 예전을 동여 맨 이 나무를 보았다.

내 30대 이전의 추억 중, 이 나무는 그 자체가 집이고 고향이었다. 내 시골집 바깥 마당가는 이 지팡나무 10여 그루가 병풍처럼 둘러 있었고 그 뒤로 가녀린 시냇물이 흘렀다.

꼬마둥이 시절, 나와 동네 꼬맹이들은 이 나무에 올라 즐겨 놀았다. 살에 닿는 가슬가슬한 잎도 좋았고 또 가지가 억세어 우리들의 조그만 몸을 잘 지탱해 주어서였다. 나무 열매를 훑어 던져 맞히는 놀이를 자주해서 늘 지팡나무가에는 아이들 웃음소리가 가득했다.

유독 이 나무에는 어른 손톱만한 청개구리가 많았는데, 누군가 이 '청개구리를 먹으면 머리가 좋아진다' 하는 낭설을 퍼뜨렸고……. 그러하여 수많은 청개구리 군과 양이 생체로 내 뱃속에 수장되는 참사를 겪기도 하였다.

그러던 내가 눈물을 훔치며 서울로 유학 올 때 뒤돌아보고 또 본 것이 이 지팡나무였다. 지팡나무의 배웅을 받고 떠난 내가 또 고향을 찾아 동네 어귀에 들어서면 가장 먼저 나를 맞이해 준 것도 이 나무였다.

스물다섯 살 군대 가던 어느 늦겨울 날이었다.

"내가 너 제대하는 것을 볼까?"라며 치맛자락으로 눈물을 닦아내시던 내 할머니. 그 할머니가 잘 다녀오라고 손을 흔드시며 몸을 의지하신 것도 이 나무였다. 그날 내 할머니는 그렇게 나와 영영 만나지 못할 이별을 하셨다.

이제 그 지팡나무는 내 시골집 마당가에 한 그루도 없다.

지팡나무가 있던 자리는 모두 시멘트가 차지했다.

눈물

 책을 읽다 '눈물'이란 단어가 눈에 들어옵니다.

 눈물, 지상의 모든 생물 중 감정적인 눈물을 흘리는 것은 사람뿐이라지요. 기쁘거나 슬플 때 눈물의 효용성을 우리는 익히 알고 있습니다.

 찰스 다윈(Charles Robert Darwin, 1809~1882)의 『인간과 동물의 감정 표현』(최원재 옮김, 서해문집, 1999)이란 책을 보니 "우는 것이 사람을 고통에서 해방시키고 기분이 나아지게 한다."라고 적혀 있습니다. '눈물을 흘리는 것은 울음이라는 카타르시스에 수반되는 우연적이고도 목적 없는 현상'이어서 그렇다고 이유를 적어 놓았습니다.

 이유야 어떻든 어릴 적 기억을 떠올려 보면 이 말이 참으로 맞습니다. 잘못을 저질러 놓고 소마소마하다 들켜서는, 죄과를 치른 뒤 흘리는 그 눈물의 달콤함은 누구나 아련한 기억의 저편에 있겠지요.

팍팍한 이 시대의 삶을 사는 사람치고 저러한 눈물을 흘리고 싶지 않은 사람은 없을 겁니다. 나 역시 그러합니다. 허나, 언제 눈물을 흘렸는지 기억조차 나지 않습니다. 눈물을 흘리면 큰일이라도 날 것 같아섭니다. 혹여 누구라도 볼까 봐, 그래 오늘도 눈물을 꾹 참아야 합니다.

* 참고로 감정적인 눈물은 양파껍질을 벗겨 흐르는 눈물보다 단백질 함량이 높다 합니다.

인생

1.

며칠 전, 몇 개월 만에 한 지인을 만났다.

불과 몇 개월 거리인데 얼굴이 전과는 꽤 달라져 있었다. 아마 그 이가 보기에 내 얼굴도 그럴 것이다. 지인과 마주앉은 선술집, 난 술잔 속에 떨어진 주름 살 두엇을 목구멍으로 털어 넣으며 유자효 시인의 「인생」이란 시를 생각했다.

늦가을 청량리

할머니 둘 버스를 기다리다 속삭인다.

"꼭 신설동에서 청량리 온 것만 하지?"

—유자효, 「인생」

존케이지의 4분 33초(John Cage's 4'33")라는 곡은 아예 연주하지 않는데도 '음악'이라 한다. 비록 악보도 없고 그저, 사람들의 숨소리, 기침 소리, 종이 넘기는 소리 등의 조합일 뿐이다. "음음!", '삑삑!', …… 하는 잡음 몇이 고작이거늘. 허나, 소리 없는 음악도 음악일지니, 비록 4분 33초와 같은 개똥같은 인생도 인생은 인생일지니,

비록 신설동에서 청량리, 겨우 소음 투성이 지하철 두어 정거장이 인생일지라도.

그렇다면 내 인생은 어느 역을 통과하고 있는지….

그러고 보니 철학자 샤르트르는 '인생은 B(Birth)와 D(Death) 사이의 C(Choice)'라고 하였다. '탄생'과 '죽음' 사이의 '선택', 따지고 보면 모든 것이 선택이다. 오늘만이라도 선택을 잘해보아야겠다.

아마도 그것은 비말(飛沫)처럼 튀는 욕망으로부터 도피일지.

2.

오늘이 나에게 묻다
어제,
지인의 딸과 마주 앉았다.
대학은 졸업했지만. 대학원, 취업, …… 아직 진로를 결정치 못하였다.
그래도 명색이 선생인 나다.
"……
……
지금까지 넌 선생들이, 어른들이 낸 문제만 풀었어. 이젠, 네가 문제

를 내고 네가 풀어야 한다. 그것이 네 인생이야.
　………."

중이 빗질하는 소리를 하고 앉았다.

오늘 아침, "여보게! 자네는 자네 인생의 문제를 냈고 잘 푸는가?"
오늘이 나에게 묻는다.

3.

2014년 마지막 날.
내 한 해를 돌아보며,
이런저런 생각으로 길을 걷다.
문득, 눈자락에 박힌 나뭇잎.

한참을 들여다본다.

이미 생명이 다하고, 푸르던 욕심도 놓아버린.

그것도 땅이 아닌 포도 위에 떨어진 죽은 잎.

엽락이분본(葉落而糞本: 떨어진 잎이 뿌리의 거름이 된다)조차 언감생심인.

그런 잎이, 차디찬 눈을 제 온몸으로 곱게 녹이고, 앉아 있다.

죽었지만 죽지 않은,

존재감이 없는 존재감.

죽은 나뭇잎의 의미.

죽은 나뭇잎에도 삶의 근원이 숨을,

난 이 세상에서 어떠한 의미이런가?

4.

상처 난 곳에 이내 딱지가 생기고 붉은 테두리를 둘렀습니다. 인터넷을 뒤져보니 백혈구의 잔해라 합니다. 더 찾아보니 백혈구란 녀석이 여간 아닙니다. 녀석은 혈액 속의 혈구세포 중 하나이지만 외부로부터 침입한 세균과 맹렬한 싸움을 마다않는 전사입니다. 그러고 보니 이 상흔은 제 주인을 위하여 항체를 형성하고 감염에 저항하다 끝내는 장렬히 생을 마감한 전사의 무덤입니다.

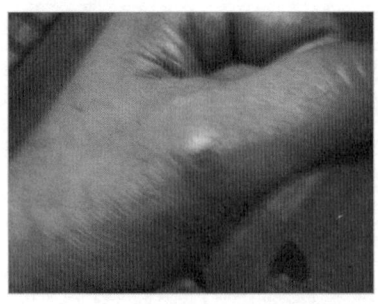

오늘을 잘 살아 내야 하는 이유를 저 백혈구에서 또 그렇게 찾아봅니다.

화장실 사용금지

강원도 속초, 한 카페에 들어섰다.

가장 먼저 보이는 문구이다. 글은 글인데 글이 아닌 듯도 하다. 더욱이 화장실은 2층에 있었다.

문득, 이 카페에서 사람 사는 세상을 생각해 본다.

주례를 섰다

주례를 섰다.
신랑은 15년 전, 내가 맡은 고등학교 2학년 2반의 착한 학생이다. 생각해보니, 이 담임을 마지막으로 나는 고등학교 교사생활을 마쳤다. 그만큼 담임으로서 아이들에게 전념하지 못했다.
그래도 18살 때 담임을 찾아 온 아이에게, 아니 34살의 예비신랑에게 손사래칠 수는 없었다.
가진 것 없는 주례선생이다. 그래, '이해'와 '배려'라는 단 두 단어만을 주례사로 줄 수밖에 없었다.

두 사람이 혼인한 예식장 찾기는 쉽다. 이렇게 지도가 있으니. 그러나 예식장을 두 사람이 손잡고 나오며 부터는 다르다. 부부인생지도는 이 세상에 존재하지 않는다. 어느 길이 옳고 어느 길이 그른지도 모른다.
내 발이 가 길이 되고 지도가 만들어지겠지만, 모쪼록 두 사람의 인생지도가 평탄하길 빈다.
　주례를 서고 나왔다.
　서울역을 찾아가야 한다. 거기 가면 내 서재 휴휴헌으로 가는 차가 있다. 나는 내 길을 가고 있는지 반문해 본다.

마라톤

1. 춘천마라톤을 뛰고 나서

아침 4시 30분. 어둠이 짙다. 춘천마라톤을 간다. 올 3월 동아마라톤에서 제한시간 '5시간'을 넘어서 그런지 트라우마가 생겼다. (그래 이번엔 근 6~7개월 나름 준비를 하였다.)

운동화와 양말을 빨아 끌어안고 청하였건만 잠을 서너 번이나 설치고야 말았다.

"얘들아! 오늘 동행 잘 한 번 하자. 이름 모를 들풀도 보고 맑은

가을하늘도 보자꾸나."

　1시간 50분쯤 하프를 통과했다. 이 정도면 기록이 좋다. 4시간도 가능했다. 이 대회를 대비하여 운동한 보람이 드러났다.
　그러나 26킬로미터를 지나며 심한 통증이 온몸을 압박했다. 결국 걸으며 뛰어야 하는, 오지 말아야 할 경우가 되었다. 발자국마다 자괴감이 한 발자국씩 찍혔다.
　완주는 하였지만……
　들풀이나 하늘커녕…….
　걷고 뛰기에도 허덕인 하루였다.
　방학 중 국토대장정에서 다친 발목 부상, 또 몸 상태 등 이유가 있겠지만.
　억울해선가. 온 몸이 바드득 이를 갈았다. 36킬로쯤에선 허턱 이런 생각이 들었다. '혹 더 큰 이유는 나이와 부모님에게 받은 체력이 아닌가?' 하는. '그렇다면 내 노력의 부족분은 좀 용서받을 수 있지 않을까?' 하는.
　그저 그런 내 깜냥으로 세상을 살아내는 것은 그렇다지만, 내 몸으로 하는 달리기조차 이러하다. 하기야 애초부터 달리기를 여유롭게 대하지 못한 내 마음 때문인지도 모르겠다.
　돌아오는 길, 여기저기 별빛이 내려앉는다.

2. 동아마라톤을 뛰고 나서

동아마라톤을 뛰었다. 마라톤은 뛰는 시간만큼의 고통이다. 2시간에 뛰는 사람은 2시간만큼 고통이지만 4시간에 뛰는 사람은 그 두 배 고통의 시간이 연장된다.

어제가 가장 힘들었다. 성적도 4시간 56분으로 썩 좋지 않았다.

4킬로 남기고는 정말 하늘이 노랗고 검게 보였다. 현기증도 일어났다. 다리, 허벅지 등 하체뿐만 아니라 상체도 흉부 압박이 심해져 호흡도 거칠어졌다. '포기할까?' 하는 생각도 들었다. 또 포기한다고 누구 말릴 사람도 없다.

내가 '왜 이 마라톤을 하는가?' 하는 의문도 들었다.

몇 몇 사람이 물었다. 그 나이에 왜 뛰냐고?

대답은 "글쎄요."이다.

무슨 댓가를 바라서도 아니고 무슨 기록을 내려 해서도 아니다. 더욱이 난 운동도 별로 좋아하는 성격이 아니다. 그런데 난 왜 마라톤을 뛰나?

몇 번 뛰다보니 한 레이스에도 몸의 변화가 뚜렷하다는 것을 알았다. 어젠 시작부터 몸이 무거웠다. 그리곤 가장 힘든 레이스를 하였다. 레이스 중, 몸의 변화는 수시로 찾아오지만 어제는 광화문 출발부터 골인 지점인 잠실운동장을 걱정했던 것 같다. 42.195 킬로미터가 그렇게 멀 수가 없었다. 마라톤을 마치고 휴휴헌 가는 길도 그렇게 멀게 느껴졌다.

씻지도 못 하고 깊은 잠 속에 빠졌다.

그리고 오늘, 이 아침에야 눈을 뜨고 생각해 본다. 네 번의 레이스에서 어제가 가장 힘들었던 이유를…….

흔히들 사람들은 인생을 마라톤에 비유한다.
그렇다면 내 삶의 마라톤은 어디를 향해 뛰는가? 덕더구나 잘난 것 없는 보통사람인 나, 그래 희노애락애오욕에 늘 어쩔 줄 모르는 나다.

그런 내 인생의 종착점은 어디인가?
오늘 나는 내 인생의 어느 지점을 어떤 상태로 통과할까? 마라톤엔 포기가 있다지만.

벌초(伐草)

오늘 벌초를 다녀왔습니다.
할아버지, 할머니, 아버지, 그리고 외할아버지께서 누우신 포천의 한 산자락입니다.
모두 다 내 몸을 주신 분들입니다.
수북하니 자란 풀을 깎아냅니다.

할머니, 아버지…
모든 삶을 이 손자와 아들에게 바쳤습니다.
그렇게 키웠건만,
고작 '반벙어리 축문 읽듯' 더듬거리며 세상을 짚습니다.

'예초기'를 멘 어깨하며 손목이 아파옵니다.
땀방울이 흘러내립니다.
잠시 서서 눈가를 훔치며 파란 가을 하늘을 봅니다.

가을 햇볕이 하얗습니다.
눈가에 무언가 들어갔나 봅니다.
눈앞이 부옇습니다.
아마 땀방울인가 봅니다.

3. 신이 그리워

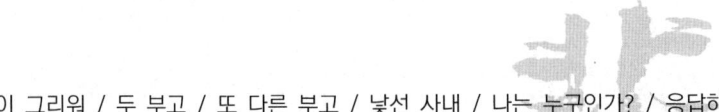

신이 그리워 / 두 부고 / 또 다른 부고 / 낯선 사내 / 나는 누구인가? / 응답하라, 1989 / 다섯 번의 경고 / '나인 나'와 '나 아닌 나' / 수파람[雄風], 암파람[雌風] / 에덴의 동쪽 / 수주 변영로 선생 / 노무현 전 대통령 / 노무현 전 대통령 서거 5주기 이렛날 / 세월호 참사를 보며(4), 아니 쓸 수 없어 / 세월호 2주기를 맞아

신이 그리워

신(神)이 그리워, ………서.

살다보면 신을 찾을 때가 있다.
신이 있다면 세상은 이렇지 않을 테니까.

하지만 신은 늘 뒷전.
당신이 한 일이 부끄러워서인지,
누군가를 앞세워 늘 뒷짐.

때론 모세요, 때론 예수요, 때론 바울이요,
때론……,
그래 이제는 목사다.
가끔씩은 목사가 아닌 신을 보고 싶다.

신이 그리운 세상이기에,
신이 그리워, ……서.

두 부고

대학동기가 상을 당했다. 화성문화원 강의를 마치고 예산으로 향했다. 동기의 집을 찾았을 때 따뜻하게 맞이해주신 분이다. 영정 속에서도 동기의 아버님은 가르마하며 눈매 입매가 매우 세련되셨다. 향년 84세시다. 명복을 빌어본다.

돌아오는 길, 참 비가 많이 온다. 전화가 왔다. 미국이다. 친구 아들이다. 아버지의 부고를 아버지의 친구인 나에게 알린단다. 영등포 양남동 안양천 뚝방 아래에서 만난 그놈은 참 지지리도 복이 없었다. 국민학교 4학년 때부터 연탄 리어카를 끌었다. 그 추운 겨울에도 시린 손을 호호 불며 자전거 빵꾸를 때웠다. 그래, 제 아무리 복이 없기로서니 이국땅에서 뇌암으로 죽어야 한단 말인가.

나를 포함한 이 땅에서 사는 친구의 친구들은 부지런히 전화를 돌려댔지만……. 녀석의 아내가 한줌의 재를 가지고 올 날을 기다리기로

했다. 방금 전 이 땅의 친구 한 녀석이 전화를 했다. 술이 잔뜩 취했다. 말은 가로로 세로로 나만큼이나 취했다.

"호윤아! 그 놈은 갔지만……. 그래 뭐 어쩌란 말이냐. ……보고 싶다."

"그래 나두…… 나두…….”

또 다른 부고

모두들 표정이 일그러졌다. 상가에 들어서자 20년 전의 우리 반 아이들, 아니 41살 중년의 얼굴들이 일어나 나를 맞는다.

상주는 작년까지도 내 스승의 날을 챙겨주던 다정다감한 제자이다. 제자의 눈자위는 이미 검붉은 저녁노을처럼 충혈되어 있다. 세 아이의 엄마이자 상주의 아내는 검은 뿔테 안경을 쓰고 영정이 되어 웃는다.

영정이 되어 버린 제자의 아내, 늘 나를 만나면 "남편 혼내 주세요." 라고 수줍게 웃던 예쁘장한 제자의 아내였다. 중1, 초등5, 초등3을 둔 엄마였다. 감기인 줄만 알았다. 합병증으로 이렇게 된 것이었다.

내 손을 잡은 상주의 손이 파르르 떨렸다. 못난 선생은 "시간이 약이란다."만 외웠다. 중1인 검은 상복을 입은 제자의 맏아들은 눈시울을 연신 훔쳐내고 막내는 제 어미의 죽음도 모르는 듯하다.

제자들에 둘러싸여 잠시 고등학교 3학년 2반으로 돌아가지만 오늘은 멋쩍다. 이야기를 하는 제자나 듣는 나나 참 낯선 웃음만 오갈 뿐이다.

상가를 나선다.
밤공기가 너무 차다.
유한한 삶! 삶과 죽음을 가른 아파트 숲 속의 상가는 너무 을씨년스럽다.

낯선 사내

수업을 하러 간다.
비좁은 전철 안, 가장 편함직한 30센티의 공간을 찾아 책을 꺼내 읽는다.

문득 쳐다본 차창.
늙수그레한 사내가 나를 물끄러미 바라본다.
처진 눈매에 붙은 자질구레한 삶들.

나와 비슷한, 참 낯선 사내다.

(강화도 길에서 본 한 짝의 양말로 남은 사내이다. 글 몇 자를 쓰자니 문장의 의문부호처럼 남은 이 사내가 누구인지 참 보고 싶다.)

나는 누구인가?

1.

문득, '아! 그렇구나.' 하고 생각될 때가 있다. 그러나 이러할 경우 일은 이미 지나갔거나 더 이상 생각한들 어찌 손쓸 도리가 없어진 경우가 거반이다. 가끔씩 이러한 일을 겪는 나다. 가끔씩이긴 하나(사실 남들이 말을 하지 않아 그렇지 종종일지도 모른다.) 내가 이기주의자라는 소리를 듣는 연유이다. 이 말은 주위 사람들에 대한 배려가 부족하다는 말이다. 모든 것을 내 위주로 나만 생각한다는 말이다. 내 생각만 하느라 상대의 행동과 말을 정녕 유의 깊게 보고 새겨듣지 못했다는 말이다. "떡국이 농간한다"는 속담이 무색할 정도로 나이를 먹으면서도 고쳐지지 않는 내 못된 버릇이다.

무엇으로 세상을 사는가? 아마 '행복', 혹은 '사랑'이라는 두 글자 아닐까. 그렇다면 이것들은 사람들에게서 얻을 수밖에 없는 것 아닌가. 책을 읽고 글을 쓰고 오로지 저만 생각한다면 그것이 무슨 소용이 있다는 말인가.

그래, 선인들이 사람이 된 다음 글을 가르친다고 한 연유를 여기서도 찾을 수 있다.

내 속 좁음에 연유하여 이기주의자라는 말을 듣는 까닭 또한 이와 있댄다. 마치 양철북의 오스카처럼 자라지 않는 이 마음을 어찌해야 한단 말인가. 그러니 내 속 좁음을 겪는 내 주변 사람들은 어떠하겠는가. 생각이 미칠수록 참 부끄럽기 그지없는 삶이다.

저 멀리 미명이 다가온다. 어둠을 몰아내는 옅은 저 밝음, 미상불 삶은 어제가 아닌 오늘에 있을 터. 오늘은 조금이라도 나의 아둔함이 밝아졌으면 하는 간절한 마음이다. 그렇게 되면 내 오스카적 마음도 혹 반 뼘쯤이나마 자라지는 않을까?

나를 안다는 사실이 참으로 무섭다. 그러고 보니 세상살이가 무섭고 사람이 무서운 게 아니라 내가 무서운 것이다. 내가 무서워.

2.

"아빠! 우리하고 상의도 안 하고…"

"내 나이 지금 쉰넷이다. 아빠도 내 인생이 있다. 너희도 이제 대학을 졸업했고 나 없다 하여도…."

아직 합격증을 받아 든 것이 아니었는지 모두를 이해시키는 것은 채 몇 분이 안 걸렸다.

이번 '한국국제협력단'에서 모집한 해외봉사단에 지원서를 접수한 것을 가족들에게 알리자 나온 반응이다.

2003년 나에겐 터키를 갈 기회가 있었다. 아버지께서 편찮으셨고 내가 장손이라 어머니는 결사반대를 하셨다. 이후 1~2년 사이에 두어 번의 해외 기회가 찾아 왔으나 그렇게 모두 무산되었다.

그러며 10년을 넘겼다. 내 나이도 이제 50대 중반에 들어섰다. 엊그제 '한국국제협력단'에서 주관하는 해외봉사단에 '한국어교육'으로 지원을 하였다. 오늘까지 나는 이 땅에서 반백 년을 살았다. 그런데 지금도 '나는 누구인가?'에 대한 답조차 제대로 내리고 있지 못하다. (물론 이 문제는 '인생이란 무엇으로 사는가?'라는 거대담론으로 이어질 수 있기에 대답을 찾는 것조차 무리가 있을 수 있지만.) 사실 이 땅에서 내 삶의 깜냥이 저 땅에서도 그대로인지 참 궁금하다.

다행히도 아직 난 신체도 건강하고, 거친 꿈도 그대로 간직하고 있으며, 교육에 대한 정열도 있다. 그리고 현재 1차 서류전형조차 통과한 것이 아니다. 하지만 합격증을 받아 든다고 해외에 나가 한국어교육을 못할 것도 없고 살지 못할 것도 아니라는 생각이다.

세상살이는 늘 둘 중에 하나 선택이다. 가거나 말거나, 오거나 말거나, 하거나 말거나. 이왕이면 가고 오고 하는 것에 51%를 걸겠다. 난 지극히 보통사람이다. 단 한 번도 99% : 1%이라는 인생성적표를 받은 적이 없다. 그래 내 인생살이와 거래한 수치가 51% : 49%이다. 비록 2% 많은 것이지만, '2%', 이것이 내가 선택한 삶이기에 후회하지 않는 인생성적표라고 생각한다.

갈 수도 있고 못 갈 수도 있다. 안 된다 하여도 가고 싶다는 생각이 있으면 또 지원하면 될 것이다. 아니, 꼭 가고 싶다면 또 다른 방법도 있을 것이다. 그렇게 살고 싶다.

그래, 먼 훗날, '나는 누구인가?(?)'라는 글을 쓸 때, '그래, 비록 51%의 삶이지만 그 길을 간 사람이었지.'라는 말을 나에게 들려주고 싶다.

휴휴헌 창 밖, 드넓은 하늘이 겨우 손가락 두 개로 가려지던 날.

(1차 합격 후, 2차 면접에서 탈락했다. 이유는 잘 모르겠다. 나보다 10여 살은 어려보이는 면접관이 한 질문은 '왜 이런 좋은 직장을 두고 가려느냐?' 한 문장이었다. 이 면접관이 내 이력서의 어떤 글줄을 보고 이러한 질문을 하는지 참 의심스러웠다.)

3.

너를 묶는 그물을 찢어라[決破羅網]!

"휴우~"
숨비소리! 사전에는 "해녀들이 물질을 마치고 물 밖으로 올라와 가쁘게 내쉬는 숨소리."라고 적어 놓았다. 이 소리는 물질을 하고 바다 위로 올라와 가쁜 숨을 내쉴 때 내는 소리로 해녀들의 힘겨운 삶의 은유이다.
살다 보면 저런 한숨은 아니지만 때론 긴 한숨을 토할 때가 있다.

한숨을 들이쉬고 내쉬고, 보고 싶은데 못 보아서도 한숨이고, 듣고 싶은 데 못 들어서도 한숨이고. 암니옴니, 옴니암니, 따지고 따져보다 이래 한숨이고, 저래 한숨이고. 부질없어 한숨이고. 변변치 못해 한숨이고. 그 중에 그대를 만나 한숨이고. 갈데없는 촌놈잽이라 한숨이고.

두 숨을 들이쉬고 내쉬고. 책상 앞 조그만 창문을 화들짝 열어젖히고, 빼꼼 드러낸 회색빛 하늘. 넓디넓은 하늘에 비하여 낯간지러운 상판이 몹시 미워 밉고.

다시 세 숨을 들이쉬고 내쉬고. 어찌어찌 사는 세상 이래서 밉고 저래서 밉고, 저래서 밉고 이래서 밉고, 참 밉고도 밉고, 밉살스러워서도 밉고. 내친 미움이니 한 번 더 밉고.

다시 네 숨을 들이쉬고 내쉬고. 모든 미움의 근원은 나이고. 내가 미워하여 미운 것이니, 미워하는 내가 밉고, 그래 내가 나를 미워하고 미워하여 또 밉고. 된장인지 간장인지 구별 못하는 내가 딱하여 밉고. 어리석고 눈치 없는 내가 또 밉고. 그런 네가 미움직도 하련만, 밉지 않아 내가 또 밉고.

깊게 다섯 숨을 들이쉬고 내쉬고. 늙은 등걸처럼 닮아가는 긴 손가락을 놀려 책상 앞 조그만 창문을 다시 왈칵 열어젖히니, 턱없이 분주한 세상. 냄새와 소리, 끼니때인가보다. 차가 지나가나보다.

다시 한숨을 들이쉬고 내쉬고,
"휴우~"

"너를 묶는 그물을 찢어라."

4.

세상살이, 서로 부대끼며 살아가는 삶이다. 부대끼며 살자면 소통이 필요하고 말과 몸은 그 소통 수단이다.

요즈음 내가 들은 말들을 정리해본다.
이 말들을 통해 '타인의 눈에 비친 나는 누구인가?'를 읽을 수 있다. 저 언어상황과 문맥 속 어딘가에 내가 있다.

"마라톤 완주를 축하합니다."
"책 출간을 축하합니다."
"선생님 수업 좋아요."
———

"공유한다고 생각해요."
"이 또한 지나가리라."
"너무 조급해요."
"이상한 사람이군요."
———

살다보면 무수히 많은 말들을 듣는다. 그 중엔 감당할 말도 있고 그렇지 못할 말도 있다. 거짓인 말도 진실인 말도 있다. 약이 되는 말도 있고 독이 되는 말도 있다. 말을 말 부리듯 하는 세상이다. 그래, 말 속에 말 들었기도 하고 말 아닌 말도 있으니 잘 새겨들어야 한다.

말은 언어상황과 접목시키면 더욱 복잡해진다. 그렇기에 들을 말이 있고 안 들을 말이 있다. 말은 하는 데 달리지 않고 듣는 데 달렸다는 말은 이래서 나왔다.

이상한 사람!
이쯤 되면 곰곰이 생각해 보아야 한다. 이상하다는 것은 정상과는 다르다는 말이기 때문이다. 이 말은 나나 저이, 둘 중의 하나는 삶의 보편타당성을 벗어났다는 말이다.

난 비교적 솔직하다는 말을 듣는 편이고 나 또한 별다른 이의를 제기하고 싶지 않다. 감정의 기복을 애써 숨기려 해도 남들이 금방 알아차리는 것을 보면 내 속이 훤히 들여다보이는지도 모르겠다. 내 글쓰기 또한 나를 굳이 감추려하지 않는 이유도 여기에 있다. 나를 좋아하는 사람도 싫어하는 사람도 이 때문인 것도 잘 안다.

가끔씩 인생고수들과 대화를 하다 보면 나란 존재가 한없이 작아진다. 인터넷에 떠돌아다니는 수많은 미사여구들도 감당키 어려운 말들이다. 그래, 인생하수인 나로서는 얼마든 이러저러한 말을 들을 수 있다고 생각한다. 늘 처음 사는 오늘을 사는 나다. 나는 산송장이 아니다. 박물관에 박제된 미이라도 아니다. 나는 뜨거운 심장이 뛰는 살아 있는 사람이다. 그러기에 오늘을 서툴게 사는 것에 대해 크게 부끄러울 필요가 없다고 생각한다. 그것이 나이다. 작든 크든 저 사람과 다른 나이다.

이상한 사람!
하지만, 내 세상살이를 가만가만 정리해 보아야 할 말임에는 분명하다. 삶의 고수들은 이럴 때 세상살이의 근원인 제 마음의 소리에 귀기울였다고 한다. '다이모니온'이라는 내면의 소리를.

오늘, 나도 나의 내면이 들려주는 나를 듣고 싶다.

'나는 누구인가?'에 대한 답 또한 그 속에 있을 터다.

5.

요즈음 내 삶을 돌아보는 경우가 부쩍 늘었다.
세상을 산다는 것이 만만찮다.
이래도 한세상, 저래도 한세상이라지만 세상사가 그렇지 않다.
'나는 누구인가?'를 화두처럼 끌어안고 산다.

나는 누구인가?
거울을 가져다 가만히 들여다본다. 거울 속에 비친 나, 이마에 그어진 두세 줄의 주름살이 잔뜩 찌푸려져 있다. 그 아래에 튀어나온 미간이 자리하고 안경 속의 오른쪽 눈만 멋쩍게 쌍꺼풀지었다. 엊그제 마라톤 탓인 듯하다. 한때는 눈이 살아있다는 이야기를 들었는데 양 눈에 핏발만 서있고 정기란 찾아볼 수 없다. 양 눈초리의 왼쪽은 깊고 긴 주름 하나에 잔주름이 둘이고 오른쪽은 두 줄의 잔주름이 깊다.

오뚝하지도 납작하지도 않은 그저 그런 코 양 옆의 팔자 주름은 입언저리까지 깊은 획을 긋고 있다. 작년 여름에 비하여 몸무게가 10킬로나 빠져서인지 더 깊어졌다. 양 볼이 더욱 움푹 들어가 보이는 것도 이 때문이다. 목에도 두 줄의 목주름이 깊다.

귀퉁이를 드러낸 머리 때문인지 전체적으로 깡마른 얼굴상이다. 5년이 넘게 기른 머리를 짧게 깎아서인지 강파른 얼굴엔 팍팍한 삶의 자국이 그대로다. 떡국 수를 더해가며 거울에 온화한 얼굴이 보여야 하는데, 맑은 얼굴이 비춰야 하는데, 아무리 거울을 들여다보아도 그런 내색조차 보이지 않는다. 주름에서 삶의 연륜이라도 찾으려하지만, 그마저도 보기 싫은 주름일 뿐 달리 보이지도 않는다.

다시 한 번 질문해 본다. '나는 누구인가?'
정녕 저 거울에 비친 얼굴이 나인가? 그래도 이 세상에 태어나 산지 50년을 훌쩍 넘긴 얼굴이 겨우 저 정도란 말인가? 저 강파르고 신경질적으로 보이는 얼굴이 정녕 나 간호윤이란 말인가?

비록 8옥타부 쯤으로 '이런 젠장 맞을!'을 열댓 번 외치는 세상이지만 내 깜냥만큼은 인생 농사를 성의껏 경작했다고 여겼다. 나름 옳고 진실하게 살고자 하였다. 남에게 폐를 끼치려하지 않았고 손가락질 받을 짓도 않으려했다. 책만은 많이 갖으려했고 책을 읽으려 했고 몇 권의 책도 썼다. 그런데 안달뱅이처럼 살았다 하여도 이 나이에 이 정도의 얼굴밖에는 안 된다니 겨울철 장작불 지핀 아궁이를 부지깽이로 헤집어 놓은 듯 화끈거린다.

물끄러미 거울을 다시 들여다본다.
나는 누구인가?
나는 지금 내 인생길 어디쯤 가는가?
어떻게 살아야만 한세상 잘 사는 길인가?
거울아! 거울아! 대답 좀 해다오.

6.

개관사시정(蓋棺事始定)

요즘 옛 제자들과 만남이 있어 당시의 교무수첩을 뒤적거리다 우연히 발견한 글이다. 1988년 7월 6일자에 어쭙잖은 글씨로 '蓋棺事始定'이라 적어 놓았다.

이 말은 '사람의 일이란 관 뚜껑을 덮기 전에는 모른다'는 말이다. 사람은 죽을 때까지 노력해야 한다는, 죽은 뒤가 아니면 그 사람에 대한 평가를 할 수 없다는 말로 실의에 찬 두보가 역시 실의에 찬 나날을 보내던 친구의 아들 소계(蘇溪)에게 편지 대신 준 시에 보이는 글귀이다.

당시 새내기 초임 교사였던 나는 무슨 생각으로 저 글귀를 교무수첩에 적어 놓았을까?

그로부터 25년 뒤인 오늘, 저 글귀가 참 생뚱맞다는 생각이다. 물론 당시 어떠한 심정으로 저 글귀를 적어 놓았는지도 모른다.

다만, '저 시절의 내가 지금의 나에게 저 글귀를 들이댄다면 난 어떻게 답할까?'를 생각해본다.

어떻게 답할까?

어떻게?????

응답하라, 1989

1989년, 내가 담임하였던 학생들이 연락을 하였습니다.

그때 난 이제 막 교육 경력 2년차의 애송이 교사였지요. 당시의 교무수첩을 보니 24년 전의 내 모습이 새록 합니다.

주야간 수업을 하며 대학원에 다녔는데 학교수업 31시간에 대학원 수업이 4과목 들어가 있습니다. 그러고도 짬을 내어 술자리를 마다

않았으니…… 그 시절이 그립습니다.

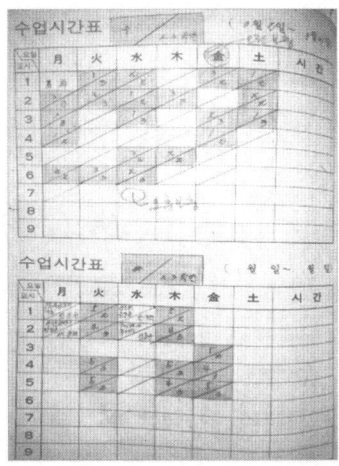

학급경영에 보니 급훈이 "참 삶을 위하여"라고 적혀 있습니다.

지금 생각하자니 꽤 의욕이 앞섰던 것 같습니다. 물론 이 거창한 급훈은 이로부터 5년 뒤 "청소를 잘하자"로 바꾸었습니다. 청소를 하려는 마음만 먹게 하면 선생으로서 임무는 다하는 것이라는 교훈을 학생들에게 배워서입니다. 지금 다시 고등학교 교사가 된다 하여도 급훈은 역시 "청소를 잘하자"로 할 것입니다.

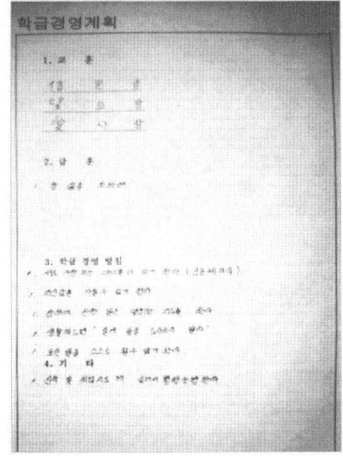

3학년 2반 담임으로 배정되었나 봅니다.

"조령모개식의 행정에 슬픔을 느낀다."라는 독백과 함께 "앞으로 3학년 2반 어떻게 학급운영을 할까?"라는 걱정도 보입니다.

애송이 교사의 학교행정에 대한 회의와 담임으로서 두려움이 3월 2일자에 그대로 적혀 있습니다.

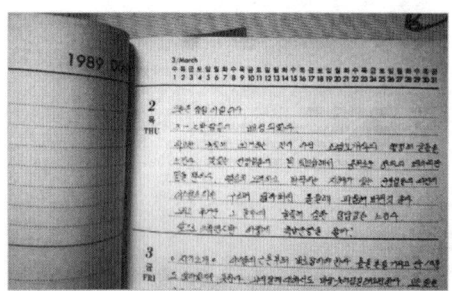

결국 나는 저 고등학교에서 그 해 사직서를 제출하고 학원을 거쳐 다른 고등학교로 갔으나 10여년 뒤 역시 사직서를 제출하였습니다.

24년 전, 그 학생들의 전화 한 통으로 잠시 그 시절로 돌아가 보았습니다.

문득 고민 아닌 고민(?)을 했던 풋풋한 애송이 선생 시절(?)이 참 그립다는 생각을 해봅니다.

다섯 번의 경고

'어! 이게 아닌데…….'

이미 몸은 아스팔트길 위로 나뒹굴었다. 작은 균열에 부딪친 발은 몸을 여지없이 무너뜨렸다. 무릎과 팔꿈치는 그대로 아스팔트에 쓸렸다.

일요일 아침 6시 30분, 신선한 공기를 마시며 인천대공원에서 달리기를 하다 일어난 일이다.

작년 여름 학생들과 국토대장정을 할 때 발꿈치를 삐어 주저앉은 이후 벌써 다섯 번째이다. 넘어진 세 번째는 어깨 쇄골이 부러져 수술도 하였다.

평생 넘어진 숫자보다 몇 개월 사이 산수 셈이 더 많다.

……, 또, 또, 또, 또,

내 몸이 나에게 무엇인가를 말하려나보다.

집을 나서다 본, 벚꽃과 목련.

그런데 왜 떨어진 꽃잎에 눈이 더 가는 것일까?

몇 개월 사이에 다섯 번의 넘어짐은 무엇을 말하는 것일까?

이 봄, 여러 일이 많다. 무엇보다 가슴 아픈 것은 사람에 대한 실망감과 내 가슴으로 낳은 책에 대한 언론의 무관심이다. 사람에 대한 실망이야 어제 오늘 일이 아니니 많이 단련되었다지만, 책은 그렇지 않다. 생각지 않으려 애쓰지만 책 쓰는 이로서는 도리 없는 고백이다. 그래서인지 글쓰기도 영 시원치 않다. 글줄도 한여름 가뭄에 바짝 마른 논배미 갈라지듯 한다.

그래도 달리기만은 가까이하려 애쓴다. 여기저기서는 그만두라고 한다. 외려 건강을 망친다고. 허나, 좋든 싫든 이 달리기 또한 언젠가는 저 떨어진 꽃잎처럼 마침표를 찍을 날이 온다. 시나브로 흐르는 세월 속에서 '영원'이란 두 글자가 없다는 것은 자명한 진리 아닌가. 그래, 언젠가는 하라고 하여도 못할 것, 할 수 있을 때 하는 것도 괜찮지 않나 생각해본다.

어제오늘 봄비가 내린다. 이번 일요일엔 서천으로 달리기를 하러간다. 그때까지 서천의 벚꽃이 지지 않았으면 좋겠다. 분분한 벚꽃 사이에 삶의 한 자락을 놓아보게.

'나인 나'와 '나 아닌 나'

문제를 내겠습니다.

두 명의 사건 용의자가 체포되어 서로 다른 취조실에 있다. 죄수들은 자백 여부에 따라 다음의 선택이 가능하다.

1) 둘 중 하나가 배신하여 죄를 자백하면, 자백한 사람은 즉시 풀어주고 나머지 한 명이 10년을 복역해야 한다.
2) 둘 모두 서로를 배신하여 죄를 자백하면 둘 모두 5년을 복역한다.
3) 둘 모두 죄를 자백하지 않으면 둘 모두 6개월을 복역한다.

얼간이 죄수라도 답은 3)임을 알 수 있다. 죄를 자백하지 않으면 각각 6개월만 복역하면 된다. 하지만 상황은 그렇지 않다. 두 죄수는 서로를 믿지 못해 죄를 자백하고 만다. 그들은 2)처럼, 서로를 배신하여 죄를 자백하고는 5년씩 복역한다. 유명한 죄수의 딜레마(罪囚-, prisoner's dilemma)이다.

며칠 동안 몇 사람을 만났습니다.

가장 많이 들은 말 셋만 추리자면, '금권만능', '부패한 정치', '교육지옥'입니다. 무한 진화하는 이 말들 앞에선 속수무책입니다. 그리고 이야기 끝에는 꼭 이런 말이 따라붙습니다.

"나는 그렇게 생각 안 하는데, 사람들이 그래서 어쩔 수 없다."라고 말입니다.

나 역시도 '사회적 통념이나 문화'라는 장벽에 부딪칠 때면 어김없이 하는 소립니다.

생각할 것도 없이 '어쩔 수 없다'는 부정사 류의 통사구조로 자연스럽게 자신의 잘못을 덮으려는 얕은꾀입니다.

'나인 나'와 '나 아닌 나' 중, '나 아닌 나'가 '나인 나'를 번번이 이깁니다. 나는 피조물이 아닌 데도 말입니다. '피조물(被造物)'의 사전적 정의는, '조물주(造物主)에 의해서 만들어진 모든 만물'을 이릅니다. 인간이기에 이 사전적인 정의까지야 부정할 수 없다지만, 내가 '사회적 통념이나 문화'의 피조물이 아니란 점은 단언할 수 있습니다. 누구나 세상을 사는 자연인으로서 개별적인 존재입니다. 나는 나로서 가치 있습니다. '나는 이렇게 생각해'가 아닌, '난 너와 동일해야 해'에는 내가 없습니다. 내가 없는 나는 내가 아닙니다.

현실이 제아무리 두렵더라도 대항할 것이 있습니다. 도덕이니, 예의니, 진실, 신의, 정의 따위는 그래 내가 소중히 지켜야 할 것들입니다. 비록 저 외로운 낱말들을 듣고, 이제는 더 이상 스무 살 시절의 새파란 혈기에 달뜨던 마음은 아닐지라도 말입니다. 나는 피조물이 아닙니다. 문화와 관습이 나를 창조한 것이 아닐진대, 내가 '사회적 통념이나 문화'의 지배를 받아들일 이유는 없습니다.

대한민국.

일부 못된 이들의 생각이, 말이, 행동이 '사회적 통념이나 문화'가 된 경우를 너무 자주 봅니다. 저들은 결코 내 신이 아닙니다. 저들로 인하여 나를 잃습니다.

'나인 나'와 '나 아닌 나'

오늘만큼은 '나인 나'가 되고 싶습니다.

수파람[雄風], 암파람[雌風]

"정치언어는 거짓을 참말처럼, 살인도 훌륭한 일로, 허공의 바람조차 고체처럼 보이게끔 고안되었다(Political language is designed to make lies sound truthful and murder respectable, and to give an appearance of solidity to pure wind)."

조지 오웰(George Orwell)이라는 필명으로 알려진 『동물농장』과 『1984』의 작가 에릭 아서 블레어(Eric Arthur Blair, 1903~1950)가 「정치와 영어(Politics and English Language)」라는 글에서 한 말이다. 마치 작금의 한국 정치판 언어 상황을 적확하게 표현하고 있는 듯하다. 거짓을 참으로, 잘못을 훌륭한 일처럼 날조하고 있음을 현실처럼.

"파렴치한 행동을 한 자는 지위고하를 막론하고 철저히 엄벌"
"경제고려, 8.15 특별사면"

전자는 당 대표를 만난 자리에서 대통령이 한 말이요, 후자는 어려운 경제상황을 고려해 범법행위를 저지른 경제인들을 사면한다는 신문기사 내용입니다. 당대표에 대통령까지 우리가 세칭 일류라 부르는 이들 중에서도 '초(超)'라는 접두사를 두엇 붙여도 될 말입니다.

분명 모순이로되, 대한민국의 국심(國心)에서 한 일입니다.

참 헷갈리는 상황입니다.
무엇이 옳은지 알 수 없습니다.
"수파람[雄風]이 잘 불어야 암파람[雌風]도 시원한 법입니다." '수파람'은 임금을 '암파람'은 백성의 은유입니다. "풀 위에 바람이 불면 풀은 반드시 수그러진다[草上之風必偃]"라는 말이 있습니다. 『논어』에 출전이 보이는 문장이다. "군자의 덕은 바람이요, 소인의 덕은 풀이다." 비유컨대 백성은 윗사람의 지도에 따른다는 뜻이다.
허나 온 백성이 분명 부도덕하다고 보는 자인데도, 이 경제를 살린다 하니…. 저 모양대로 믿을라치면 '경제인의 필요충분조건이 부도덕인가?' 하는 생각이 들 법도 합니다. 바다 건너 큰 나라 대통령을 두 번 씩이나 지낸 빌 클린턴이란 이가 이런 말을 했다더군요. "문제는 경제야 바보야(It's the Economy, Stupid)!"라고. 하지만 이렇게 바꾸어야 하지 않겠는지요? "문제는 도덕이야 바보야(It's the Morality, Stupid)!"라고. 허나 대한인으로 살다 보니, 저 경제를 앞세운 부도덕의 대침공을 오불관언으로 '내몰라라' 외면하거나 '허참!' 한 마디로 끝냅니다.

종합 소득세 납세자의 1.9%가 국민 총소득금액의 22%를 차지, 상위 10%의 부자가 국토의 90% 이상을 소유, 국가라 형태를 갖춘 이래

최악의 '부익부 빈익빈'. 남에 나라가 아닌 대한민국의 현실입니다.

어느 때, 어느 사회, 어느 나라인들, 불편부당은 늘 있었습니다. 사실 배내옷 입을 때부터 우리는 공평하지 않습니다. 도덕과 정의로 살균된 이상향을 그릴 만큼 때 묻지 않은 내가 아닙니다. 머리에, 덤으로 가문까지 신탁(神託)한 사람이 있지만, 이범선 선생의 〈오발탄〉보다 더한 인생도 꽤나 많다는 것도 잘 압니다. 절대자(絶對者)라 불리는 분, 하나님의 사격 솜씨는 그리 믿을 것이 못됩니다. 그러니 '법 앞에 누구는 공평치 않다'는 것도 탓할 것이 없습니다.

그래 선생인 나는 오늘 아침 이런 생각을 가만히 해봅니다.

'부도덕, 부조리를 바꿀 수는 없단 말이야. 학생들에게 시나브로 사라지는 도덕, 양심, 정의나 잘 갈무리해 두라고 말해야지. 저이들에게 뺏길지도 모르잖아.'

"수파람[雄風]이 잘 불어야 암파람[雌風]도 시원한 법입니다."
송옥(宋玉)의 풍부(風賦)라는 작품이 있는데, 그 내용은 "초왕(楚王)이 대(臺)에 올라서 놀다가 서늘한 바람이 불어오니, 초왕이 '아, 바람이 시원하다.' 하니, 송옥이 말하기를, '이것은 대왕의 수바람[雄風]이요, 서민(庶民)의 암바람[雌風]은 시원하지 못합니다.' 하고, 수파람에 관하여 진술하니, 초왕이 '말을 잘 하는구나. 다시 서민의 바람을 진술하라.' 하였다".

에덴의 동쪽

카인은 몹시 화가 났다.

카인은 농산물을 신에게 바치고 아벨은 가축을 제물로 바쳤다. 카인은 농부였고 아벨은 목동이었기에 당연한 제물이었다. 그러나 신은 아벨이 바친 제물은 기꺼워하였으나 카인의 농산물은 반기지 않았다. 질투의 불길은 맹렬했다. 카인은 동생을 죽였다. 인류 최초의 살인자 카인은 에덴에서 추방당하였고 동쪽으로 가 '놋' 땅에 정착한다. '에덴의 동쪽'은 그렇게 '버림받은 자들'의 은유가 되었다. 구약성서 「창세기」에 보인다.

"35%가 '버블 세븐' 지역에 부동산 보유"
"의원들 재테크, 역시 부동산"

18대 국회에서 새로 재산을 신고한 의원 161명의 평균 재산은 31억 7300만원으로 4년 전 17대 국회의 11억원보다 세 배 가량 높은 수치.

이들 재산 중 3분의 2 정도가 부동산.

1인당 평균 부동산 보유액은 19억 8000만원으로 부동산 보유비율은 62.5%.

2008년 7월 29일 화요일 한 일간지의 '18대 신규등록 의원 재산 신고액'을 보도한 헤드라인과 주요내용입니다.

국민의 심부름꾼을 자처한 이들, 환언하여 '대한민국을 이끄는 일류급의 리더라 자임하는 이들'의 오늘입니다. 누구보다도 바른생활맨들이어야 합니다. 허나 저들의 '부의 실상'은 그렇지 못합니다. 재테크가 겨우 부동산이라니요.

이 조그만 땅덩이에 부동산을 투기하여 불린 축재라면 '정당한 부(富)'라고 보기 어렵습니다.

온 국민이 정의를 희롱하는 저들과 같은 행동을 한다면 반드시 나라는 망할 테니까요. 저들처럼은 안 살겠다는 국민이 있어, 그래도 나라가 굴러 가는 것 아니겠는지요?

저런 이들 결코 일류라 할 수 없거늘, 어찌 저 자리에 있는지 이해할 수 없습니다.

하기야 이런 일은 예나 지금이나 같습니다. 공부를 잘 못한 때문일 겁니다.

위당 정인보(鄭寅普, 1892~1950) 선생의 『양명학연론(陽明學演論)』이란 책을 보니 이런 아픈 글이 있습니다.

"수백 년간 조선인의 실심(實心) 실행(實行)은 학문영역 이외에 구차스럽게 간간 잔행(殘行)하였을 뿐이요, 온 세상에 가득찬 것은 오직 가행(假行)이요, 허학(虛學)이라."

'가행'은 거짓된 행동이요, '허학'은 헛된 학문이란 뜻입니다. 나아가 위당 선생은 조선의 역사를 '허(虛)와 가(假)의 자취'라고 강개히 목청을 돋우었다. 위당 선생의 저러한 지적에서 면면히 이어져 내려오는 삿된 학문의 후계자들 족보를 본다는 것에 안타깝습니다.

불현듯 내가 사는 이곳이 '놋' 땅이 아닌가 하여 오싹합니다.
그래, '천도시비(天道是非)'라는 말을 가만히 생각해 봅니다.
그리고 '의기(欹器)' 하나쯤 자리 옆에 놓아두기를 청해 봅니다.

* '천도시비(天道是非)': 사마천의 『사기(史記)』에 나오는 말입니다. 세상의 불공정을 한탄하고 하늘의 정당성을 의심하는 말로, 풀이하자면 '하늘의 뜻이 옳은 것이냐 그른 것이냐?'입니다. 사마천은 공명정대하다는 하늘이 과연 바른 자의 편인가를 묻습니다. 살다보면 누구나 정말 따지고 싶은 때가 있습니다.

* 의기(欹器): 공자가 주나라에 가서 후직(后稷)의 사당에 들어가니 의기(欹器)란 그릇이 있습니다. 이것은 비어 있을 때에는 비스듬히 기울어져 있고, 물을 반쯤 부으면 바로 서며, 가득 차면 엎어집니다. 공자가 이것을 보고 제자들에게 말하기를, "저것을 보아라. 차면 넘치느니라." 하였습니다.

수주 변영로 선생

1.

수주 변영로 선생 글을 본다. 젠장맞을……. 그 생동하는 삶, 기벽, 쥐락펴락 능갈치는 글재주, 무엇보다 나또한 애주가거늘 감히 애주가라 칭할 수 없는 자괴감.

난 저 이에 비하면 거저 두 발 달린 이족수(二足獸)일 뿐이다.

어찌 신은 이다지도 매몰차던가. 신의 희작이런가.

책꼴이야 되든 말든 벌건 줄 죽죽 내리긋고는 던져두고, 휭커니 주신께 내달음질쳐 하소연을 넋두리처럼 풀어보련다.

2.

변영로 선생에 대한 글을 쓰다가

「논개」의 시인 수주 변영로 선생에 대한 글을 써달라는 청탁을 받았다.

『명정사십년』이란 책과 「논개」라는 시를 통해 익히 알았지만 그의 글을 보며 나를 되돌아본다.

"나는 모럴리스트, 뜯어고칠 수 없는 수없는 모럴리스트임을 신명 앞에 서까지라도 외칠 용기와 자신이 있다.…불결, 불순, 부정, 불의를 대할 때면 거의 본능적—모든 이론을 초월하여—으로 혐기(嫌忌)를 찔리는 듯이 느끼는 까닭이다."

"꽃 같은 글을 쓰고 싶다. 바람 같은 글을 쓰고 싶다. 뇌정(雷霆) 같은 글을 쓰고 싶다. 소군거리는 듯, 웃는 듯, 우는 듯한 글을 쓰고 싶다. 하다못하여 짖[吠]는 듯한 글이라도 쓰고 싶다. 범용한 내용, 속악한 표현으로야 수레[車]를 채도록 쓴들 무슨 소용이랴? 되풀이하여 말하는 듯하나 나는 무슨 까닭이 있는 글을 쓰고 싶다."

「똥키호테의 무후」에서도 수주는 돈키호테가 '불의와 싸우러 나선 숭고한 백치'이기에 돈키호테를 흉내라도 내고 싶다며 이렇게 외친다. "지혜를 믿어 무엇하고 역량을 헤아려 무엇하며 결과 여하를 따져서 무엇하리? 불의를 간과할 것인가? 악을 악대로 방치할 것인가? 싸울 것은 싸워야 한다. 싸울 것을 안 싸우면 비겁이다. 정신적인 자멸이다."라고 하였다.

수주 선생이 자신의 글쓰기에 대한 준열한 다짐이다.
…………

내 글은 '까닭이 있는 글'인지 나에게 준열히 묻는다.
"여보게, 자네 글은 살아있는가?"

3.

국회에서 하는 수주 변영로 선생 논문 발표회를 다녀왔다. 국회라는 곳은 그랬다. 이미 문간부터 경비들이 삼엄한 경비망을 폈다. 그들의 눈에는 모두 잠재적 범죄자들이었다.

국회의원들의 축사-축사-축사, 그리고 또 아무개 님의 축사-축사.

그리고 시작된 세미나, 첫 발제자로 나선 내로라하는 변호사님,…무려 45분간이나 말씀이 이어졌다. 느릿느릿~

아직도 남은 사람은 두 명, 그것도 나는 세 번째였다.

두 사람에게 남은 시간은 10분이었다. 장소 제공 측과 논의 끝에 결국 10분 남짓의 시간을 얻었다.

내 차례. 이미 세미나의 분위기를 잡기에는 역부족이었지만, 근 한

달간 모든 것 접고 매달린 원고였다. 목소리를 높일 수밖에 없었다.
 그렇지만,….
 발표를 들으려는 자리인지, 아니면 생색을 내기 위한 발표장인지?
 가끔씩 세상 이치가 이렇다.
 그날, 만적만적. 세상을 촉진(觸診)하는 내 마음은……. 청진기가 고장이었다.

노무현 전 대통령

1. 노무현 전 대통령 서거를 애도하며(6)

"갈수록 수미산이라", '갈수록 더욱 어려운 지경에만 처하게 됨을 이르는 속담이다'.

대학원 수업 중, 한 학생이 질문을 하였다.

질문의 요지는 '노무현 전 대통령의 서거, 그리고 북한의 2차 핵실험과 관련된 사건들'을 어떻게 보아야 하느냐?'였다.

사실 나 자신도 아직 정신적 공황상태요, 더욱이 '고무래 정밖에 모르는 한 줌 지식'으로 어떻게 저 젊은이의 물음에 답하겠는가.

상식적으로 이해 못할 일이기에 내 머리가 따라잡지를 못한다.

그저, 내가 왜 상장을 달았는지만 말해 주었다.

노무현 전 대통령 서거도 그러하지만, 그 이후 일련의 사건만 하여도 전혀 예측치 못한 일들이다.

북한의 2차 핵실험은 가볍게 노무현 전 대통령 서거 보도를 제치고 뉴스의 전면에 나서더니, 청와대 벙커회의, 정부의 전격 PSI 가입으로 이어졌다. 듣지 않으려 했지만 노무현 정부가 힘겹게 넘겨받기로 한 '2012년 군 전시작전통제권'도 도로 반납해야 한다는 목소리가 여당에서 나온다고 한다. 아침에 일어나 인터넷 창을 여니 "북, 준 전시상황 선포. 합참 '군사대비 태세'라는 섬뜩한 타이틀이 보인다. 이러다 계엄령이라도 선포할 태세이다.

나는 숨 막히게 돌아가는 이러한 일들을 하나도 따라잡을 수 없다. 상식으로 이해가 안 된다.

'갈수록 수미산이라'

안타깝다.

정부의 과잉대응인지?

아니면 세상을 알지 못하는 어리석은 자의 어리석음인지?

노무현 전 대통령 서거는, 이제 정부의 보호 아래 '경건한 축제의 장'으로 바뀌었다. 어느 사이 노무현 전 대통령의 죽음은 '가십거리'로 전락하였다. '담배나 피고, 아이들과 어르고, 순진한 말이나 하는.'

아! 그의 죽음의 물꼬가 어찌 저렇게 흐른단 말인가?

왜 서거를 했는지? 그의 죽음은 정당한지? 그를 죽음으로 내 몬 것은 누구인지? 왜 우리는 1년 반 만에 전직 대통령을 자살케 했는지? 등등, 물길은 저리로 흘러야 하지 않겠는가?

'가십'은 선술집 술꾼들에게 맡겨두고, 지식인이라 자칭하는 언론은 이러한 곳을 짚어 줘야 하는 것이 아닌가?

'노무현 서거, 그는 왜 죽음을 택할 수밖에 없었는가' 이러한 특집이 나와야 하는 것이 아닌가?

희미하지만 분명한 것은 있다.

내가 지금까지 산 경험으로 보건대, 저러한 정부의 저열한 행태와 줏대 없는 언론들의 저질 프로그램 방송하기는 꽤 오래전에도 보았다는 사실을.

노무현 전 대통령의 서거는, 서거 그 자체로 보아야 한다. 일련의 저러한 언술, 과장된 몸짓은 노무현 전 대통령의 서거가 지닌 후폭풍을 두려워한 자들의 얕게 계산된 소치라 생각한다. 대한민국의 국가 안보는 '북한의 2차 핵실험'으로 무너뜨릴 수 있을 만큼 약하지 않다. 이십 수년 전 내가 육군 병장으로 철책에 있을 때도 그러한 생각을 해본 적 없다.

그래, 저러한 상황과 노무현 전 대통령의 서거와 연결시킬 것이 아니다.

'가슴에서 말해주는 양심에 따라 행동하라.'

교과서에서 세상을 사는 답을 찾을 수 없다는 사실을 깨달을 즈음 이런 사실도 알았다. 인생을 살아가려면 때론 원치 않는 싸움을 해야만 한다는 것을. 비록 그 싸움에 목숨을 걸어야 할지라도 말이다. 그러나 대부분 그렇지 못하다. 양심을 속이기 때문이다.

"가슴에서 말해 주는 양심에 따라 행동하라." 질문한 학생에게 이 말을 해주고 싶다.

노무현 전 대통령의 서거에 대한 국민의 생각은 다 다르다. 이 이, 저 이의 행동을 두루 보고, 이 선생 저 선생에게 물은들, 자신이 행동해야 할 정답은 없다.

적지도 많게도 살지 않은 나지만, 내가 아는 한 대한민국에서 그러한 올곧은 말을 해줄 수 있는 자 만나기 어렵다.

이 이에게 도덕과 정의도, 저 이에게는 부도덕과 부정의가 될 수 있다는 것을 우리 대한국인은 잘 알지 않는가. 부동산이 뛰면 모두 한 숨을 내쉴 것 같지만, 한 쪽에선 전혀 그렇지 않다는 것은, 그 작은 예에 불과하다.

어제도 그렇듯, 오늘도 내 아파트에 게양된 반기(反旗)가 보인다. 오늘 아침엔 깃 폭이 미동도 않는다.
갈아입을 옷에 상장을 옮겨 달았다.
노무현 전 대통령에게서 본 '도덕, 정의, 순수, 열정'도 하나씩…

아파트 창 밖의 하늘은 어제처럼 파랗다.
내일은 노무현 전 대통령 국민장이다.
정부의 뜻대로 '경건한 축제의 한마당'이 될 것 같다.

       2009. 오월 스무여드레. 노무현 전 대통령 서거 엿샛날.
                                            간호윤

사진은 13대 총선 부산 동구에 출마한 노무현 후보가 합동 연설회를 마치고 두 손을 들어 답하는 모습이다.

저 깃발에 쓰인 '사람 사는 세상'.
지금 대한민국은 '사람 사는 세상'인가?
아니면 '상식이 통하지 않는 세상인가?'
얼마나 많은 이의 가슴에 상장을 달아야만 대한민국이 '사람 사는 세상'이 될까?
아니, 되기나 할 수 있는 걸까?

2. 노무현 전 대통령 서거를 애도하며(7)

아파트 창밖의 하늘이 높다.
아기 양만한 구름이 앞 동 아파트 위에 머문다.
단 한 줌의 바람도 없다.

반기는 어제 아침 그대로이다.

이렇게 글을 쓸 줄은 몰랐다.
노무현 전 대통령 서거 첫날은 충격에서 몇 줄 적었을 뿐이었다. 나는 노사모가 아니다. 아니, 정치인에게 애정을 한 자락이라도 편적이 거의 없다.
지금도 나는 철새도래지인 여의도를 '조류들의 섬' 정도로 여긴다.
철이 들고부터 지금까지 이 생각에는 변함없다. 한나라당이야, 민정당과 3당 합당 등 태생적 한계를 지닌 당이니 말할 것 없다지만, 민주당의 행태는 괘씸하기 짝이 없다. 여차저차한 전말이 있지만서도 제 당에서 대통령 후보로 나섰고, 당선된 자에 대한 기본 예의조차 없다. 한 때는 그들을 이끌었던 전 대통령이, 정치의 시녀인 검찰에게 그 수모를 당하는데도 저들은 '어느 집 애가 우나' 했다. 그런데도 노무현 전 대통령 서거 후 상주를 자임하고 나서는 것을 보니, 제 피붙이였다는 것을 알긴 아는 것 같다. 딱한 당이다. 정치에 대한 애정이 있을 턱이 없다.

어제도 어느 학생이 물었다.
"양심에 따라 행동하라" 답했다.
노무현 전 대통령의 서거를 두고, 자칭 보수라는 이들의 독설이 쏟아져 나온다.
빈소를 찾은 수백만의 국민과 전직 대통령의 주검에 던지는 독설이 정녕 '독설'답다.
저토록 노무현 전 대통령을 미워하는 이유를 모르겠다.
저 이는 '노무현'이란 자연인만큼 정직하고, 순수하고, 국민을 위해

바른 삶을 살아 보았는지 묻고 싶다.

극좌에서 보면 모두 극우요, 극우에서 보면 모두 극좌임을 모르는 것일까? 아니면 모르는 척하는 걸까?

'북핵'의 위험을 모른다는 말도 나왔다. 그 말의 의미가 '이 바보들아, 노무현 죽음이 문제가 아니라, 북핵이야.'임을 모를 자 없다.

그렇지 않다. '북핵'도 무섭지만, 이 시점에 그런 말로 국민을 위협하는 당신들이 더 무섭다.

노무현 전 대통령의 서거에서, 우리는 대한민국 민주주의의 조종을 이미 들었다.

봉하마을은 못 가봤다.
수업을 마치는 대로 국민장엔 참석을 해야겠다.
노무현 전 대통령의 삶 앞에 한없이 부끄러워서다.
'1987년 6월 항쟁이'라 불린, 그때 이후 처음이다.
이레 동안 내 삶이 많이 변하였다.

       2009. 오월 스무아흐레. 노무현 전 대통령 서거 이렛날.
       간호윤

3. 노무현 전 대통령 국민장에 다녀와서

노무현 전 대통령 서거를 애도하며 여덟 번째 글을 쓴다.
오늘이 '바보 노무현'이라 불린 전 대통령이 이승을 하직한 지 여드

레째 되는 날이다.

어제 아침 아래와 같은 글을 블로그에 올렸다.

"나무와 사람은 누워보아야 그 크기를 안다."
미국의 명문대를 수석으로 졸업하고 승승장구한 정치인 스탠튼, 시골뜨기 청년 링컨의 학벌이나 생김새를 가지고 '시골뜨기 고릴라'라고 조롱하였던 그가 링컨의 장례식장에서 가장 크게 울며 한 말이었다.

왜 우리에겐 저런 정치인 하나 없는 걸까?

나무와 사람은 누워보아야 그 크기를 안다.

시청 앞에 도착하였다.

1시가 조금 넘은 시각이다. 노무현 전 대통령 시민장을 치르는 시청 앞은 이미 초여름이었다. 아스팔트 열기는 들끓었다. 어디선가 시민 사회자로 나선 김제동이 '노무현 전 대통령의 유서'를 조목조목 반박하는 목소리가 들렸다. 추모 인파로 가까이 갈 수가 없었으나 선명했다. 그의 목소리에는 이미 물기가 배어 있었다.

"너무 슬퍼하지 마라."
"아니, 오늘은 슬퍼해야 겠습니다."
"미안해하지 마라."
"아니, 오늘은 미안해해야 겠습니다."
"누구도 원망하지 마라."
…

시민장이 진행되며, 옆에 서 있는 사내가 눈을 훔치는 것을 보았다. 50세 쯤 되는 건강한 사내였다. 20대 후반 큰 몸집의 청년은 이 더운 날에도 검은 예복을 차려입었다. 넥타이도 단추도 제 자리에 잘

정돈되었다.

나도 하늘을 쳐다봐야만 했다. 구름한 점 없이 파랗다. 노란 풍선 하나가 날아올랐다.

시청 앞에서 서울역까지 운구를 따라 걸었다. 내 옆은 엄마에 손을 꼭 잡고 걷는 아이부터 백발이 성성한 노인까지 나이와 남녀가 따로 없었다. 반정부 구호는 없었다. 자중하는 분위기는 역력했다

사람들은 '조, 중, 동'의 바르지 못한 언론행태를 성토할 뿐이었다.
사람들은 '검찰'의 바르지 못한 사법행태를 성토할 뿐이었다.
사람들은 '20년은 후퇴한 민주주의'를 슬퍼할 뿐이었다.
사람들은 '이병박 정권'의 정치보복을 성토할 뿐이었다.

공영방송 KBS 카메라가 행사를 취재하다 쫓겨났다. KBS가 공영방송이라는 게 시시하고 보잘것없어 보인다. '공영(公營)방송'에서 '공(公)'이 없으니, '영리(營利)방송'이 되었다는 뜻이다. 후일 KBS에 몸담았던 것이 '조, 중, 동'만큼이나 부끄럽게 역사에 기록될지 모르겠다는 생각마저 들었다.

새로 짓는 숭례문 옆을 지날 때, 누구의 입에선가 '노무현'이 나왔고, 자연스레 '대통령'이 나왔다.

"노무현!"
"대통령!"
사람들의 목소리가 두 패로 나뉘었다.
"노무현!"

"대통령!"

...

목소리는 드높았고 힘찼으나, 울분에 차 있었다.
서울역까지 "노무현!" "대통령!"은 길게 길게 이어졌다.
자신의 대통령이 노무현이라는 의미임은 넉넉히 짐작할 수 있다.
이미 시계는 세 시를 넘긴 지 오래되었다.
아스팔트의 아지랑이가 하늘로 올랐다. 숨이 턱 막혔다.

돌아오는 길, 전철은 말없이 흐르는 한강을 넘는다.
노무현 전 대통령의 크기를 나는 잘못 재었다. 내 깜냥으로는 그이의 크기를 잴 수 없었다. 적어도 시청 앞 노제에서 본 그에 대한 추모 열기를 따라잡을 망자는, 당분간 이 나라에서 나오기 어려울 것 같다.
집에 돌아와 인터넷을 열어보니 외신들도 '건국 이래 최대의 국민장'이라 한다.

사실, 난 지금까지 살며 누구를 위하여 이렇게까지 글을 써본 적이 없다.
반기를 게양하고, 상장을 가슴에 달고, 시민장에 참여하고, 여덟 편의 짧은 글을 쓰며 많은 생각을 한다.
내가 책에서 본 정답은 안타깝게도 하나도 안 맞았다.

이런 이야기가 있다.

옥황상제가 낮잠을 주무시려는데 인간세상이 꽤나 시끄러웠다.

그래, 벼락대신을 불러서 '저놈들 시끄러우니 어떻게 좀 해보게.'라고 했다.

이윽고, 벼락소리가 한 번 나더니 조용해졌다.

옥황상제는 의아해 하면서 낮잠을 달게 주무시고 일어나 벼락대신을 불렀다.

"거, 벼락대신 재주도 좋소. 아니, 저 시끄러운 놈들을 벼락 한 번으로 처리하다니."

벼락대신이 이렇게 대답했다.

"아, 글쎄. 인간세상을 내려다보니 떼도둑과 농사꾼 한 명이 다투는 소리지 뭡니까. 뭐, 농사꾼 소리가 얼마나 나겠습니까. 떼도둑놈들에게 벼락을 때려야 옳지만, 그러면 여러 번 벼락소리를 내야 하지 않겠는지요. 그래, 상제께서 불편해 하실 것 같아 농부에게 벼락을 쳤지요."

삼가 노무현 전 대통령의 명복을 빌어본다.

2009. 5. 30. 노무현 전 대통령 서거 여드렛날.
휴휴헌에서 간호윤

추신: 개인 블로그에 올린 글인데도 많은 분들이 다녀가셨더군요. 방문해 주신 분들과 함께 노 전대통령이 추구했던 정열, 순수, 도덕과 정의가 있는 나라를 기원해 봅니다.

노무현 전 대통령 서거 5주기 이렛날

노무현 전 대통령 서거 5주기 이렛날이다. 조간신문 머리는 "돈에 무너진 국민검사"라는 큼지막한 기사 아래 전 총리 후보자의 사진이 실렸다. 그보다 작은 글씨로 "안대희 총리 후보 사퇴…36년 공직 명예, 10개월 전관예우에 빛 바래"가 보인다. 신문 1면의 3/2이다. 그러고 그 옆엔 그만한 글씨의 "요양병원 화재 21명 사망"이라는 기사가 보인다.

현재 한국의 현실을 그대로 보여주는 장면이다. 내 생각에는 기사 내용도 기사 편집도 틀렸다. '돈에 무너진 국민검사'와 '요양병원 화재 21명 사망'이라는 기사는 그 중요도로 보아 서로 바뀌어야 한다. 21명의 죽음이 법조인으로서 법을 무시한 자보다 정도가 낮아서야 되겠는가? 더욱이 "안대희 총리 후보 사퇴…36년 공직 명예, 10개월 전관예우에 빛 바래"라는 교묘한 꼼수는 더욱 가관이다. 36년과 10개월이라는 대조를 통한 공직생활 강조이기 때문이다. 그리고 전관예우로 받은 16억이라는 돈의 액수는 아예 보이지 않는다.

길어진다. 이 아침, 선선한 공기가 휴휴헌 창으로 들어온다. 각필(擱筆)이 좋으리라. 아래는 노무현 전 대통령 서거 5주기 이렛날 써 둔 글이다.

세월호 참사를 보며(4), 아니 쓸 수 없어

아니 쓸 수 없어, 아니, 아니 말할 수 없어. 난쟁이 교자꾼 참여하듯 붓을 드나. 속태로 세상사는 사람이, 세상살이 하루만이라도…를 목표로 사는 사람이, 이 세상을 바꿀 힘으로 따지고 들자면 저 창 밖에 멋쩍게 서 있는 저 나무와 하등 다를 게 없는 사람이, 무슨 말인 들 하겠는가만.

그래도 선생이라 불리기에, 제 아비뻘도 넘은 이 조선의 백성이기에, 마음이 아프고 아파서 몇 자 아니 적을 수 없어. 해, 아린 눈을 훔치며 몇 자 적지만.

세상살이 열여덟 해, 천지사방을 망둥이처럼 뛰어다녀도, 돌을 와드득 씹어도 꿀꺽 소화를 시킬 그 나이에, 고(故) 자를 제 이름 앞에 붙인다는 것을 어찌 이 필설로 감당하랴.

연 사흘 하늘이 곡(哭)을 하듯, 빗방울은 창문을 타고 흐르는 이 아침.

나 역시 저 아이들을 죽음으로 내 몬 이유들, 이 조선 땅에서 반백 년은 산 나이이기에 하나씩 짚어 보는 그 이유들.

도덕의 부재, 안전의식의 부재, 책임감의 부재, 의식의 부재, 정의의 부재, 양심의 부재, …끊임없는 부재, 부재, …공무원의 비리, 관공서의 비리, …끊임없는 비리, 비리, …건강한 정치, 경제, 사회, 문화의 실종, 끊임없는 실종, 실종, …끊임없는 부조리, 부조리 공화국, …이어지는 가진 자들의 망언, 높은 자들의 망언, 망언… 못된 말 우박이 냅다 쏟아진다.

아니 쓸 수 없어, 아니 말할 수 없어 붓을 들었지만. 허연 백지에 부질없는 붓방아질만 찧다가 찧다가, 차라리 말 아니함만 못하여, 내 비록 너희 아비는 아니나 이만 곡이나 하련다. 이 땅의 나이 먹은 백성으로서, 부끄럽고 부끄러워서.

애들아!
애들아!
부디!…,
부디!….

세월호 2주기를 맞아

그래! 2년 전 오늘, 그날 그런 일이 있었다.
"변해야만 한다. 이대로는 안 된다."
그때 사람들은 저렇게 말했다. 우리 사회가 변해야 저런 일이 안 일어난다고.
그러나, ……그러나, 그로부터 2년이 지난 지금 우리 사회는 무엇이 변했을까?
아무리 주위를 둘러보아도 아무것도 변한 게 없다. 아무것도…. 아무것도, ….
너나나나 할 것 없이 여전히 권세와 물질의 욕망을 채우기에 급급하다. 아직도 팽목항에선 유가족들이 시신만이라도 찾아 달라 한다.
2014년 4월 22일에 써놓은 「신황충족설」이란 글을 꺼내 읽어본다.

「신황충족설」

"일주일째 전 국민들이 바다에 떠 있는 저 노란 두 개의 부표를 바라보고 있습니다."

2014년 4월 22일 아침 방송에서 아나운서의 서늘한 멘트이다. 우리 대한민국 국민은 너나할 것 없이 모두 참담한 심정으로 '세월호가 저기 있다!'는 저 노란 두 개의 부표를 멍하니 쳐다보고 있다.

그러나 저 수많은 주검들의 곁에 자리한 말들. '공무원의 무능', '도덕적 해이', …… 그러더니 이것도 모자라 이제는 "사진이나 찍지요", "국민이 미개하니까."라는 말까지 들린다. 그야말로 국가 전체를 아수라장으로 만든다.

누구의 잘못인가? 누가 나라를 이렇게 만들었는가? 누가 저 어린 아이들을 저 참담한 지경에 이르게 했나?

이것들은 조그만 벌레이니 조금도 걱정할 것은 없지. 내가 보니 종로거리鍾樓를 메운 것은 모두 황충이야. 키는 모두가 칠 척 남짓이고 머리는 검고 눈은 반짝이는데 입은 커서 주먹이 들락거리지. 웃음질을 치면서 떼로 몰려다니는 놈들이 발꿈치가 닿고 엉덩이를 잇대고는 얼마 남지 않은 곡식을 모조리 축내니 이 무리들과 같은 건 없을 게야. 내가 이것들을 잡아 버리고 싶은데 커다란 바가지가 없는 것이 한스럽다네[此小虫不足憂 吾見鍾樓塡道者 皆蝗耳 長皆七尺餘 頭黔目熒 口大運拳 咿啞偶旅 蹠接尻連 損稼殘穀 無如是曹 我欲捕之 恨無大匏].

연암 박지원의 「민옹전」 마지막 대목이다.

저기 '황충'이란 단어가 보인다. 황충(蝗蟲)이란, 메뚜기과에 딸린 곤충으로 떼를 지어 날아다니며, 벼에 큰 해를 끼치는 해충으로 '누리'라고도 한다.

성종 7년(1476년)의 기록을 보면 당태종이 이 메뚜기 떼가 들이닥치자 "백성은 곡식을 생명으로 하는데, 네가 곡식을 먹으니 차라리 나의 폐장(肺腸)을 파먹어라."고 외치며 황충을 삼켰다고 한다. 요즘 사전에도 '황충이 간 데는 가을도 봄'이니 하는 속담을 등재하고 "좋지 못한 사람은 가는 데마다 나쁜 영향을 끼친다는 말"로 뜻을 달아 놓고 있다. 이쯤 되면 황충은 겉가량으로 단순하게 벼만 갉아먹는 메뚜기로 읽히지 않았음을 알 수 있다. 황충의 외연을 조금만 넓히면 백성을 해코지하는 무리라는 것이 분명하기 때문이다. 앞뒤 문장을 고려하면 민옹이 황충이라 부르는 사람은 '벼슬아치로서 못된 짓만을 일삼는 양반들'이다.

저 시절로부터 한 세기쯤 건너, 19세기 조선에 가장 근접한 기록을 남긴 영국 여인 이사벨라 비숍(Isabella Bird Bishop, 1931~1904)은 『한국과 그 이웃나라들』이란 책에서 저 황충족을 이렇게 묘사해 놓았다.

"저들은 하층민들의 피를 빨아 먹는 면허받은 흡혈귀다."

'면허받은 흡혈귀!' 비숍 여사는 저 시절의 못된 벼슬아치를 저렇게 말하였다. 비숍 여사가 전하는 저 말을 그대로 믿어야 하겠지만, 우리 선조들의 실제담이기에 참 믿기 싫다. 행실치고는 지나치게 고약한 짓들을 서슴지 않은 저들이었다.

헌데, 놀랍게도 이러한 '신황충족'들이 여전히 살아있다. 살아서는 권력이면 다 된다는 대한민국의 국가 공무원이나 고위직 공무원으로, 돈이면 다 된다는 재벌이나 재벌 2세로 3세로, 대한민국 거리에 네 활개 치며 어정버정하는 치들이 득시글댄다. 작금의 대한민국을 아수라장으로 만드는 자들, 국민들의 공분(公憤)을 일으키는 자들, 저들이야 말로 신황충족들이 아닌가?

연암 선생이 계셨다면 "이놈들! 어디 진짜 큰 바가지 하나 없나. 몽땅 퍼다 버리게!"라고 하셨을 것이다.

"청해진 오너 유병언(전 세모 회장) 재산 2400억 추적"
검찰이 세월호 운영사인 청해진해운 실소유주 일가의 탈세 등 비리수사와 함께⋯

(중앙일보, 2014.4.25, 1면)

허나, 우리는 오늘도 신문을 보며 저렇게 기시감(旣視感)을 느낀다. 오늘 지면을 덮은 부정은 어제도 그제도 아니 내일도 그 면에서 보았고 볼 것이다. 저러한 자들에게 정의는, 도덕은, 선은, 저 검푸른 바다 어느 외딴 섬에 있는 돌멩이에 지나지 않는지도 모르겠다.

혹 만약, 내일도 태양이 뜬다면 그것은 순전히 '선(善)한 사람'들과 '정의(正義)로운 자'들의 의지 덕분임을 잊지 말아야 한다.

'법이 행해지지 않는 것은 위에서부터 범해서이다.'
부조리한 벼슬아치에 당당히 맞선 조선의 1류 공무원, 김수팽의 말도 곰곰 새겨들을 일이다.

4. 설(說)

오해 / 등산화를 곡함 / 내 차 매그너스를 곡함 / 무좀 유감(有感) / 금주단상 / 주사(酒邪) / 수작(酬酌) / 치설(齒說) / 암탉이 울면 집안이 흥한다 / 성적표 / 사랑설 / 베스트셀러와 관상 / 두 장의 벽돌과 아들 / 삶아진 개구리 증후군 / 재주 / 아빠! 손학규 좋은 사람이야 / 대통령 개헌 / 감사원장 후보자 사퇴의 변을 보고 / 방하착(放下着)과 착득거(着得去)

오해

오해(誤解): 그릇오(誤), 풀해(解), 잘못된 해석이란 뜻이지요.
낯선 여학생이 다소곳이 인사를 합니다.

"안녕하세요."

'예의도 바른 학생이군.' 웃음으로 받았습니다.
"응 좋은 아침."
…
순간 학생의 시선이 내 어깨 뒤로 흐르는 것을 보았습니다. 거기엔 나보다 한 뼘이나 더 큰 완소남 군이 있습니다.
오해였습니다.
사는 게 이렇습니다.

등산화를 곡함

'회자정리', '만나는 것에는 이별이 있다'는 말이다.

'大떨이'라는 플랜카드가 펄럭이는 매장을 들어섰다.
'5000원' 꽤 싸다. 10여만 원이 훨씬 넘는 몸값이 가문의 붕괴로 형편없다. 생김새도 앞이 뭉툭한 것이 되바라지지 않고 선뜻 눈에 비치는 맵시와 빛깔도 엷은 갈색으로 내가 좋아하는 색깔이다. 다만 내발 크기보다 정확이 20mm나 더 컸다. 285mm나 되는 등산화다. 그러고 보니 썰렁한 진열대 위에서 제 동무 다 팔리도록 혼자만 덩그러니 놓여 있는 모습에 뭉툭한 앞모양까지 더하니 좀 멍청스럽다.

그때만 해도 나는 등산을 다니지 않았다. 딱히 필요한 것도 아니었다. 이것저것 필요한 물건을 구입하며 매장을 한 바퀴 돌았다. 그대로 있었다. 누군가 만졌는지 한 짝이 뉘어져 있을 뿐. 적지 않은 사람들이 북적거렸지만 285mm나 되는 등산화에는 누구하나 관심을 두지 않는 눈치였다. 다시 한 번 들어 보았다. 생김새하며 색깔은 처음보다 더 맘에 든다.

들고 나가 값을 치렀다.
그렇게 내 집으로 와 신발장 맨 위에서 한두 해를 보냈다. 하기야 사 올 때부터 등산화 체면은 구겨진 셈이었기에 등산화로서의 역할을 기대할 수도 없었을 것이었겠지만.

사람 사는 세상이다. 내 삶이라고 그 세상을 벗어날 수는 없다. 가장 큰 어려움은 어제의 꿈이 오늘 사라졌을 때다. 사람들은 더 이상 꿈을 꿀 수 없을 때 또 달리 변화한다. 동물적인 적응인지도 모른다.

북한산을 오르던 그날, 등산화는 신발장 속에서 비로소 나왔다. 등산화는 내 발에 의외로 잘 맞았다. 녀석은 나와 함께 꿈이 사라진 오늘을 걸었다. 때로는 산길을, 때로는 들길을…. 새로운 꿈을 찾을 때까지, 그리고 그 후도, 어제까지.
10여 년을 그렇게 나와 함께 들을, 산을, 때로는 제 주인의 조상묘 벌초할 때도 함께했다. 녀석은 내 발을 불편하게 한 적이 한 번도 없었지만 제 모습은 조금씩 잃어갔다. 뒤꿈치가 닳고 빛깔도 변색이 되었다. 앞부리는 더 뭉툭해졌다. 넙데데한 것이 신발끈을 잔뜩 조여도 태는 영 나지 않았다.

그래 두해 전에 새 등산화를 샀다. 푸르스름하니 때깔도 좋고 몸매도 날렵하다.
하지만 새 등산화는 영 발이 불편하였고, 어제도 녀석은 내 발을 감싸고 처음 북한산을 오르던 날처럼 산을 올랐다.

　잠시 한 눈을 팔다가 오른쪽 앞부리를 돌에 채였다. 발이 찡하니 무언가 이상하다. 내려올 때 드디어 앞코가 터지더니, 채 몇 발자국을 못 가 발가락이 몸 밖으로 내밀었다.

　사람 사는 세상 '만남에는 이별이 있다'라고 했던가. 너 역시 사람과 함께 살았기에 '만남'을 가졌고 이제 '이별'을 고하는가보다. 다음 산을 오를 때부터 너는 나와 함께 하지 못할 것 같다.

　그래, 2009년 7월 6일, 휴헌이 너 등산화를 곡하며 두어 자 글로써 너에게 고하노라.

　'네 비록 물건이나 내 삶의 족적을 함께한 진정한 벗이었다네. 잘 가게나.'

　휴헌 간호윤

내 차 매그너스를 곡함

1999년 12월 동장군이 꺼덕거리던 어느 날이었던 듯하다.
"IMF입니다. 우리 회사가…선생님, 대우차 좀 사주세요."
나보다 서너 살쯤 적어 보이는 대우자동차 판매 사원의 말이었다. 그렇게 내가 타던 3년 된 산타모가 대우 매그너스로 바뀌었다. 사람들의 인식은 아니라지만, 나는 이 녀석의 맷집과 외모가 갈수록 맘에 들었다.

그렇게 14년이란 세월이 흘렀다. 킬로수는 20만을 넘어섰다. 이 차를 타던 나의 아이들은 이미 25살 숙녀와 24살의 청년이 되었다.

이 차를 타고 3년 간 병상을 오르내리던 아버지의 영정을 이 차가 모신 지도 10년이 넘었다.

내가 고교 교사로 있다가 사직하고 박사과정을 다니고 대학 강의를 다닌 것도 모두 이 차였다.

그 기간이 온전히 차제에 상처로 남아 외모는 후줄근하였지만 맷집만은 여전하였다.

그러던 녀석이 시나브로 힘이 빠지더니 올 구정에 때맞추어 멈췄다. 힘들었나 보다.

핸들파워와 기타 등등을 수리하였지만 다시 키박스 등에 문제가 생겼다.

내 주의력 또한 이 녀석의 연식과 함께 하는지 뒷범퍼를 두 번이나 갈아치우고도 또 부닥뜨려 깨뜨렸다. 한 달 사이 일이다.

'이제 그만 놓아 주어야 하려나보다.'

오늘 드디어 새 차를 구입하였다.

이제 며칠 후면 14년을 나와 함께 했던 이 녀석과 영원히 헤어지게 된다. 그래, 헤어짐이다. 유한한 세상, 사람과 사람의 이별도 다반사이다. '까짓 쇠붙이에게……'라고 생각을 하면서도 마음 한 구석이 몹시 허전하고 겨울바람이 파고드는 듯 싸하다.

내일은 마지막으로 이 녀석과 조촐한 이별 여행이라도 다녀와야겠다.

참, 그때 그 대우자동차 판매원도 오십이 넘었을 듯하다. 지금은 얼굴조차 잊혀졌지만 이 세상을 잘 살아내는지 궁금하다.

2014년 2월 12일

휴헌 간호윤이 그동안 함께한 내 자동차 매그너스를 곡하며 삼가 몇 자 적노라.

무좀 유감(有感)

그제는 병원에를 다녀왔습니다.

병원에 가는 것을 끔찍이 여기는 나지만 도리가 없었습니다.

무좀균이 수삼 년을 내 발에 붙어 기생(寄生)하는 것도 모자라 기어코 엄지발톱 두 개를 홀랑 들어내 버렸기 때문입니다.

마음씨 좋아 보이는 의사분이 "허 그 사람, 겉은 멀쩡한데……" 하는 듯한 표정으로, 발을 이토록 방치한 내 얼굴을 가만히 들여다보시더군요.

결국 바르는 약과 한 달에 일주일씩 석 달이나 복용하는 약을 처방받았습니다. 병원을 석 달 동안 다녀야 한다는 셈입니다. 덤으로 약을 복용하는 동안에는 금주까지 주의 받았습니다.

그러니까 난 이 무좀이란 놈에게 수삼 년이나 좋은 일 시켜 주고 뺨까지 얻어맞는 꼴이 되었습니다.

무좀을 학명으로 '기생균(寄生菌)'이라 한답니다. '기생'이란 한 종이

다른 한 종에게 손해를 주면서 자신은 이익을 얻어 살아간다는 뜻입니다. 그러니 '무좀균'이란, 이 사전적 어의에 충실하게 기생대상인 나에게서 영양을 섭취하여 자신의 이만 채우는 놈이겠지요.

허나 무좀이란 놈만 탓할 것은 아닙니다.
따지자며 내 탓이 더 큽니다. 처음에 치료하였으면 이 정도까지 될 리가 없을 터인데, 대수롭지 않게 방치한 내 잘못과 게으름이 더 커서겠지요.
혹 내 주변에 이러한 일이 또 없는지 살펴봐야겠습니다.

금주단상

1.

 금주를 시작한 지 한 달을 가볍게 넘어섰다. 나를 아는 분들은 대부분 술에 관한한 조예가 깊은 분들이기에 술자리가 조금은 고역이다. 술을 못하는 분들은 대충 넘어가지만 나와 함께 두주불사를 감행하던 분들에겐 괜스레 미안하기 때문이다.
 그래 금주를 하지만 드러내 놓지는 않으려고 한다. 나로 인해 술자리가 영 이상하기 때문이다. 대개는 잔을 받아놓고 술잔을 부딪칠 때면 눈치 안 채게 요령껏 한다.

 어제도 그런 술자리였다. 지우 셋이 모인 조촐한 술자리. 이미 전례가 있던 모임이었다. 얼마나 시간이 흘렀을까. 두 지우 분의 대화가 무르익는다 싶었다.
 "거 봐요. 그동안 내 심정을 알겠지요."

내 몸도 눈길도 술자리에 있지만 귓가에서 술자리 이야기가 잠시 떠난 듯하였다. 딱히 무료한 것은 아니었지만 술자리 담론에서 딴 생각을 한 것만은 분명했다. 그때 내 앞의 지우 분이 나에게 한 말이다.

그 지우 분은 썩 술을 즐기는 분이 아니었다. 그랬나보다. 그분도 내가 술자리를 즐길 때, 이야기는 안 들어오고 그랬나보다. 내 모습에서 지우 분은 그 옛날 술자리의 당신을 보았나보다. 아! 당시에 난 그 지우 분의 마음을 몰랐었다.

상대를 배려치 않았던 나만의 술자리였었나 보다. 금주를 하며 소소한 것들을 깨닫는다.

2.

아침이다.

금주를 하고부터 아침에 후회가 없다.

후회란 어제 길고 긴 술자리에 대한 과도한 즐거움과 아침이란 극도의 고요함이 빚은 작취미성(昨醉未醒)의 후회이다.

이미 작년 12월부터이니 달수로 석 달이다. 석 달의 아침에 이런 후회가 없다.

하지만 작취미성에서 맞는 아침이 아니라고 딱히 좋은 것만도 아니다. 하루하루가 그리 달갑지만은 않기 때문이다. 팍팍한 세상이다. 그 삶을 거쳐 오는데 술이 많은 부분을 감내해준 것 또한 사실이다.

특히 아무 재주 없는 보통사람인 나지만 술은 나를 특별한 존재로 대해주었다. 늘 따뜻하게 오랜 벗처럼 내 삶의 애환을 그렇게 함께 해주었다.

새로운 날이다. 울렁증이 일도록 아침을 맞을 것도 아니라지만 무덤덤하게 오늘을 시작하기도 싫은데 그렇게 시작한다.

언제나 이 세상은 우월한 유전자들의 세상이다. TV는 아침부터 소치 올림픽으로 그들만의 리그가 시작되었음을 깨닫게 한다.

보통사람은 참 세상살이가 힘들다. 나 역시 고만고만한 깜냥을 지닌 보통사람 중 한 사람이다. 그래도 술 없이 하루를 살고 무덤덤한 내일의 오늘 아침을 맞을 것이다. 그렇게 유한한 내 삶에서 또 하루를 지울 것이다.

3.

금주를 하며 생각이 더 많아진다.

생각의 늪에서 생각이 생각을 낳고 또 생각이 생각을 낳는다. 끊임없이 부화하는 생각의 자식들. 자식은 아비가 되고 할애비가 되고 ……. 그렇게 생각의 늪에서 태어나고 죽어간다.

하지만 내 생각의 자궁은 불임을 모르는 생각의 어미이다. 생각의 자궁에서 끊임없이 생각을 잉태시키는 놈은 번뇌와 고통이다. 아니 번뇌와 고통조차 생각의 자궁이 제 몸에서 만들어낸 자식인지도 모른다.

생각이 그렇게 무질서한 혼돈의 세계를 보이는 것은 아마도 근친상간이어서 그런가보다.

오늘도 부화한 생각의 자식들. 논문, 책, 선생, 교육 따위 나는 지금 행복한가? 불행한가? 나는 이웃에 도움이 되는 삶을 사는가? 나는 가치 있는 삶을 사는가? 저 이에게 나는 무엇이고 나에게 저 이는 무엇인가? 내가 입으로 말한 것은 모두 사실인가? 나는 진정한 삶을 살고 있는가? 진정한 사랑은 무엇인가? 나는 누구를 사랑할 자격은 있는가? 아니 나는 내가 맞는가?

오늘도 이렇게 번뇌와 고통이 잉태시킨 생각의 자식들로 하루를 시작한다.

4.

꿈을 꾸었다. 금주를 해서인지 꿈조차 맑다.
꿈에 누구를 만났다. 웃음에서 백합 같은 분 향내가 났다.
인생사 한바탕 꿈으로 풀어낸 김만중의 『구운몽』이란 고소설이 있다. 양소유로 이 세상에 태어나 온갖 부귀영화를 남긴 그는 이렇게 말한다.

"살아보니 한바탕 꿈"이라고.

그러나 스승은 꿈과 현실을 구분 짓지 마라고 꾸짖는다. 꿈이 곧 현실이요, 현실이 곧 꿈이다. 장주지몽이다. 내가 꿈에 나비가 된 것인지 아니면 나비가 꿈에 내가 된 것인지.
그러고 보니 내가 꿈속에서 누구를 본 게 아니라, 꿈속에서 내가 누구를 본 것이요, 누가 꿈속에서 나를 본 것이요, 꿈속에서 누가 나를 본 것이다.
누구나 나나 꿈을 꾸는 한 살아있고 살아있는 한 꿈을 꾼다. 누구나 나나 꿈이 현실이고 현실이 꿈이다.

그러고 보니 어디나 이승이고 어디나 저승이다. 누가 말했던가 지천으로 널린 게 이승이라고. 그러니 지천으로 널린 게 또한 저승이다.

그렇다면 오늘, 2014년 1월 2일. 나는 누구를 꿈꾸었다. 이승이면서 또 저승인 이승에서. 꿈을 꾸었기에 나도 누구도 살아있다.

5.

어제로써 금주한 지 5일째. 이 말인 즉은 술꾼인 내가 술 먹자는 전갈을 여러 곳에서 받아 용케 5일을 견뎠다는 뜻이외다. 내 주력(酒歷)은 무려 수십여 년을 헤아릴 만큼 녹록치 않은 경력을 자랑할 만큼 화려하지요. 물론 술도 막걸리에서, 고량주를 거쳐 양주까지 주종을 가리지 않았음은 물론 이외다.

그동안 술로 인한 실수도 많았지만 술 덕에 좋은 분들도 만났고 좋은 일도 많았다오. 특히 외로울 때 술은 그 어떠한 벗보다도 무한 위로를 주었으니, 그 훈훈한 미담을 일일이 열거하자면 책 몇 권으로는 모자랄 것이오, 그 불콰한 주사(酒邪)를 쓰자면 또 수삼 권은 될 것이외다.

허나 이제 금주를 하려하오. 딱히 몸의 이상에서 온 것도 아니요, 심각한 고려 끝에 내려진 용맹과감한 결단도 아니외다. 그저 '술에 취한 모습을 보기 싫다'기에 허턱 '그럼 끊지'가 시작이요, '그 약속을 지키고 싶어서'가 나중이외다.

사실 고백컨대 심한 숙취로 인하여 괴로운 날이면 금주를 하려한 것이 수백 번은 되외다. 물론 번번이 실패하였으니 수백 번이면 어떻고 수천 번이면 뭐하겠소. 도 긴 개 긴인 소리요, 백명선의 헛문서 아니오. 여튼 그만큼 나에게는 금주가 어려웠다 이 말이외다. 뭐, 꼭 금주를 하려는 내 충정을 알아달라는 것은 아니외다. 그렇다는 말이지.

오늘도 가위 눌리는 세상, 주저리주저리 금주 변을 쓰며 술 없이 한 번 살아보리다.

6.

내 주력(酒歷)은 근 반백 년이 되외다. 할머니 손에 이끌려 마실 다니던 서너 살부터니… 그동안 주님(酒님)은 내 몸을 수시로 들락거리며 내 몸이 가장 좋아하는 모든 자리를 차지해 버렸구려. 인간관계 또한 주님과 지근거리에 있는 이들로 모조리 채웠지요.

이제 주님과 이별하려하오. 수백 번 다짐했던 일이기에 이제야 실행에 옮김이 오히려 면구스런 일이외다.

잘 가시오. 주님! 미련이 없지 않는 것은 아니지만 내 삶을 위해 이만 헤어짐이 마땅하오. 그동안 내 몸에서 수고 많으셨으니 부디 평

안히 가시구려. 저간 내 희노애락애오욕을 부추긴 것에 대해서는 심심한 사의를 표하오.

그러나 주님을 함께 영접했던 내 주우(酒友)들이여! 나를 버리지 마시오. 내 주님과 이별하였지만 주우들과는 이별을 원치 않소이다. 내 술잔에 물술을 채워 흔쾌히 취해 드리리다.

이천하고도 십삼 년 섣달 스무사흗날
휴헌 간호윤 삼가 쓰외다.

주사(酒邪)

"침을 뱉고 욕을 하더군요."

술자리에서 들은 말이다. 내 주사란다. 할머니 손잡고 동네 사랑방을 전전하며 당원 넣은 막걸리에 맴맴하던 것이 내 주력의 시작이다. 그렇게 서너 살 때부터이니 50여 년이 넘는다. 결코 녹록치 않은 주력이다. 그러니 나에게는 명사들의 '문주반생기'니 '명정사십년'도 그저 그런 가십에 지나지 않는다.

그동안 술자리에서 별별 주사를 다 보았다. 우는 이, 시비 붙는 이, 싸우자 덤비는 이, 혼자 떠드는 이, 말 참 더럽게 아니 밉살스럽게 하는 이 등 헤아릴 수 없는 주사를.

그렇게 너니 내니 할 것 없이 주력깨나 있는 호주가들에게 주사 하나쯤은 예사로 있는 법이다. 내 주사도 꽤 있다는 것을 내 모를 리 없다.

허나 그 주사도 봐 줄만 해야 한다.

'침을 뱉고 욕을 한다.'

취중이지만 차마 '누구에게 침을 뱉고 누구를 욕하더냐?'고 묻지를 못하였다. 무서워서였다.

비틀걸음으로 집을 짚어 가며 생각했다. '혹 각박한 이 세상을 살아 내기에…… 아니야. 여보게, 자네! 누구에게 침을 뱉고 누구에게 욕을 하나? 누구에게…….'

술기운은 이미 사라졌다.

그러고 보니 집에 가면 종종 듣는 말이 새삼스레 떠오른다.

"당신은 술 먹다 죽을 거야."

문득 올려다본 이 도시의 하늘, 그곳에도 내 할머니 무릎을 베고 올려다본 별님이 있었다.

그래, 그러면 좋겠다. 욕도 안 하고 침도 안 뱉고 술 먹다 가면…….

그런데 내일 찾아올 인음증은 또 어찌해야 하나?

수작(酬酌)

1. 어느 술자리

수작(酬酌) 속을,
부유(浮游)하는 말[言]들,
말[言]이 말[馬] 뛰듯 하는 말들.
내 말도 휘뚜루마뚜루 말 뛰고,
급기야 술잔은 말들의 주검.

성배(聖杯)를 마시고 거꾸러지는 말,
술자린, 말 주검의 향연(饗宴).

2. Columbus의 握手

患部를 燒酒로 洗滌한다.
어제의 引飲症이 오늘의 引飲症을 부르고
오늘의 引飲症이 내일의 引飲症을 부르고
引飲症은 患部에 毒酒를 퍼붓고
醉中의 患部는 喪服으로 漂白돼
患部와 燒酒의 毒한 戀愛
燒酒와 患部의 交接.

치설(齒說)

요즈음 들어 잇몸이 자주 붓는다. 음식을 씹어도 스펀지를 씹는 듯하다.

그러고 보니 내 이는 진작부터 문제가 있었다. 아래는 두 해전에 써둔 글이다.

오이 붙듯 달 붙듯 달은 잘도 자란다. 엊그제 여인네의 파르족족한 눈초리를 닮은 초승달이더니, 어느새 망월이 내일이다. 비록 별 하나 없이 아파트 고층에 얹힌 달일망정 운치가 아주 없지는 않다.

내 서재 앞, 모자(母子)가 근근이 꾸려가는 닭발집을 찾아 들었다. 닭발의 효용을 써 놓은 먹물자국이 어울리지 않게 한 쪽 바람벽을 덮었다.

닭발 한 접시에, 소주 한 병, 그리고 소주잔 한 잔. 이런 날엔 혼자라도 좋다. 소주 몇 잔이 온 몸에 돌고, 닭발 맛도 내 혀 안에서 제 맛을 보여줄 때쯤이다. 닭발에 무언가 씹히는 것이 있어 섬뜩 놀라 뱉어

보니 무언가 반짝인다. 자세히 보니 이 반 쪽이, 씹힌 닭발 사이에 낯설게 고개를 들이 민다. 입안에 손을 넣어 보니 위 어금니 한 쪽이 비어 있다.

조심스럽게 건드려본다. 만질만질한 것이 꽤 닳았고 옆구리는 움푹 패여 괴이하지만 제법 연륜이 감돈다. 소주 한 잔으로 입 안을 헹궈 내고 가만히 쳐다본다. 내 몸에서 떨어져 나온 것이라 생각하니 그리 낯설지만도 않다.

그러고 보니 내 몸에 붙어 나와 함께 반세기를 함께 한 녀석이다. 초등학교 길을 오가며 무도, 칡뿌리도, 하숙생활에서 라면도, 군대에서 울분도, 사회생활을 하고서는 또 몇 번이나 이 어금니를 깨물었던가.

가엾고도 고맙다. 손수건에 싸서 고이 주머니에 넣었다. 열나흘 달은 아직도 도시의 밤을 비추고 있다.

암탉이 울면 집안이 흥한다

자고로 여인네 말을 잘 들어야 한다.
우리 고소설의 「장끼전」도 그러하다.
엄동설한에 장끼가 까투리와 함께 아홉 명의 아들과 열두 딸을 데리고 굶주린다. 장끼는 먹이를 찾다 땅에 떨어져 있는 붉은 콩 한 알을 발견하고. 까투리는 간밤의 불길한 꿈 이야기를 하며 먹지 말라고 간절히 만류한다. 하지만 장끼는 조리 있게 주위섬기는 여인의 말을 무시하고 콩을 먹으려다가 그만 덫에 걸려 죽는다. 남의 말에 귀를 쫑긋대는 팔랑귀도 아내 말을 잘 듣는 판관사령(判官使令)도 문제지만 이쯤이면 보태고 덜 것도 없이 벽창우가 따로 없다. 더욱 어리석은 것은 유언이다. 장끼는 죽으며 까투리에게 개가하지 말라는 유언을 남기니 고양이에게 생선을 맡기는 것과 무에 다르랴. 과부가 된 까투리는 그 날로 조문 온 홀아비 장끼와 재혼한다. 그리하여 아들딸을 모두 혼인시키고 명산대천을 구경하다가 큰 물에 들어가 조개가 되었다는 내용이다.

남자들은 부디 우리 여인들의 지혜를 잘 받들어야겠다. 자신의 부귀공명이 모두 저 여인들의 손에 있는지도 모르기 때문이다.

"암탉이 울면 집안이 망한다", "여자 셋이 모이면 접시가 깨진다" 따위의 속담이 있다. 모두 애꿎은 것이니, 마땅히 다시는 입에 올리지 말아야 하겠다.

"암탉이 울면 집안이 흥한다."

성적표

"何必曰利(하필이면 이로움인가요?)"라!

정치이든, 교육이든, 공부이든 '이끗'만을 보고 하는 것이겠는가. 그저 내 좋아 하거나 내 삶에 최선을 다하는 것이겠지. 맹자의 저 말이 그저 저런 뜻이겠거니 생각하며 산다. 〈벤허〉를 다시 보다가 이런 구절을 얻었다.

주인공인 유다가 "신이 없다."라고 하자 한 노인이 이렇게 말하였다.

"당신이 지금 살아 있다는 것이 기적이요."

이 세상, 어쩌면 교단에서 선생이란 호칭을 듣는 것 자체가 신의 축복인 것도 같다.

농부가 한 해 농사를 열심히 지었다고 꼭 대풍을 맞는다는 법은 없다. 최선은 내가 할 수 있는 것이로되, 결과야 어디 내가 할 수 영역인

가. 그러니 그저 열심히 하고 겸손히 결과를 기다릴 수밖에. 선생에게 '선생자격증'을 주는 것은 학생일지니.

어제 성적표를 받았습니다.
아래는 간호윤의 간략한 교수평가 결과표입니다.

13187-01	실용한문	업적평균점수	강의평균점수
		88.5점	86.13점
28694-04	생활한자		
		80.78점	79.58점
28694-12	생활한자		
		85.22점	82.17점

☞ 아래는 전체 교강사에 대한 평가결과입니다 ☜

업적평균점수	강의평균점수
86.61점	86.20점

제가 한 학기 동안 학생들에게 강의하고 받은 성적표입니다.
'업적평균점수'는 교수와 관련하여, '강의평균점수'는 학생들과 관련된 문항으로 이루어져 있습니다.
여간 마음이 불편한 게 아닙니다. 몇 학교를 도는데다 적어도 예닐곱 과목을 하다 보니 온 정성을 다했다고 할 수는 없지만, 그래도 나름대로 노력했거늘(2009년 1학기를 보자면 『생활한자』, 『고전산문연구』, 『글쓰기와 토론』, 『실용한문』, 『기초한문학』, 『한국고전문학의 이해』, 『실용작문』,

『고전소설읽기』, 『고전산문교육론』 등 9과목).

점수는 학교 평균치도 못 넘습니다. 더욱이 '04 생활한자' 강의는 더욱 형편없습니다.

제자들이 준 성적표가 무섭습니다. 아니, 나를 선생으로 생각이나 했는지 모르겠습니다.

오늘은 하루 종일 '강의평가 설문 항목' 하나하나를 면밀히 따져봐야겠습니다.

처음 살아보는 오늘, 이렇게 하루를 시작합니다.

아, 혹 선생이란 말을 잊었을까 봐, 〈번지점프를 하다〉에서 국어선생 서인우(이병헌 분)가 학생들을 처음 만나 하는 대사를 적어 봅니다. 저렇게 만났거늘.

"땅에 바늘을 꽂고 하늘에서 작은 씨앗을 떨어뜨려 바늘에 씨앗이 꽂힐 확률, 이 계산도 안 되는 확률로 여러분들과 내가 만났습니다."

사랑설

1.

"사랑합니다. 고객님!"
안내를 받으려고 수화기를 들었다.
어김없이 "사랑합니다. 고객님!"이란 소리가 들린다.

'선생님', '사장님', '사모님'. 대한국인이면 누구나 여기에 해당한다. 하지만 호칭일 뿐, 정녕 '선생님', '사장님', '사모님'으로 여기지는 않는다. 된통 과부하가 걸린 말들이다. 이러한 호칭 인플레이션에 슬그머니 '사랑'도 넣어 버렸다.

"사랑합니다. 고객님!"
언제부터인가, 수호기 속에서 들리는 첫 목소리이다. 남성이면 으레 좋아할 법한 감미로운 여성의 목소리이다.

그런데 왠지 낯간지럽고 기분이 썩 좋지 않다. 물론 사랑은 오가지도 않는다.

수화기를 타고 건너오는 목소리 중, 가뭄에 콩 나듯 명랑한 울림도 없는 것은 아니나 태반이 건조한 목소리다. 녹음된 장삿속 안내 멘트는 두어 술 더 뜬다.

'사랑'.
누군가는 듣기만 하여도 설레는 말이다.
'사랑'.
누군가는 듣기만 하여도 눈시울이 시큰한 말이다.
'사랑'.
누군가는 한 번도 해보지 못한 말이다.

그런 '사랑'이란 말을, 저토록 기계음으로 들어야 할 만큼 우리사회에 사랑이 없다는 말인가? 아니면 정녕 저 말처럼 고객을 사랑한다는 말인가?

우리가 살아가면서 가치 있게 소중히 써야 할 말들이 있다. 부모, 성실, 근면, 노력, 배려, 도덕, 믿음, 소망, 은혜 등…. 모두 추억의 박물관에서 관람용으로 박제되어 만나서는 결코 안 될, 우리 삶을 윤택하게 해주는 가치 있는 것들이다. 사랑은 그 중에서도 가장 고귀한 단어군이다.

'사랑', 밀란 쿤데라 식으로 말하자면 '참을 수 없는 존재의 가벼움' 이 되어 버렸다.

광고의 기원: 광고의 기원은 기원전 1000년 경 고대 이집트까지 올라간다. 이집트의 파피루스에 이러한 광고 문구가 있다.

"도망간 노예 샘을 찾아주면 순금반지를 드립니다."

이렇게 고쳐본다.

"도망간 '사랑'을 찾아주시면 '사랑'을 드리겠습니다."

2.

에모토 마사루(江本勝)의 『물은 답을 알고 있다』(나무심는사람, 2002)라는 책을 읽고 놀랐다. 어느 나라 말이든 '사랑', '감사'라는 글을 보여준 물에서는 아름다운 육각형 결정이 나타났고, '악마'라는 글을 보여준 물은 중앙의 시커먼 부분이 주변을 공격하는 듯한 형상을 보였다고 한다. 또 '고맙습니다', '그렇게 해주세요'라고 했을 때는 정돈된 깨끗한 결정이나 예쁜 형태의 육각형 결정을 이루었지만, '망할 놈', '바보', '짜증나네', '죽여버릴 거야', '하지 못해!' 따위의 부정적인 어휘에 대한 반응은 어린아이가 폭력을 당하는 듯한 형상을 보였다 한다. '사랑한다'는 것은 저렇듯 아름다운 것이 아닐까.

내 대학시절이던가, 어느 재주 있는 이가 만든 사랑에 관한 수식(數式)이 있다. '5(오해)−3(세 번 생각)=2(이해)이고, 2(이해)+2(이해)=4(사랑)'이라고. '오해'를 풀고 '이해'를 하며 두 사람만의 삶의 밭을 일구어 나가는 것, 이것이 '사랑'이란 뜻이다. 그래 사랑의 밭을 개간하기 힘들어, 사랑에 속고 속이며, 사랑에 울고 웃으면서도 사랑을 떠날 수 없는 것은 아닌가 한다.

하지만 요즈음, 저러한 사랑을 어떤 이는 '구멍가게 진열대 위의 상품' 정도로, 혹은 '운명의 장난이 빚은 실수' 따위로 여긴다. 사랑이 고작 돈으로 환전하는 상품이요, 정해진 운명 위의 고명에 지나지 않는다면 참으로 삭막한 세상이다. 그래서일까, 호주 원주민인 '참사람 부족'은 우리 같은 문명인을 '무탄트'라 부른다. '무탄트'란 '돌연변이'라는 뜻이다. 돌연변이는 유전물질인 DNA가 갑자기 변화하여 자손에게까지 전달되는 것이다. 우리의 삶이 지나치게 물질화되어 급기야는 저 아름다운 '사랑'이란 말까지 오염시켜 후손에게 물려준다는 생각을 하면 가슴이 아리다. 정녕 사랑을 모르는 돌연변이들이 잡화점에서 인스턴트식 사랑을 사고판다면, 그 세상은 저주받은 땅일 것이다. 그래, 사랑하여 모두 행복한 것은 아니겠지만, 행복한 사람치고 사랑 않는 사람은 없을 거라는 생각을 해본다.

3.

하버드에서 75년간 행복에 관한 연구를 진행하였다. '인간에게 있어 행복의 조건은 무엇인가?'를.

그 결과는 '행복은 사랑을 통해서만 온다'였다. 행복의 조건은 '사랑' 단 두 자였다. 한 단어를 더 첨부하자면 사랑은 대상이 있어야 하기에 '관계' 두 자를 더 넣을 수 있다.

마크 트웨인[Mark Twain]은 이렇게 말했다.

"시간이 없다. 인생은 짧기에 다투고 사과하고 가슴앓이하고 해명을 요구할 시간이 없다. 오직 사랑할 시간만이 있을 뿐이며 그것은 말하자면 한 순간이다."

베스트셀러와 관상

신문을 보니 책 선전이 꽤나 많다.

잘 나가는 출판사에 국한된 것이겠지만, 안타깝게도 베스트셀러의 초입은 저곳이다. 베스트셀러 중에 의외로 만화가 상당량을 차지한다. 한 출판사가 낸 만화 광고 문구가 눈에 띄었다. 관상에 대한 만화인데, 신문에도 연재된 좋은 책이니 한 번 사 읽어보라는 내용이다. 그리고 만화가는 『마의상법(서)』이란 책을 통하여 관상에 눈떴다는 글줄도 보인다.

『마의상서(麻衣相書)』란 관상을 보는 책이다. 중국 송나라 초기 마의도인(麻衣道人)이 상법의 원리를 설명해 놓은 비전(秘傳)으로 알려져 있는데, 예로부터 관상을 보려는 이들에겐 교과서 격이었다.

김구(金九, 1876~1949) 선생의 『백범일지』에 나오는 내용이다.

17세 김구는 애써 과거를 공부하였지만 낙제하고 만다. 그래 선생은 밥술이나 먹으려면 관상쟁이나 되어야겠다고 생각하고, 석 달이나 방구석에 앉아 관상책을 들여다보았다. 그렇게 책을 다 뗀 다음, 시험 삼아 거울을 놓고 자신의 관상을 보니, 아, 천하에 지극히 흉한 상이 아닌가. 사실 우리가 보기에도 김구 선생의 상이야 썩 좋은 인상은 아니다. 툭 불거진 광대뼈에, 껌뻑이는 눈에 째진 눈초리하며…….
 여하간 어린 김구 선생은 그만 비관에 빠졌다. 그러다 『마의상서』 속에 있는 한 구절을 발견하고는 마음을 고쳐먹어 오늘날의 '김구 선생'이 된 것이라고 한다. 그 한 구절은 이렇다.

　　相好不如身好　얼굴이 좋은 것이 몸이 좋은 것만 못하고,
　　身好不如心好　몸이 좋은 것이 마음이 좋은 것만 못하다.

 김구 선생의 마음 수양은, 저 물 건너 링컨 대통령에게서도 찾을 수 있다. 링컨이 한 번은 면접관이 되었는데 내로라하는 수재들 대신 허름한 사람을 뽑더란다. 그래 이유를 물으니 '얼굴이 진실'되어서 쯤이었다.
 "나이가 40을 넘은 사람은 자기 얼굴에 책임을 져야 한다"도 링컨의 말이다.
 링컨 또한 관상이 좋지 않기로는 김구 선생과 버금가는 인상이다. 하지만 누가 보아도 김구 선생이나 링컨의 사진을 보면 숙연함과 경외감을 느끼게 되기 마련이다. 모두 마음 수양 덕분이지, 결코 타고난 관상 때문은 아니리라.
 관상 만화가 신문에 연재되고 세인의 이목을 끌어 베스트셀러가 되는 것이야 도리가 없다. 하지만 제 부모로부터 타고난 얼굴로 인생이 결정되었다면, 산다는 것이 영판 우습지 않은가.

두 장의 벽돌과 아들

아잔 브라흐마의 글 중에 「두 장의 벽돌」이 있습니다.

아잔이 절을 짓는데 벽돌을 쌓고 보니 두 장이 비뚤어졌답니다. 그래 아주 불편한 마음으로 그 벽돌을 없애고 싶었는데, 어느 날 한 방문객이 "아름다운 벽입니다."라고 하더랍니다. 그래 아잔 브라흐마*가 "아, 벽 전체를 망쳐놓은 저 두 개의 비뚤어진 벽돌이 안 보이시나요?" 하였답니다.

그랬더니 그 방문객이 이렇게 말하더랍니다.

"저것이요. 당연히 보이지요. 그런데 내 눈엔 더없이 잘 쌓은 나머

---

* 아잔 브라흐마: 영국 런던의 노동자 계급 집안에서 기독교인으로 태어난 아잔 브라흐마는 기독교 학교를 다니고 성가대에서 활동할 만큼 신실한 신앙을 가진 청년이었다. 그러나 17세 때 학교에서 우연히 불교 서적을 읽던 중 자신이 이미 불교도라는 사실을 깨달았다. 그는 장학생으로 케임브리지 대학에서 이론물리학을 전공했으나 인생에서 폭탄을 만드는 일보다 더욱 가치 있는 일을 하기를 바랐고, 정신적인 삶 또는 영적인 삶에 대한 열망이 그의 안에서 커져 갔다. 결국 그는 대학 졸업 후 1년 동안 고등학교 교사를 한 뒤 자신의 삶에서 몇 년을 떼어내 다른 삶을 살아보기로 결심하고 태국으로 건너가 스스로 삭발하고 수행승이 된 분이다.

지 벽돌들도 보입니다."

우린 잘못 쌓은 '단 두 장'의 벽돌만 바라보며 가슴을 끓이는 경우가 너무 많습니다. 사람 관계도 마찬가지요. 저 사람의 단점보다 장점이 더 많거늘 단점만을 봅니다. 이제부터라도 벽 전체를 보아야겠습니다.

그러고 보니 오늘 아침 호되게 나무란 아들 녀석이 꽤 괜찮아 보입니다.

삶아진 개구리 증후군

'삶아진 개구리 증후군(Boiled frog syndrome)'이라는 말이 있다.

찬물이 들어 있는 비커 위쪽은 개방되어 있다. 여기에 개구리 한 마리를 넣고 비커 밑에 불을 붙여 서서히 가열한다.

처음에 찬물 속으로 들어간 개구리는 주변을 살피더니, 이내 헤엄을 치며 놀기 시작한다. 그렇게 개구리가 이리저리 돌아다니며 즐기는 사이에, 램프의 온도는 조금씩 올라간다. 점점 따뜻해지는 수온(水溫), 개구리는 조금도 동요를 보이지 않고 오히려 느긋하게 즐기고 있는 표정이다.

어느 순간 개구리는 이상하다는 느낌이 들었다. 갑자기 몸의 동작이 빨라진다. 비커를 빠져나가려고 안간힘을 쓰지만 이미 때가 늦었다. 개구리가 빠져 나오기에는 비커 안의 물이 너무 뜨거워졌고 결국 개구리는 그 안에서 삶아지고 만다.

'변화'는 어느 날 갑자기 오는 것이 아니다. 대부분의 변화는 거의 모두가 전혀 눈치 채지 못하게 시나브로 다가온다. 지금 이 글을 읽는 독자나 나도 이 사실로부터 자유롭지 않다. 변화를 읽어내어 적절하게 대처하지 못하면 변화에 휩쓸려 인멸된다. 조선 후기 나라를 잃은 소이연이다.

그러니 자기 주변을 늘 잘 살피고 때로는 머무르는 여유도 필요하다. 그래야만 빙그레 웃을 만한 일도, 깨달음도 볼 수가 있다.

종종 우리는 공만 잡으면 골대를 향하여 일전을 불사하며 내달리는 용맹 과감한 삶의 전사(戰死)들을 본다. 건곤일척(乾坤一擲)의 승부수라도 띄운 양, 앞뒤를 안 가리고 골대를 향하여 내달린다.

골을 넣는 것이 목표가 아니다. 공은 차며 즐기라는 놀이기구이다. 그렇다고 공을 혼자만 가지고 놀라는 것도 아닐 것이다. 즐김이 지나치면 거기에 취해 버리기 때문이다.

옆 사람과 공을 주거니 받거니 하며 저 멀리 골대를 보아야 한다. 옆 사람도 보고 골대도 보아야만 '변화를 볼 수 있는 깨어 있는 삶'이라고 생각한다. 우리가 중세인들처럼 '개구리신드롬'에 걸리지 않으려면, 공도 사람도 놓치지 않고 보아야만 한다.

거기에 변화가 있기 때문이다.

"세계는 무한히 해석할 수 있다. 모든 해석이 성장의 징후이거나 몰락의 징후인 것이다. 통일된 일원론은 타성에 젖은 욕구며, 다양한 해석이야말로 힘의 징후다. 세계가 불안하고 혼미하다는 것을 부인하려 해서는 안 된다."

이 인용문은 독일의 철학자요 사상가인 니체(Friedrich Nietzsche, 1844~1900)의 『권력에의 의지』(강수남 옮김, 청하 펴냄, 1988)의 첫머리에 실려 있다. 사뭇 도발적인 선언이다.

그렇다. 세계는 끊임없이 변하고 있다.

재주

　가끔씩 세상을 살다보면 재주 많은 이들을 만납니다.
　조선조 문과 방목을 보면, 영재(寧齋) 이건창(李建昌, 1852~1898)이라는 분이 있습니다. 이 분은 1852년에 태어나 고종 3년(1866년) 별시에서 병과(丙科) 3등으로 입격합니다. 이때 나이 14세, 단연 조선조 문과 합격자 15,151명 중에서 최연소 합격의 기록입니다. 왕명 출납, 제반 행정사무 따위를 기록한 『승정원일기(承政院日記)』를 보면, 이건창은 고종 5년(1868년)에 승정원의 일기를 기록, 정리하는 가주서(假注書)란 직책을 맡았습니다. 이때 나이 겨우 16세였으니 기가 찰 노릇입니다.
　또 정태화(鄭太和, 1602~1673)라는 분은 1628년 별시문과에 병과로 급제하여 6조 참의, 참판, 판서를 모두 역임하고 영의정을 6번씩이나 역임함으로써 조선왕조 500년 역사상 유일한 관운(官運) 기록을 세웠습니다. 더욱이 형제가 모두 6조 판서를 지냈으니, 그 집안의 재주와 관운에 소름이 돋고 말문이 막힐 뿐입니다.
　지금도 신문을 펼치면 지면마다 천재가 나옵니다. 정치천재, 어학

천재, 판소리천재, 천재시인, 천재 소설가, 한국인 천재…. 끝도 없이 이어지는 천재의 행렬입니다.

세상을 알 만한 나이가 되어서도 참 저러한 천재들을 부러워하였습니다. 그리곤 저들과 통성명도 못 하는 나를 몹시도 안타까워했습니다.

우연한 기회에 하늘에서 내리는 그 많은 눈의 결정은 '단 한 개도 같은 것이 없다'는 사실을 알았습니다. 이유는 눈 결정이 만들어질 때의 기온과 포화 정도에 따라 달라지기 때문이랍니다. 눈도 저러하거늘 하다못해 사람이야 말하여 무엇 하겠습니까.

내 삶의 여건과 저들의 삶이 다르거늘.
하여, "소 힘도 힘이요, 새 힘도 힘이다"란 우리네 속담이 있는지도 모르겠습니다. 새의 힘이 소보다 약할지라도 소의 힘과 마찬가지로 역시 힘은 힘이라는 뜻이지요. 나아가 사람에게는 누구에게나 크나 작으나 각기 제 능력이 있음을 이르는 말입니다. 저마다 제 좋은 점이 있다는 '각기소장(各其所長)'이란 말 또한 그렇습니다.

그 뒤론 '그저 내가 가진 깜냥만큼 열심히 살자꾸나.' 하는 생각을 갖습니다.

그래 나는 당나라 선승인 임제의현(臨濟義玄, ?~867)이란 분의 말을 자위삼아 읊습니다. 『임제록(臨濟錄)』에 보입니다.

不隨萎萎地(불수위위지)　질질 땅에 끌려 다니지 말라!
立處皆眞(입처개진)　　　이르는 곳마다 참 주인이 되고
隨處作主(수처작주)　　　가는 곳마다 주인이 되라!

아빠! 손학규 좋은 사람이야

"아빠! 손학규 좋은 사람이야."

대학 다니는 딸아이 질문치고는 참 순진무구하지만 몹시 씁쓸하다. 딸아이의 저 질문이 작금의 '민주공화국(民主共和國) 대한민국(大韓民國)' 국민의 현실을 그대로 반영하고 있어서다.

어제 부천 송내역에서 손학규 대한민국 민주당 대표가 대 국민 연설(?)을 한 듯하다. 우리네 살림살이인 2011년도 예산을 한나라당에서 단독 날치기한 것에 대한 '대한민국 민주공화국 야당(대표)의 고육지책'이다. 그런데 듣는 이가 없더란다.

그런데 반응 없기는 언론도 매한가지다. 송구영신을 넘나들며 연예인들의 잡설을 여과 없이 내보낼지언정, '야당의 고육지책'은 어디에도 없다. 대한민국의 언론, 즉 백성이 모든 것의 주인인 민주공화국 대한민국 언론의 정의가 '세상의 사건이나 현상에 관한 뉴스와 정보를 취재하여 기사로 작성하고, 때로는 의견을 첨가하여 대중에게 제공'하는 것임을 모르는 바 아닐 터다.

나는 '대한민국(大韓民國)', '민주공화국(民主共和國)'의 국민이다. 그런데도 한나라당에서 처리했다는 '2011년도 예산'이 무엇인지도 모른다. 그래 내 딸아이의 저 질문에 답을 줄 수가 없다.

아마도 내 딸아이와 나는 우민공화국(愚民共和國)의 우민(愚民)인가 보다.

대통령 개헌

새해 들어 부쩍 수준급의 민주주의 정치 언어를 듣는다. '대통령 연임'이니, '대통령제 개헌'이 그것이다. 도덕 불감증에 단단히 걸린 이들의 드잡이질, 날치기, 고소영·강부자 내각, 보은병 폭탄, 자연산, 부동산 투기… 따위만 듣던 정치판이기에 대한민국 민주주의가 공중 부양이라도 한양 좋아하고 싶다. 정녕 주권자인 국민이 공복임을 자임하는 정치인들에게 하는 간청이었다면 수지무지(手之舞之)에, 족지도지(足之蹈之)인들 주저하겠는가.

허나 이승만, 윤보선(장면), 박정희, 전두환, 노태우, …이명박 대통령(총리)을 겪고 책에서 배운 국민으로서는 공복(公僕)임을 가장한 대한민국 정치꾼들(그렇지 않은 분들도 있음을 안다)이 국민을 꾀는 것으로밖에는 생각되지 않는다.

'대통령 연임'이니, '대통령제 개헌'을 운운할 만큼 민주주의 국가 정치인으로서 도덕성, 애국심, 정의감, 리더십을 찾기 어렵기 때문이다. 꽃의 정치학, 인간 정치를 꽃의 역사로 바꾼 『화사(花史)』라는 소설이 그래 생각난다. 이 소설은 조선 중기에 백호 임제(林悌)가 지은 의인체 한문소설이다. 백호 임제(林悌, 1549~1587)가 산 시대는 명종임금에서 선조임금까지이다. 저 시절 이미 조선의 국운은 쇠하였다.
　임제의 죽음 후 겨우 5년 뒤에 조선은 임진왜란이라는 대사건으로 국토가 유린되는 비애를 감수해야만 했다. 이러한 시절 벼슬길에 연연하고 파당이나 짓는 무리들과 한 길을 걸을 수 없던 임제가 쓴 소설이 바로 이 〈화사〉이다. 〈화사〉는 매화·대나무·모란·연꽃… 등 꽃들로 영명한 군주·현명한 신하·어리석은 임금·간신을 말하였다. 여러 제도·지명·인명 등을 모두 꽃과 관련된 글자들로 모아 중국 역대 역사에 비겨서 서술하고 있지만 현재의 정치계와 다를 바 없다.
　각설하고 〈화사〉에 등장하는 도나라 6년, 동도국 5년, 하나라 6년, 당나라는 5년 만에 망했다. 대통령 단임, 5년 만이라도 태평성대를 기대해 본다.
　참고로 〈화사〉의 줄거리를 아래에 적어둔다.

　매화의 도(陶), 매화 꽃받침 악의 동도(東陶), 모란의 하(夏), 연꽃 부용의 당(唐), 네 나라의 이야기다.
　도나라는 6년 동안 통치되었다. 처음에 인망 높은 매화를 추대하여 왕으로 삼았다. 매화 왕은 건국한 지 6년 만에 오 땅에서 놀다가 바람을 맞고는 이튿날 급서한다. 왕비가 좀버러지 병이 있어 후사가 없었기에 왕의 아우로 왕을 삼으니 이가 동도 왕이다.
　동도국의 왕은 매화의 동생인 꽃받침으로 5년 동안 통치되었다. 처음 3년은 잘 다스려졌으나 이후 오얏꽃을 승상으로, 양귀비를 왕비로 삼으면서 나라는 흔들린다. 왕은 나라를 다스린 지 5년 만에 장군 양서가 보낸 석우에게 살해된다. 석우는 다시 양서를 공격하고 모란을 낙양에서 옹립하니 이가 곧 하왕이다.

  하나라는 6년 동안 통치되었다. 2년이 지나자 나라에는 오얏꽃, 복숭아꽃, 해당화 등 세 개의 당파가 생기며 흔들렸다. 3년이 지나며 간신이 득세하고 도적이 일어나며 왕은 향락만을 일삼았다. 하왕이 후원에서 놀다가 들사슴에게 물리니 독약을 올려서는 죽여 버렸다. 여러 영웅이 나와 제각기 왕을 선언하였지만 결국 연꽃이 남당(南唐)의 임금이 된다.

  당나라(남당)는 5년 동안 통치되었다. 당왕은 흰 연꽃이었다. 수중군자라는 이름에 걸맞게 나라는 잘 다스려졌다. 정전법이 시행되고 3년 동안은 태평성대였으나 이후 적이 쳐들어오고 극락세계에 환생한다는 묘법경이 들어오며 왕은 국고를 쏟아 붓기 시작했다. 충신들의 상소도 아랑곳없었다. 왕은 여기에 반첩여라는 여인을 가까이 하고 방술을 하는 두생의 말을 듣고 흰이슬을 마셔서는 병을 얻고 말았다. 좌우에 있는 신하들도 모두 이슬을 마셔 벙어리가 되었다. 왕은 분을 참지 못하여 "연꽃아! 연꽃아!"라고 외치며 죽어 버린다. 나라를 세운지 5년 만이었다.

감사원장 후보자 사퇴의 변을 보고

"고니는 날마다 목욕하지 않아도 희고 까마귀는 날마다 먹칠하지 않아도 검다."

감사원장으로 내정된 이가 사퇴의 변으로 인용한 『장자』 「천운」편의 한 구절이다. 고전의 명문장을 저러한 경우에 이용하다니, 고전(古典)도 이쯤이면 고전(苦典)이 된다. 본인이 '한 달에 1억 원씩 번 것이 억울하다'는, 그래 자신은 청렴·개결하다는 사퇴의 변으로 저 말을 끌어온 것도 그렇거니와 영판 『장자』 내용과도 어긋장이니 무람없는 짓이다.

저 문장은 노담(老聃: 노자)이 공자(孔子)의 인의(仁義)를 못 마땅해 꾸짖으며 인유한 구절이다. 내용을 잠시 짚자. 공자는 그렇게도 입버릇처럼 외는 '인의(仁義)'를 노담에게 묻는다. 노담은 공자 당신이 그렇게도 끼고 사는 '인의'는 오히려 '인간의 마음을 가장 어지럽게 만들 뿐'이라며 냉랭하다. 그리고 인의 대신 자연스럽고 소박한 무위의 덕을 강조하며 이렇게 일러준다.

"고니는 날마다 목욕하지 않아도 희고 까마귀는 날마다 먹칠하지 않아도 검지요. 이처럼 검고 흰 것은 태어날 때부터 소박함이니 검다 희다 따질 것도 없고 명예가 있다느니 없다느니 시끄러운들 명예를 넓힐 수는 없을 겝니다[夫鵠不日浴而白, 烏不日黔而黑. 黑白之朴, 不足以為辯, 名譽之觀, 不足以為廣]."

'여보시오. 공자님, 어디 하얀 고니와 검은 까마귀가 날마다 칠을 하여 색깔이 그렇겠소. 그저 희고 검게 태어난 대로 아니오. 그러니 당신도 날마다 '인의'만을 붙들려하지 마세요. 자꾸 '인의, 인의'하니 '인의'에 매이잖소. 사람의 힘을 더하지 않은 그대로 자연스럽게 무위자연(無爲自然)대로 생활하면 '인의'의 삶이 되지 않겠소.'라는 말 아닌가. 그러니 저 인용 구절은 공자의 인의에 대한 집착을 경계하는 말이지, 자신의 청렴과 개결을 증명하는 인용구로 쓰일 수 없다.

감사원(Board of Audit and Inspection, 監査院: 행정기관과 공무원의 직무에 대한 감찰을 목적으로 설립된 대통령 직속의 국가 최고 감사기관) 사이트에 들어가 보니 상징이 조선시대 어사들이 들고 다니는 마패(馬牌)였다. 또 감사원 로그는 "눈과 귀를 조합한 것으로 국민의 눈으로 냉철하게 보고, 국민의 귀로 바르게 듣는 마음가짐으로 국가예산의 올바른 집행과 공직자의 올바른 기강과 행정행위를 유도함으로써 국민의 사랑을 받는 기관이 되려는 우리 원의 의지"라는 설명이 붙어 있다.

저이의 품행은 이미 저렇게 감사원장감이 아니다. 구태여 『장자』의 한 구절을 '내 논에 물대기식'으로 끌어온들 본인이 깨끗해질 리 만무하다. 고전의 명구도 욕되고 본인은 더욱 욕될 뿐이다.

방하착(放下着)과 착득거(着得去)

'방하착(放下着: 집착하는 마음을 내려놓아라)'이라.

오이 붇듯 달 붇듯 세월은 시나브로 흐른다.

이 가을, 제 몸에서 곱게 단풍든 나뭇잎을 집착 없이 떼어내는 나무들. 한 겨울을 지낸 봄에 싹을 틔워 새잎으로, 여름의 녹음을 거쳐, 이 가을 제 몸을 버리고 미련 없이 떠나는 나뭇잎들. 내려놓아라. 내려놓아라.

문득, 떼어내는 나무들은 또 다른 나뭇잎을 준비하고, 떠나는 나뭇잎들은 또 다른 나뭇잎으로 태어날 것을 준비하는 것은 아닌가 하는 생각이. 문득, 내려놓으려는 마음 또한 집착일진대하는 생각이.

있는 게 없는 거요, 없는 게 있는 것인 색즉시공 공즉시색(色卽是空空卽是色)이런가? '내려놓아라'는 '지고 가거라'인가? 내려놓든 지고 가든 백팔번뇌 인생살이일진대. 지고 가거라. 지고 가거라. ……

'착득거(着得去: 지고 가거라)'라.

난, 이 가을, 무엇을 내려놓고 무엇을 지고 가는가?

5. 붓이 지나간 자리

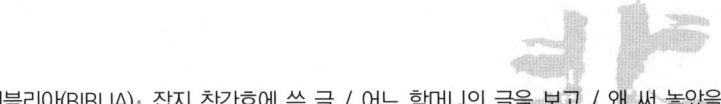

『비블리아(BIBLIA)』 잡지 창간호에 쓴 글 / 어느 할머니의 글을 보고 / 왜 써 놓았을까? / 5만원권 지폐 초상 유감 / 바보의 사랑 / 양주지학(揚州之鶴)과 탐천(貪泉) / 산행(山行) / 오두막 편지 / 휴휴헌에서 / 파랑새 증후군 / 고전 속에서 거니는 단상(斷想) 몇, – 책, 벽, 지둔의 공 / 재주가 메주: 글을 쓴다는 것에 대한 단상

『비블리아(BIBLIA)』 잡지 창간호에 쓴 글

살다보면 자신의 재능에 한계를 느끼는 때가 있다. 아무리 노력해도 다른 사람의 재능을 따라갈 수 없어서 문득 포기하고 싶어질 때가 말이다. 그럴 때 나는 『논어』에 나오는 공자와 제자 염구의 대화, 그리고 『낭환집서』에서 연암 박지원 선생이 했던 말을 되새긴다. 이 두 권의 고전은 나를 삶의 절벽에서 구해준 밧줄과도 같다.

이놈! 네 자신의 한계를 긋는구나!

"선생님 논문은 국어국문학계에 아무런 도움도 되지 않습니다."
"아시다시피 요즈음 출판 사정이…. 지방대학 출신의 책은 내줄 수 없습니다."
"간 선생인가. 자네도 알다시피…. 그래 한 다섯 살 적은 사람으로 뽑기로 했지."
"또 썼나?"

맨 위의 문장은 첫 논문을 발표했을 때 한 젊은 교수님이 하신 말씀이며, 두 번째 줄은 책을 내려고 모 출판사에 전화 걸었을 때 편집장인 듯한 사내가 내게 한 소리다. 세 번째 문장은 이력서를 내고 1차 서류 전형에 떨어진 다음날 모교 교수님과 통화에서 들은 답이며, 마지막 문장은 출간한 책을 한 교수님께 드렸더니 나온 말씀이다.

37살에 고등학교 교사 신분으로 다시 공부를 시작하였다. 송나라 어느 여승의 시처럼, "온종일 봄을 찾았어도 보지 못해 미투리 신고서 산마루 구름까지 가보았다[終日尋春不見春 芒鞋踏破嶺頭雲]". 제제다사(濟濟多士)라 했던가, 참 잘난 사람들이 많다는 것과 절망이란 단어를 비로소 알았다. 세상 무서운 줄은 덤으로 알았고.

그러나 어쩌랴, 내 그릇이 고만한 걸. 산성인 액포(液胞)로는 '파란장미'를 만들 수 없다는 걸 말이다. 애당초 품삯을 요량한 것이 아니었건만, 선생이란 직분을 내놓고 매달렸건만, 늘 가위를 눌렸다. 포기라는 두 글자를 어느 순간부터 가방에 넣고 다녔다. 그러다, 이 말씀을 만나 다시 설 수 있었다.

"힘이 부족하다는 것은 가던 길을 그만 두겠다는 게 아니냐. 이놈! 지금 네 자신의 한계를 긋는구나[力不足者 中道而廢 今女畵]."

바로 『논어』의 「옹야」편에 나오는 공자와 제자 염구의 대화이다. 염구가 "선생님의 도를 좋아하지 않는 것은 아니지만 힘이 부족합니다."라고 하자, 공자는 저 말로 호되게 야단을 쳤다. (안타깝게도 염구는 후일 권력과 출세에 눈이 멀어 가르침을 저버렸기에 공자의 문하에서 파문을 당하였지만 저 말이야 무슨 죄가 있겠는가.) 물론, 이 말씀이 어디 내 것이 련마는 꼭꼭 눌러 써서 수첩에 넣었다.

쇠똥구리는 여룡의 구슬이 부럽지 않다

"쇠똥구리는 스스로 쇠똥을 사랑하여 여룡(驪龍: 몸빛이 검은 용)의 구슬을 부러워하지 않는다. 여룡 역시 그 구슬을 가지고 저 쇠똥구리의 쇠똥을 비웃지 않는다[蜣蜋自愛滾丸 不羨驪龍之珠 驪龍亦不以其珠 笑彼蜋丸]."

연암 박지원의 『낭환집서』라는 글에도 보인다. '낭환'이란 쇠똥구리다. 쇠똥구리가 여룡의 구슬을 얻은들 어디에 쓰며 여룡 역시 쇠똥을 나무라서 얻는 것이 무엇이겠는가. 내 재주 없음을 탓할 것도 없지마는, 저 이의 재주를 부러워하지도 말아야 하고 재주가 있다고 재주 없음을 비웃지도 말아야 한다는 연암 선생의 말이다. 과(過) 똑똑한 이들이 많은 세상이지만, 지둔(遲鈍)의 공(功)을 추켜세우는 말씀이다. 둔하지만 끈 있고 느리지만 성실히 노력한 자라면, 비록 쇠똥구리일지라도 괜찮다는 뜻이다. 가끔씩 세상에 이름 석 자를 우뚝 남긴 분들 중에도 저런 이들이 꽤 있는 게 사실이다. 저런 이들이 우리에게 뚱겨주는 인생 훈수는 '둔재라고 여기는 이들도 공(노력)을 쌓으면 된다.'라는 것이다.

재주 없는 내가 고전문학을 공부하는 것이 혹 '난쟁이 교자꾼 참여하듯' 하는 것은 아닌가 생각들 때나, 또 종종 재주 있는 이들이 내 책과 논문을 콩팔칠팔 허투로 내두른 소리라는 의심어린 눈초리를 보낼 때면 저 글을 꺼내본다. 물론 저 말씀들이 나에게 한 말은 아니지만, 학문에 비등점이 없음은 명백한 이치요, 재주 있는 이들만이 공부해야 한다는 진리 또한 어디에도 없기 때문이다.

가끔씩 나와 같은 사람을 '경마장의 부진마' 정도로 이해하려는 분들을 본다. 딱히 빗나간 지적은 아니기에 '무람없다'. 내치지도 못한다. 심안이니 혜안이니 따지는 똑똑한 자의 눈이 아니라도, 이 21세기가 야생의 생존보다 치열한 세상이라는 것도 모르는 바 아니다. 바지저고리가 아닌 다음에야 노력을 덜한 자로서 '너그럽게 보아주십사' 하는 읍소를, 저 이가 생파리 잡아떼듯 쌀쌀맞게 거절해도, 방귀 폭밖에 안 되게 몰강스럽게 낮잡아보아도, 감내해야 함도 너무 잘 안다.

공자와 연암 선생에게 위안을 얻다

그러다가도 '우리네 조선사람 몸에 각인된 3류대 출신은 정언명령이요, 코끼리적 사고의 폭력이 아닐까?' 하는 생각이 아니 들지는 않는다. 섭렵이 부족하고 적공이 부족하지만, '30여 년 전의 저 시절'을 제외하고는 몇 배의 노력을 경주하였다. 다소 인생의 방정식을 어렵게 풀지라도, 고백한 바 학문적인 내공이야 그렇다손 치더라도, 육안(肉眼)만은 결코 녹록치 않으리라 생각한다.

그 소이연은 내가 평탄치 않은 길을 걸으며 본 수많은 멧갓과 이러저러한 수목(樹木)들에서 얻은 '그 무엇'은, 결코 내남없이 갖는 게 아니기 때문이다. 또 태생부터 독하게 맘먹고 공부해도 머리가 안 따라주는 경우도 있고, 또 더러는 삶이 꼬여 남에게 뒤처지는 불운아도 셀 수 없는 세상이다. 결코 도수꾼의 도끼날을 정수리에 받는 소처럼,

그렁그렁한 맑은 치욕만을 삼킬 것만은 아니다.

각설하고, 나는 『논어』의 저 말과 연암 선생의 글을 손 가까이 두고 공부하다 절벽 같은 심정일 때면 늘 떠들추곤 한다. 그럴 때면 야박한 공부머리로 학문 언저리나마 맴도는 나지만 적이 위안을 받음은 물론이다. 그리고 아주 가끔은 학문이란 옷을 주섬주섬 껴입고 학자연 해 보고 싶다는 생각에 빙긋이 웃어 보기도 싶다. 고전을 포착하는 내 눈이 성글기 짝이 없지만, 몽당 붓 솔 하나들고 내 책상에 붓질하는 저러 이러한 이유다.

그러하여, 일자천금(一字千金)으로 보풀이 일도록 읽을 만한 글은 못 될지라도 갱생기(更生記)를 적바림하듯, 글을 쓰고 책을 읽으련다. 저 이들에게 과남(過濫)일 터이니 죄만(罪萬)할 뿐일지라도.

어느 할머니의 글을 보고

수업을 가다 전철역에서 보았습니다.
이제 막 한글을 깨우치신 한 할머니께서 삐뚤빼뚤 쓰신 글(책 읽어주는 할머니).
삶을 진솔하니 적어 내렸습니다.

난 영등포 당산동 구석에서 이 손자를 기다리며 도라지를 까시던 할머니 모습을 떠올렸습니다. 할머니는 손자 밥을 해주러 낯선 서울에 올라오셨습니다. 손자 먹일 콩나물 값이라도 버시려 도라지를 까셨지요. 도라지진으로 손은 갈라지고 퉁그러지셨으며 저고리 도련과 붕어배래기엔 늘 도라지 껍질이 묻어 있었습니다. 그런 할머니가 난 너무 창피하였습니다. 그 할머니가 내 삶인 것은 먼 훗날 알았습니다.

글은 독자에게서 완성됩니다.
오늘은 가을하늘이 꽤 높을 것입니다.

"할머니, 학교 다녀올 게요."

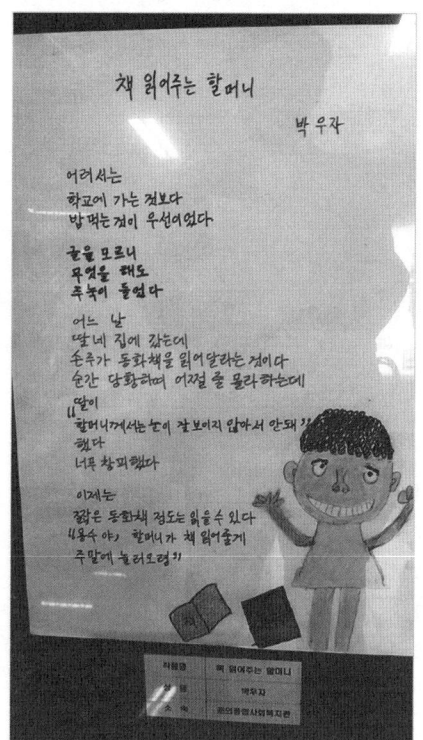

왜 써 놓았을까?

내 마음은 주물공장인가보다.
생각만 부으면,
미움도
사랑도
낫도
칼도
경각화(頃刻花)라도
피울 태세다.
2016년 2월 16일

왜 저 글을 써 놓았을까?
굽도 접도 못하는 삶, 하느님과 주먹흥정이라도 하여 '무에리수에!'.
재주라도 얻으려는 것일까?
　나와 나 사이에
　공간이 참 많다.

5만원권 지폐 초상 유감

　금년 하반기에 5만원권 지폐가 새로 발권된다는 보도를 보았습니다. 지폐에 넣을 초상은 이미 여성으로 선정되었다는 보도가 있었지요. 선정 내막이야 잘 모르지만, 한 이유는 '현모양처'이기 때문이라고 합니다. 어린아이들도 다 아는 그분의 아드님은 이미 5천원권의 화폐에 초상을 올려놓고 있지요. 저분은 친정에서 많이 사셨기에, 당대 많은 여성이 시집살이가 힘들어 지었다는 그 흔한 〈시집살이요〉 한 편을 짓지 않아도 되었습니다.
　차라리, 계량이나 논개, 아니면 우리의 영원한 누이 유관순을 선정하면 문제가 된다고 생각하는지요?
　혹 '천것출신이라, 기생출신이라, 어린 계집아이가……', 라 안 되는 것은 아닌지요?
　정녕 그렇다면 우리는 참으로 부끄러워해야 합니다.
　이들은 비록 여인이지만 국난을 보고 의분(義憤)을 품은 이 아니던가요. 의분이 '삶의 최고의 선'이라는 것을 누구나 알지만 내남없이 몸으로 옮길 수는 없습니다. 영웅인 자라야 하지요. 내 자식이, 아니 나라면 하나밖에 없는 목숨을 저 여인처럼 초개처럼 바칠 수 있을까요? 솔직히 나는 자신이 없어, 이 여인들에게 한없이 부끄러움을 느낄 뿐입니다.

한 평생 근심 모르고 살았을 저 분이, 격동의 이 2000년대에도 우리 삶의 전면에 재림해야 하는 이유를 도통 이해할 수 없습니다.

대한민국의 바른 도리가 저 화폐 문양조차 못 넘어선다는 말이겠지요.

말을 해놓고 보니, '오지랖이 넓다'는 핀잔이 앞서고 '깜냥 없다'는 삿대질이 뒤섞을 봅니다. 화폐 문양을 좌우하는 높은 분들에게, 내 말은 귀양 보내는 짓거리요, 어느 바람이 부느냐함을 내 모르는 바 아닙니다. 허나 책상물림으로 세상 물정 모른다고 모르쇠로만 잡아떼는 것도 그렇고, 또 늘 바른 도리를 입에 올려야 하는 선생으로 제 앞가림은 해야겠기에 '들을 이 짐작'으로 한 말입니다.

바보의 사랑

한 바보가 살았습니다. 모양새는 바보가 아닌데 늘 행동은 바보였습니다. 어찌 보면 말을 얼더듬는 것도 아니요, 얼뜬 것도 아닌 되바라진 면도 없지 않으나 결과는 족족 현실과는 엇나가는 바보였습니다.

그러던 어느 여름날, 그날은 태양의 흑점도 녹아내릴 듯한 삼복더위가 갖은 요량의 심술을 부릴 때였습니다. 나뭇잎은 오그라지고 오그라지다 바스러지려하였습니다. 바보의 얼굴도 몸도 온통 땀방울로 덮였고 심신은 늘어질 대로 늘어졌습니다.

그때 갑자기 어디선가 바람이 불었습니다. 그것은 샛바람도, 하늬바람도, 마파람도, 된바람도 아닌 어느 그물에도 걸리지 않는 바람이었습니다. 그것은 천둥이요, 벼락같은 바람이었습니다. 바람이 불지 않았어도 바보의 마음은 물보라가 일고 풍랑이 몰아치고 물보라가 소용돌이치고 물거품으로 하얗게 덮여버렸습니다.

그날부터 바보는 한 여름 열사병처럼 불어 온 바람병을 앓았습니다. 그것은 바보에게 불어 닥친 사랑이란 바람이었습니다. 어느 순간 바보는 그 바람이 자신을 그렇게 아껴주던 할머니와 같다고 느꼈습니다. 그러자 바람은 새털처럼 가볍고 보드라운 비단결 같은 자유로운 바람이 되었습니다. 그것은 바보가 한 번도 경험하지 못한 따뜻하고 포근한 바람이었습니다. 바람은 조용히 바보의 가슴에 둥지를 틀고 앉았습니다. 아니, 이미 바보의 가슴에 앉은 것을 바보가 몰랐을 뿐입니다.

바보에게 사랑하는 사람이 생겼습니다만 바보는 여전히 바보였습니다. 아니, 바보는 더욱 바보가 되어 갔습니다. 늘 생각과 말은 빗나가기 일쑤였고 늘 세상과 엇박자를 빚듯 바보는 제가 사랑하는 사람에게 더욱 바보짓만 하였습니다.

하지만 바보가 사랑하는 이는 이내 바보가 바보가 아닌 숫저운 사람임을 알았습니다. 그래 바보라 불렀지만 바보가 아니라 생각했습니다. 바보가 사랑하는 이는 바보를 곱게 쓰다듬고 안아주고 마음의 문을 조금씩 열고 다가갔습니다. 바보가 좋아하는 사람은 바보에게 사랑을 주고 곱게 비다듬어 주었습니다. 바보가 사랑하는 사람은 바보가 더 이상 바보가 아님을 알려주었습니다.

바보는 점차 변하기 시작했습니다. 좀되고 좀스러운 바보가 가끔은 세상에 맞대들기도 하였습니다. 그러자 사람들은 이제 바보가 엇되다고 생각했습니다. 그러나 바보가 사랑하는 이는 단호하게 사람들의 몽니라 하였습니다. 바보가 빙충맞은 얼뜨기가 아니라는 것을 알고 있어서입니다.

양주지학(揚州之鶴)과 탐천(貪泉)

중국 남조 때 양(梁)나라 은운(殷芸)의 『소설』에 다음과 같은 이야기가 나온다.

옛날, 여러 사람이 모여 각자의 소원을 이야기했단다. 어떤 이는 '양주자사(揚州刺史)'가 되고 싶다고 했고, 어떤 이는 돈을 많이 벌고 싶다 했고, 또 어떤 이는 학을 타고 하늘을 훨훨 날고 싶다고도 했다. 그러자 맨 마지막 사람이 이렇게 말했다.

"나는 허리에 십만 관(貫)의 전대를 둘러차고, 학을 타고서 양주자사(揚州刺史)로 가고 싶다네[願腰纏十萬貫, 騎鶴, 上揚州]."

줄여 '양주학(揚州鶴)'이라고도 하는데, 세상의 모든 즐거움을 다 가지려는 끝없는 욕심을 비유한 말로 종종 쓰인다. 사람의 욕심이란 저토록 끝이 없는 법, 우리가 사는 이 시대는 더욱 저러하다.

2008년을 이어 올 해도 꼭두새벽부터 화두는 단연 경제로부터 시작하였다. 경기(景氣)가 어찌나 아픈지 모두들 골머리를 앓고 있다.

'돈'과 '명예', '권력'은 시대와 공간을 초월하며 우리의 삶을 지배하는 전통적인 세 강자였다. 그런데 요즈음 '돈'님이 삼두체제를 허물고 천하통일의 대업을 완성하고 황제로 등극하더니, 내친김에 신격화까지 넘보고 있다. 그래서인지 전 세계인이 뜻을 모아 이렇게 외친다.

"일체향전간(一切向錢看)! 모두 돈만 보세!"

컴퓨터는 0과 1 두 개만을 가지고서도 모든 정보와 계산을 신속 정확하게 처리하듯, 오늘날에는 돈만 가지면 모든 것을 다할 수 있다고 생각하는 사람들이 많다. 정녕 이제 돈을 더럽다고 '이까짓 것[아도 阿堵]'으로 부르거나 '무물불성(無物不成, 돈이 없으면 아무 것도 이룰 수 없음)'이란 말에 손사래를 칠 이도 없는 시대이다. 그래서인지 만나는 사람마다 "부자 되세요."라고 덕담을 주고받는다.

그것이 덕담인지 아닌지는 알 수 없지만 그런 세상인 것만큼은 분명하다. 아마 우리는 집집마다 마을마다 탐천(貪泉)이란 샘을 파고 또 파나보다. 탐천은 '욕심 샘'이다. 석문수(石門水)라고도 하는데, 이 물을 마시면 결백하던 성품도 변하여 물욕이 생긴다는 샘이다.

이 탐천을 동이 째로 마시고 돈과 명예, 권력에 휘둘리는 이들을 예사롭지 않게 본다.

바른 삶을 정립한 경제인과 지식인[讀書人]의 초상을 그리고 싶다.

산행(山行)

1.

山行忘坐坐忘行(산행망좌좌망행)
    산길을 가노라면 앉아 쉬기를 잊고 쉬다 보면 오르기를 잊어
歇馬松陰聽水聲(헐마송음청수성)
    소나무 그늘 아래서 말을 멈추고 시냇물 흐르는 소리를 듣네.
後我幾人先我去(후아기인선아거)
    내 뒤에 오던 몇 사람이 나를 앞질러서는 가버렸는가
各歸其止又何爭(각귀기지우하쟁)
    저마다 멈출 곳에서 멈출 것이거늘 또 무엇을 다투리오.

조선 중기의 서얼 출신의 유학자요 정치인인 송익필(宋翼弼, 1534~1599)의 시입니다.

언젠가 도봉산을 혼자 오를 때였습니다.

산 초입에 막 들어섰을 때입니다. 건장한 사내가 성큼 내 옆을 휙 스쳐서는 저만큼 앞서 휘적휘적 산을 오릅니다. 산을 많이 타본 듯 차림새도 여간 아닌 것하며, 발걸음이 어찌나 가벼운지 모릅니다. 이내 산모퉁이를 돌더니 내 시야에서 사라졌습니다.

처음엔 천천히 산자락에서 마음의 평안을 얻고자 하였지만…, 이쯤 되면 생각이 좀 달라집니다. 어느덧 내 걸음이 빨라지고, 앞에 가는 이를 한 두 사람 따라잡습니다. 기분이 제법 상쾌한 것이 그 맛이 여간 쏠쏠한 게 아닙니다.

등허리가 촉촉해지고 땀방울이 송글 맺힌 지도 꽤 흘렀습니다. 웃옷조차 벗지 않고 따라 붙었지만 앞서 간 그 사내는 보이지 않습니다. 더 빨리 걸음을 재촉합니다.

얼굴이 완연 붉어지고 숨이 턱에 찰 때쯤, 그 사내가 길 한편 쪽에 비껴서 손전화를 받는 뒷모습이 보입니다. 지나치며 슬쩍 보니 사내의 얼굴이 막걸리 두어 사발은 족히 들이킨 듯 꽤나 불콰한 것이 여간 사나운 게 아닙니다. 꽤 걸쭉한 육두문자까지 두어 마디 섞여 들립니다.

헛웃음이 나옵니다. 사람 사는 세상, 그 세상맛 씁쌀하여, 사람에 치여 산을 찾았거늘. 산에서조차 사람에게 이토록 완강한 집착을 보이다니 말입니다. 평평한 바위 한켠에 몸을 맡겨봅니다.

사내는 이내 나를 지나치더니 또 저만치 사라집니다.

산바람이 아는 체, '슬쩍' 내 몸을 건드리고 지나간 하늘을 바라봅니다.

"저마다 멈출 곳에서 멈출 것이거늘…."

산에서 본 하늘은 늘 그 자리에, 그렇게 멈춰 있었습니다.

2.

그림자와 산을 오른다.
나를 따라 산을 오르는 또 하나의 나.
문득 저 그림자가 나인가 하는 생각이 든다.
나인가?
내가 나인가?
내가 나에게도 이렇거늘, 세상사 이렇거늘.
끝 간 데 모르는 욕망의 파편들.
자명(自明)한 욕망의 역설들.
만상(萬想)에 대한 만상(萬想)의 투쟁.
길항(拮抗)과 응접(應接)의 진동(振動)
잠시 바람이 머무는 하늘에 두어 개의 상념을 얹어본다.
이 또한 미몽(迷夢)일진져!

오두막 편지

어제 오늘 법정 스님의 『오두막 편지』를 다시 읽습니다. 신실한 이의 글은 언제나 새벽이슬처럼 영롱합니다. 아래는 '시간 밖에서 살다'라는 글의 한 부분입니다.

"세상살이에 경험이 많은 지혜로운 노인은 어떠한 어려운 일에 부딪칠 때마다 급히 서두르지 말고 좀 더 기다리라고 일러준다. 한 고비가 지나면 좋은 일이 됐건 언짢은 일이 됐건 안팎의 사정이 달라지는 수가 많다."

시간이 비의(秘意)임을 꿰뚫는 말씀입니다.
어제와 같지만 다른 오늘입니다. 오늘은 다르게 살아야 하겠습니다.
내 시간의 안식처인 휴휴헌을 잠시 떠나려합니다.
시간 밖에서 우리 만나기를…….

휴휴헌에서

커피 한 잔을 타가지고 책상에 앉는다.

눈앞에 보이는 것이라야 커튼이 반쯤가린 휴휴헌의 창문, 그리고 커서가 깜빡이는 내 생각을 담아내는 사각의 틀.

난 이 좁은 곳을 온 천지인 양 알고 지냈다. 저 좁은 창을 내다보며 저 좁은 책상에 앉아 내 이름 석 자가 박힌 책이 책장에 꽂히는 것을

아주 세계인 양 바라보았다.

어느 날, 아주 문득, 그것이 전부가 아니라는 것을 알았다. 저 책 속에 든 글이라야 이미 죽은 이들의 글에 몇 자 내 생각을 덧붙인 것을. 저 이의 글과 저 이의 삶을, 내 글과 내 삶이라 착각한 것이었다. 그것은 죽은 이야기요, 살아있는 내 삶이 아니었다.

어느 날, 아주 문득, 저런 생각을 했듯이 언제부터인가 나를 알 수 없는 운명의 힘이 이끄는 것 같은 느낌이 들 때가 있다. 누구를 만나고 헤어지고, 그것은 살아있는 사람만이 아닌 죽은 이는 물론, 이미 말라 빠진 고목에서부터 이름 없는 풀 한포기, 발에 차이는 돌 뿌리까지, 어떤 알 수 없는 힘이 작용한 것은 아닌가 하는 생각 말이다.

어제만 하여도 북한산을 오르다 본 고목과 원추리 한 송이가 지금껏 잔상으로 남는다. 그것은 내 옆을 지나가는 사람들보다 더한 이야기를 전해 주었다. 그곳을 지나가지 않았으면 나는 그것을 보지도 못함은 물론이다. 내 발걸음 또한 내 의지가 아니었음을 물론이다. 난 이냥저냥 이런저런 생각을 하며 발길 닿는 대로 산을 올랐을 뿐이다.

운명! 운명인지 숙명인지는 모르지

만 그 힘은 내 몸을, 생각을, 어찌할 수 없이 만든다. 물론 나의 운명은 저쪽에서도 운명이요, 숙명일 것이니, 운명과 운명의 만남이요, 숙명과 숙명의 만남이다.

앞 문장이 끌고 온 화두는 여럿이다. '내 삶은 무엇인가?' '어떠한 글을 쓰고 어떠한 책을 써야 하는가?' '만남이란 무엇인가?' 등등 끝없이 이어지는 의문의 꼬리표다. 그 의문의 꼬리표가 끝날 즈음 만나는 것이 '어떻게 살아야 하는가?'라는 인류 근원의 물음은 아닌가? 물론 그 대단한 물음에 대한 정답은 이미 선인들이 찾아냈다. '오늘', 바로 '지금'이라고.

오늘, 나는 운명이든 숙명이든 '지금'을 받아들이려 한다. 지금 생각나는 그 사람을 생각하고 그 생각을 할 때까지 하고, 그리우면 그립다 하고, 미우면 밉다 하고, 사랑하면 사랑한다 하고, 기쁘면 기쁘다 하고, 슬프면 슬프다 하고, 보고 싶으면 보고 싶다 하고. 그것이 오늘의 내 운명이요, 숙명이다. 대단한 고담준론이 아니라도 형이상학적인 인생철학이 아니라도 이만하면 되지 않는가도 싶다.

태풍이 북상한다고 한다. 비오는 날이 좋다. 빗소리가 좋고 비를 내리는 회색빛 하늘도 좋다. 이 또한 좋아하고 싶어서 좋아하는 것은 아닐지니 받아 즐겨보리라. 이 좁은 내 휴휴헌 책상에서, 그렇게 난 나다.

파랑새 증후군

1.

'파랑새증후군(bluebird syndrome)'이라는 말이 있다. 현실에 만족하지 못하고 끝없이 이상만을 추구하는 병적인 증세를 가리킨다. 이 말은 벨기에의 극작가 메테르링크의 동화극 〈파랑새(L'Oiseau Bleu)〉에서 유래한다. 주로 어머니의 과잉보호를 받고 자라 정신적인 성장이 더딘 사람에게서 나타나는 증세라고 하지만, 우리 모두 파랑새증후군을 앓는 듯하다.

〈파랑새〉는 6막 12장으로 치르치르와 미치르 남매가 주인공이다. 두 아이는 마술할머니에게서 앓고 있는 딸을 위해 파랑새를 찾아 달라는 부탁을 받고 빛·개·고양이·설탕·빵의 요정과 함께 꿈의 세계로 들어간다.

그러나 끝내 파랑새는 못 찾는다. 다만 파랑새가 마음속에 있음을 계시 받고 꿈에서 깨어나자 자기들의 비둘기가 파랗게 보인다. 파랑새는 자기 집에 사는 비둘기였다.

메테르링크의 작품은 안데르센의 우언(동화는 일본 말임)인「파랑새」라는 작품과도 내용이 같다. 파랑새는 동양에서 관세음보살의 화신이라 하여 관음조라고도 부르며 불교설화에는 '도로아미타불'의 유래와도 연결된다. 유래는 조금 쓸쓸한데 이렇다.

옛날 어떤 고을로 동냥을 갔던 젊은 스님이 아리따운 처녀를 보고 그만 상사병에 걸리고 만다. 스님은 번민 끝에 청혼을 한다. 처녀는 10년 동안 한방에서 동거하되 손목도 잡지 말고 바라만 보고 친구처럼 지내면 10년 후에는 아내가 되겠다고 약속한다. 시간은 시나브로 흘렀다. 내일이면 36,500일째다. 스님은 그만 하루를 못 참고 처녀의 손을 잡고야 만다. 처녀는 파랑새가 되어 날아가 버렸다. '10년 공부 도로아미타불'이다.

파랑새! 우리는 끊임없이 파랑새를 찾는다. 파랑새는 때로는 연인이요, 물질이요, 승진이요, …, 행복이다. 현실에 만족치 못하고 다양한 모습의 파랑새를 찾으려는 행위가 파랑새증후군이다. 나 역시 파랑새증후군을 앓으면서도 오늘도 파랑새를 찾으러 떠난다.

2.

잠시 일상에서 벗어나고 싶다.

토요일에는 호암산과 삼성산을, 일요일엔 북한산을 올랐다.

연 이틀을 산을 타서인지 몸도 불편하고 얼굴은 제법 잘 익었다. 그래도 바위에 몸을 눕히고 쳐다본 푸른 하늘이, 신록의 이름 모를 풀과 나무들이, 졸졸 흐르는 냇물의 산그림자가 그립다.

책상에 다시 앉는다. 이제 일상 속으로 들어가야 한다. 채점, 성적입력, 원고, 강의, …꼬리에 꼬리를 물고 이어지는 파랑새증후군의 일상 속으로.

고전 속에서 거니는 단상(斷想) 몇, - 책, 벽, 지둔의 공

1.

이른 6월의 뙤약볕이 내리쬡니다.

아스팔트의 열기가 아지랑이처럼 피어오릅니다. 대한민국 철도의 심장 서울역, 뙤약볕은 공평하게 열사의 사막을 만듭니다. 아스팔트 지열로 아지랑이를 빚는 여기저기에 노숙자들이 보입니다. 괭한 눈으로 허공에 무언가 욕설을 퍼붓던 사람은 급기야 소주병을 아스팔트에 패대기칩니다.

"개새끼!"

"탁!"

8옥타브는 됨직한 된소리가 지나간 자리에 거센 파열음이 짓쳐들어옵니다. 순간, 익숙한 소주 향이 내 몸으로 스밉니다. 저 이가 먹는 소주나 내가 먹는 소주나 다를 바 없나봅니다. 몇몇의 노숙인은 그런 사람을 보고 히죽이고 길가는 사람들은 눈길 한 번 곁을 주는 것으로

족합니다.

　서부역으로 넘어가는 고가도로, 너 댓 명이 그 작열하는 태양 속에서도 구부리고 누워 미동도 않습니다. 혹시나 하여 다가가니 몸을 꿈쩍입니다. 익숙한 소주 향이 그에게서도 짙게 풍깁니다. 그의 몸뚱이로 내 몸뚱이로 태양과, 지열과, 아지랑이가 육화됩니다.

　"애고답답 설운지고. 어떤 사람 팔자 좋아 대광보국숭록대부삼태육경(大匡輔國崇祿大夫三台六卿) 되어 나서 고대광실 좋은 집에 부귀공명 누리면서 호의호식 지내는고. 내 팔자 무슨 일로 말만한 오막집에 성소광어공정(星疎光於空庭)하니 지붕 아래 별이 뵈고, 청천한운세우시(靑天寒雲細雨時)에 우대랑이 방중이라. 문 밖에 가랑비 오면 방 안에 큰 비 오고 폐석초갈 찬방 안에 헌 자리 벼룩 빈대 등이 피를 빨아먹고, 앞문에는 살만 남고 뒷벽에는 외(흙벽을 만들 때 댓가지나 싸리로 얽어 세워 흙을 받는 벽체)만 남아 동지섣달 한풍이 살 쏘듯 들어오고 어린 자식 젖 달라 하고 자란 자식 밥 달라니 차마 설워 못살겠네."

　〈흥부전〉(경판 25장본) 구절을 떠올립니다. 저 시절이라고 이 시절과 다를 바 없습니다. 말만한 오막, 벼룩, 빈대, 어린 자식, … 문득 "태양 때문에 눈이 부셔서 그 아랍인을 죽였다."라는 말을 생각해내곤, 온몸을 후드득 떱니다. 해변을 걷다 살인을 한 뫼르소, 알베르 카뮈는 『이방인』에다 그가 살인한 이유를 '태양' 때문이라고 방점을 쿠−욱 찔러 놓았습니다.

　서부역 근처의 음식점을 들어섭니다. 식당 정 가운데를 차지한 대한인의 빅브라더 TV는 오늘도 거만하게, 그 지긋지긋한 부조리한 뉴스들을 조자룡 헌 칼 쓰듯 이리저리 내지릅니다. 저승법이 맑다지만 빌려올 수 없고 에덴동산에도 사악한 뱀이 있으니, 시지프스의 신화와 도돌이표가 무한대로 그려진 악장입니다. 어제 그렇듯 오늘도, 내일도 아니 모레도, 그러하고 또 그러할 것입니다.

극한의 사막, 열사의 끝입니다. 대한민국 서울시 중구 동자동 43-205번지, 1900년 영업을 개시한 대한민국의 수도 서울의 관문으로서 경부선과 경부고속철도, 경의선의 시종착역이며, 수도권 지하철 1호선과 4호선의 환승역에 6월의 태양이 그렇게 내리쬡니다.

2.

세상이 이런 이유를 「숙영낭자전」에서 진실을 말해 준 '파랑새'를 불러다 묻습니다. 모르긴 몰라도 '시대와 공간을 초월하여 우리의 삶을 지배하는 흉악한 세 날불한당 때문'이라고 답할 확률이 거의입니다. 이름 하여 '돈'과 '명예', '권력'입니다. 그런데 이제는 호시탐탐 천하통일의 대업을 꿈꾸던 '돈'님이 삼두체제를 과감히 접수하고 황제로 등극하더니 내친김에 신격화까지 넘봅니다. 물론 전 세계인들은 내남없이 뜻을 모아 "일체향전간(一切向錢看)! 모두 돈만 보세!" 하고 자발적 복종의 맹서를 하거나 경제라는 필살기로 저 이를 모실 방법들 단련에 날이 가고 달이 가는지 모릅니다.

루시앵 골드만 식으로 말하면 상동성(相同性, Homology)입니다. 즉 '작품의 발생이 사회의 집단의식이나 개인의식, 사회경제적 관계와 구조적으로 동일하다'는 뜻인 이 상동성은 바로 '돈'에 대한 쏠림현상 때문입니다. 이 비열한 틈바구니를 비집고 들어온, '김치녀'나 '된장녀', '보슬아치'라는 요괴 같은 말들이 젊은이들의 순수한 정신조차 갉아먹고 있습니다.

　하지만 두어 자락을 접고 본다 쳐도, 이 물신숭배(fetishism)를 정녕코 우리가 갈 길이라고는 그 누구도 생각지 않을 것이니, 저 바다 건너 프로이트(Sigmund Freud)라는 철학자는 물질을 '배설물'이라고까지 극단적으로 폄하하였습니다. 그래, 그는 "부자는 정서발달 부진과 배변훈련 부족에 기인하여 현금과 재화의 축적에만 몰두하는 항문(肛門)유형의 인간들"이라고 서슴지 않고 독설을 퍼부었지요.

　하지만, 그것은 저 이의 이야기일 뿐입니다. 외려 오이 붙듯 달 붙듯, 학문의 전당이어야 할 대학에도 사이비 교수들이 넘쳐나고 종교마저도 이판중과 사판중이 물질이란 상투를 잡고 싸우고 목사들조차 세습을 하는 이해 못할 세상입니다.

　이해 못할 일은 나에게도 벌어집니다. '이해 못할 일'이란 자기 합리화적 용어이니, 제대로 말하자면 '잘못'입니다. 적잖은 나이에 볼썽사나운 주먹다툼을 했습니다. 그래도 책을 곁에 두고 살아가는 선생일진대 말입니다. '돈'과 '명예', '권력'과 전연 상관없이 남 눈비음에 여념이 없는 책상물림이건만 한 잔 술에 그만 알량한 속내를 드러냈나 봅니다. 그 후유증이 얼마나 긴지 여인네들 훗배앓이도 아니련만 끙끙 마음을 싸매고 갈피를 잡지 못합니다.

　하여, 『장자(莊子)』의 '달생편(達生篇)'에 나오는 이야기 한 자락 꺼내 봅니다.

　제(齊)나라의 선왕(宣王)이란 이는 닭싸움을 좋아하였습니다.

　기성자(紀誠子)가 선왕(宣王)을 위하여 싸움닭을 키웠습니다.
　열흘이 지나서 왕은 기성자에게 물었습니다.
　"닭싸움을 시킬만한가?"

"안됩니다. 아직 쓸데없이 거만하여 기운만 믿고 있습니다."
다시 열흘이 지나자 물으니 대답하였습니다.
"안됩니다. 아직도 상대방의 태도에 응하고 영향을 받습니다."
열흘을 더 지나 다시 물었습니다.
"안됩니다. 아직도 상대방을 노려보며 기운이 성합니다."
열흘이 더 지나 물으니 그가 대답하였습니다.
"거의 다되었습니다. 비록 상대방 닭이 운다 해도 이미 아무런 태도의 변화가 없게 되었습니다. 마치 목계(木鷄: 나무로 깎아놓은 닭)와 같아 덕이 완전해졌습니다. 다른 닭들은 감히 덤벼들지 못하고 보기만 해도 되돌아 달아날 것입니다."

나무로 만든 닭, '목계(木鷄)'이기에 평상심을 유지합니다. 목계이기에 호(好)·불호(不好), 애(愛)·증(憎) 등 외부에 영향을 받지 않는 항상심(恒常心)이 있습니다. 깨달음의 세계를 얻어 싸움을 하지 않고도 다른 닭에게 두려움을 갖게 만듭니다. 이것이 싸움닭의 경지라고 기성자는 말합니다. 세상과 담담히 맞설 줄 아는 목계(木鷄)입니다.
허나, 세상과 마주선 나는 닭이 아닌 사람일 뿐입니다. 그것도 사단(四端)과 칠정(七情) 그대로를 맨살에 드러내고 사는, 싸움닭이 아닌 보통사람일 뿐입니다.

3.

그래, 글을 읽어 봅니다. 독서(讀書)와 벽(癖) 두 단어가 보입니다. 정조 임금은 『홍재전서(弘齋全書)』에서 이렇게 세상을 살아내는 우리들에게 충고합니다.

"옛사람은 일을 만나서 사리를 파악할 때에 반드시 두 겹, 세 겹 빈틈없이 꿰뚫어 보았다. 그런데 지금 사람은 반 겹도 꿰뚫지 못할 뿐만 아니라 일이 눈앞에 닥치면 망연자실하여 어떻게 조처해야 할지 모른다. 이것은 바로 글을 읽지 않기 때문이다[古人遇事見理, 必透得二三重. 今人不惟不透得半重, 事到眉頭, 茫不知如何措置. 此政坐不讀書耳]."

정조 임금은 내 책읽기의 잘못을 들어 꾸짖습니다. 책은 마음을 다스리는 것이거늘, 책을 잘못 읽었다는 꾸중입니다. 우리가 사는 이 세상이 비록 과부하가 걸려 밉살맞은 일류병에, 물질은 주절주절 굿판을 벌리고, 도덕과 정의는 인간성 방어기제로서의 역할을 강탈당한 초라한 몰골이요, 진작에 박제된 유물일지라도 책을 제대로 못 읽어서라 합니다.

일껏 책을 읽은들 책 속의 글들은 이 세상과 겉도는 소리일 뿐인데도, 아니 오히려 책대로 하다가는 손가락질 받기가 일쑤인데도 말입니다. 내 책을 읽는 것이 눈은 있으나 망울이 없는 것과 다를 바 없습니다.

그래, 이런 세상 살아내자면 벽(癖)이 있어야 하나 봅니다. 조선의 서얼 박제가(朴齊家, 1750~1805) 선생은 「백화보서(百花譜序)」에서 벽을 이렇게 적바림합니다.

"사람이 벽(癖)이 없다면, 버림받은 자일 뿐이다. 무릇 벽이란 글자는 질병이 따르고 치우침이 따르니 병이 편벽된 것이다. 비록 그러하나 홀로 나아가는 정신세계를 갖추고 전문적 기예를 익히는 자는 왕왕 오직 벽을 가진 사람만이 가능하다[人無癖焉, 棄人也已. 夫癖之爲字, 從疾從辟, 病之偏也. 雖然, 具獨往之神, 習專門之藝者, 往往惟癖者能之]."

박제가 선생은 세상을 살아나가는데 고집이 있어야 한다고 말합니다. 저 시절, 조선의 서얼로 살아가는 이의 마음을 어림잡아 봅니다. 고집으로 세상을 버텨내는 저 이이기에 마음이 아픕니다. 이것은 세상과 단호히 맞서는 마음의 결기요, 단연코 제 삶을 얼레빗질 않겠다는 불끈 쥔 두 손등으로 솟는 새파란 힘줄입니다. 그래야 저 잘난 양반들 한 구석에서나마 이 세상을 살아내지 않았겠습니까.

4.

다시, 연암 박지원의 「낭환집서(蜋丸集序)」라는 글도 봅니다. 지둔의 공이 보입니다.

"쇠똥구리는 스스로 쇠똥을 사랑하여 여룡(驪龍, 몸빛이 검은 용)의 구슬을 부러워하지 않는다. 여룡 역시 그 구슬을 가지고 저 쇠똥구리의 쇠똥을 비웃지 않는다[蜣蜋自愛滾丸 不羨驪龍之珠 驪龍亦不以其珠 笑彼蜋丸]."

'낭환'이란 쇠똥구리입니다. 쇠똥구리가 여룡의 구슬을 얻은들 어디에 쓰며 여룡 역시 쇠똥을 나무라서 얻는 것이 무엇이겠습니까. 내 재주 없음을 탓할 것도 없지마는, 저 이의 재주를 부러워하지도 말아야 하고 재주가 있다고 재주 없음을 비웃지도 말아야 한다는 연암 선생의 말입니다.

과(過) 똑똑이들이 많은 세상이지만, 지둔(遲鈍)의 공(功)을 추켜세우는 말씀입니다. 즉 둔하지만 끈기 있고 느리지만 성실히 노력한 자라면, 비록 쇠똥구리일지라도 괜찮다는 뜻입니다. 가끔씩 세상에 이름 석 자를 우뚝 남긴 분들 중에도 저런 이들이 꽤 있는 것도 사실입니다. 저런 이들이 우리에게 풍겨주는 인생 훈수는 '둔재라고 여기는 이들도 공(노력)을 쌓으면 된다.'입니다.

저 중국의 내로라하는 문장가 유협의 『문심조룡』「지음편」에 보이는 "무릇 천 곡의 악보를 연주해 본 뒤라야 소리를 깨달을 수 있고 천 개의 검을 본 뒤라야 보검을 알 수 있다."라는 말도 저 지둔의 공에 잇댑니다. 하여, 나는 내 수첩에 소중히 넣어가지고 다니는 글귀가 있습니다.

"힘이 부족하다는 것은 가던 길을 그만 두겠다는 게 아니냐. 이놈! 지금 네가 그러하구나[力不足者, 中道而廢, 今女畫]."

바로 『논어』「옹야」편에 보이는 공자와 제자 염구의 대화입니다. 염구가 "선생님의 도를 좋아하지 않는 것은 아니지만 힘이 부족합니다."라고 하자, 공자는 위의 저 말로 호되게 야단을 쳤습니다. 안타깝게도 염구는 후일 권력과 출세에 눈이 멀어 가르침을 저버렸기에 공자의 문하에서 파문을 당하였지만 저 말이야 무슨 죄가 있겠습니까.

재주 없는 내가 고전문학을 공부하는 것이 혹 '난장이 교자꾼 참여하 듯'하는 것은 아닌가 하는 생각이 들 때나, 또 종종 재주 있는 이들이 내 책과 논문을 콩팔칠팔 허투로 내두른 소리라는 의심어린 눈초리를 보낼 때면 저 글을 꺼내봅니다. 물론 공자의 말씀이 나에게 한 말은 아니지만, 학문에 비등점이 없음은 명백한 이치요, 재주 있는 이들만이 공부해야 한다는 진리 또한 어디에도 없기 때문입니다.

나는 저 말과 연암 선생의 글을 손 가까이 두고 공부를 하다 절벽 같은 심정일 때면 떠들추곤 합니다. 그럴 때면 야박한 공부머리로 학문 언저리나마 맴도는 나지만 적이 위안을 받음은 물론입니다. 또 운명이란 노력하는 사람에게 우연이란 다리를 놓아준다 하였으니 지긋이 의자에 엉덩이를 오래도록 붙이렵니다. 그래 오늘도 고전을 포착하는 내 눈이 성글기 짝이 없지만, 몽당붓솔 하나들고 내 책상에 붓질하는 이유를 저 지둔의 공에서 찾습니다.

5.

이제 글을 마쳐야겠습니다.

오늘도 내 몸에서는 익숙한 소주 향이 납니다만, 정녕, "이 문에 들러서는 자 모든 희망을 버려라."라는 단테의 『신곡』「지옥편」서두에 보이는 말로 체념할 수는 없습니다. 비록 태어나는 순간부터 희망이란 두 글자를 인생사전에서 비우고 시작하는 사람들일지라도, 모든 것을 잃은 이라 할지라도 말입니다. 우리가 사는 이곳은 정녕 단테의 저 지옥도 아니고 뫼르소의 저 독백도 통하지 않는 곳이어야 합니다.

그래, 여기는 사람 사는 세상이니, 사람 냄새가 나는 곳이어야 합니다. 적패지(赤牌旨: 저승으로 가야 할 사람의 이름이 쓰여 있다는 붉은 천)를 들고 저승문을 들어설 때까진 이 세상에서 살아내야겠기에, 전공이 고전인 저는 고전하는 인생인 제 삶을 선인들께 물어보니 이렇게 말씀하십니다.

"갈(喝)! '책, 벽, 지둔의 공' 아니냐!"

그러고 보니 어제 한 말과 행동이 참 부끄럽습니다. 참 줏대도 없고 싱겁기 짝이 없습니다. 그렇지만 그렇게 산 것 또한 저이기에 도리가 없습니다. 그래, 오늘만이라도 붕어눈을 부릅뜨고 배에 힘을 떡하니 실어서는 책을 읽고, 벽이 있고 지둔의 공을 믿는 사람이고 싶습니다. 그러자니 한 마디 더 얹어야겠습니다.

"말은 행동과 다르지 말고, 행동은 말과 다르지 말라[言, 勿異於行, 行, 勿異於言]."

『지봉집』에 보이는 말로 나에게 다짐장을 놓습니다. 그래도 안심이 안 되어 당나라의 선승이신 임제선사의 말씀을 덧놓습니다.

"시들시들하니 질질 끌려 다니지 마라[不隨萎萎地]!"
"가는 곳마다 주인이 되라[隨處作主]!"

산송장처럼 시들시들하니 남에게 질질 끌려 다니지 말라는 뜻입니다. 제 깜냥이 크든 적든 간에 어느 곳이든 그곳에서 주인이 되어 당당히 살라는 말씀입니다. 중무장을 해야겠습니다. 옷차림을 매만집니다. '책을 읽고, 벽이 있고, 지둔의 공을 믿자'고 마음에 새기고는 다시 두어 말씀을 더 욉니다. 성총(性聰) 스님의 말씀입니다. 모쪼록 우꾼우꾼 힘이 솟는 하루였으면 합니다.

"마음은 뉘우치지 말고, 얼굴은 부끄럼 없고, 허리는 굽히지 말라[心不懺 面不愧 腰不屈]!"

재주가 메주
: 글을 쓴다는 것에 대한 단상

오늘도 아침 댓바람부터 커피 한 잔을 들고 향을 피우고 앉았다. 1000년 전, 고릿적 이야기인 고려속요에 대해 쓰기 위해서다. 작년 3월부터 쓰기 시작했으니 벌써 1년하고도 5개월이 흘렀건만 별 진척이 없다. 수정만도 8번째이니 공연히 심사가 사납고 붓타박만 한다.

속요에 대한 일반적인 설명을 피하고자 소설식으로 쓴다. 그러다보니 꿈속에서 소설 속 주인공(돌이라는 인물)을 종종 대면한다. 그럴 때마다 돌이는 나에게 '무엇인가'를 전해주려 애쓴다. 문제는 그 '무엇인가'를 현저히 떨어지는 문장력으로 담아낼 수 없다는 명료한 사실이다. 문자를 개떡같이 주무르는 이들의 글쓰기가 그렇게 부러울 수 없다.

하늘에는 수많은 별이 있다. 장맛비에는 수많은 빗방울이 있다. 모르겠다. 그 별과 빗방울에도 천재별과 둔재물방울이 있는지를. 모르겠다. 어찌 사람은 천재와 둔재가 있는 것일까? 성공했다는 둔재들도 사실 1%의 천재적 영감이 있었기에 가능했다. 그것도 노력한 자들의 1%에도 지나지 않을 수치이다.

그래도 멈출 수 없기에 메주를 재주라 알고 손에다 감발이라도 치고 이 길을 가야 하는 것일까? 아님, 하나님의 오발탄임을 자임하며 자부동이나 하나 깔고 주저앉아야만 하는 것일까?

사는 것도 힘든데, 글쓰기는 더 힘들다. 자음과 모음이 내 책상을 망둥이처럼 뛰어다닌다. 제 마음대로 내 마음을 난장판으로 만든다. 그렇지 않아도 '이놈의 세상!' 하는데, 중뿔난 짓거리만 하나보다.

허턱! 길이라도 떠나야 하려나.

6. 시선의 비대칭

유구무언 / 조급증, 그리고 틈 / 말풍년 / 한 문인의 말 / 죄송타 / 선생과 3D업종 / 공부 / 윤효간이라는 피아니스트의 '윤효간대학'을 다녀와서 / 시선의 비대칭 / 독서증후군 경보 / 좋은 말과 나쁜 말 / 나만의 길 / 마니산에서 / 이별 / 권정생문학관을 찾아서 / 북한이 종합 1위! / 부담스런 시선 / 채점 단상 / 신라호텔 한복 출입금지 유감

유구무언

신문의 1면 기사.
아이들 학교생활 만족도가 세계 30개국 가운데 1위(30위)라는 참담한 기사이다.

그 이유는 '공부' 때문이라고 한다.
공부의 목적은 인간으로서 존엄성을, 행복을, 자유를, 앎의 즐거움이어야 한다.
이런 공부가 취업을 위한, 경쟁을 위한, 수단으로 전락하면서 오는 필연적인 결과이다.

더욱 안타까운 것은 이 기사가 20면에 가십거리와 함께 실렸다는 점이다.
아이들은 우리의 미래이다. 대한민국의 미래가 저토록 아파하는데 과연 이 아이들의 아픔이 '교통혼잡' 운운하는 기사만도 못하고, '한 연예인의 필로폰 투약 기사'와 함께 가십거리란에 실려야 한단 말인가?

어디 이뿐이랴. 작금의 대한민국……,
무엇이 옳고 그른지조차 모르는 상식이 통하지 않는 이 사회……,
흠집 많다는 총리께서는 부패와의 전쟁을 선포하셨단다…….
놓친 말문을 한참 만에 애써 잡았지만……,
유구무언일시.

조급증, 그리고 틈

가끔씩 블로그를 정리합니다. 우연히 작년에 써 둔 글을 보고 깜짝 놀랍니다. 이미 1년도 더 지난 과거이건만 나는 저 시절의 나와 다를 바 없습니다. 나이를 먹으면 경험이 그만큼 늘어난다고 "떡꾹이 농간한다"라는 속담도 있거늘 영 무색합니다. '조급증, 그리고 틈' 다시 한 번 곰곰 짚어볼 말입니다.

어제 지인과 술 한 잔을 했다.
연령차가 있는데도 내 '형님'이란 두 글자를 쓰는데, 근 10여 년의 술자리가 필요하였다. 아마도 내가 장남이라, 그래 그런가 보다. 삶의 자세가 바른 것은 물론이요, 정의감과 인정을 두루 갖춘, 박학다식한 분으로 말이 진중하고 무겁다. 저런 이를 인재라 하거늘 이 사회는 몰라주어 늘 안타깝다.

이런 질문을 했다.

"형님, 제 단점이 뭡니까?"

"간 선생님의 단점은 조급증이지요."

무심결에 물은 것이거늘 말의 마침표 처리가 끝나기 무섭게 건너온다.

조급증, 수영을 배운 지 사흘 만에 현해탄을 건너겠다고 나서는 이를 끌어오는 나를 정확히 본 말이다.

하지만, 가만 생각해 보니 이 조급증이 내 삶을 만든 것도 같다. 나는 사람관계도 일처리도 속전속결이다. 그만큼 실수도 있지만, 시시비비에 맺고 끊는 것에 결단이 빠른 것도 사실이요, 스무 권 남짓 내 책도 이 석 자에서 나왔음은 분명하다.

또 하지만, 조급증의 반대말을 생각해 본다. 기다림, 인내, 인고, 뭉근함, 내 대인관계가 원만치 못한 이유를 이제야 알 것 같다.

사람과 사람 사이, 어느 시인은 섬이라 하였고 연암 박지원 선생은 틈이라 하였다.

나와 타인, 아니 나와 나 사이에도 틈이 있고 섬이 있다. 그 틈과 섬을 메워야 하거늘, 내 조급증만으로 세상과 사람을 대하는 것은 아닌가 생각해 본다.

기다림, 인내, 인고, 뭉근함. 새삼 이 글자들을 곰곰 씹어보는 아침이다.

말풍년

"딩동, 메시지가 왔습니다."
급히 열어 봅니다.
한가위를 맞은 풍성한 인사말입니다.

"결실의 계절과 함께 찾아 온 한가위! 가슴이 정겹고 즐거운 시간으로 물들었으면 합니다."

"딩동, 메시지가 왔습니다."
또 열어 봅니다.

"우리 민족 고유의 명절 한가위입니다. 따뜻한 마음으로 가족과 함께 즐겁고 훈훈한 명절 되시기 바랍니다."

메시지가 왔습니다.

……

가만 보니 불특정 다수에게 보내는 문장입니다.

한가위의 미학은 '말풍년'인가 봅니다.

한 문인의 말

문인들이라 불리는 이들의 술자리.
오고 가는 말이 들린다.
제법 옷매무새가 얌전한 문인의 말.
"난 휴일이면 잠이 안 와. 뭘 하고 지내야지."

후줄근한 점퍼 차림의 문인이 말을 받았다.
"나도 휴일이면 잠이 안 와. 끼니가 걱정 돼서."

얼큰한 술 한 잔 때문인지 늙수그레한 그 문인의 말이 발맘발맘 따라왔다.

죄송타

도서관에 갔다가 신영복 교수님의 책이 눈에 띄어 뽑아들었다. 20년이란 영어의 시절을 골필로 써내려간 글. 감옥에서 얻어 낸 한 사형수의 사색, 저 이의 삶……. 저 이의 삶…….

앉아 읽는 것이 미안하고 죄송타. 글도 죄송하여 이만 략(略).

선생과 3D업종

교권 문제가 어제 오늘 일은 아닙니다만, 요즈음은 사실 그 정도가 심각합니다.

오늘 네이버 뉴스에서 이런 문제에 관한 한 기자의 글을 보았습니다. 기자가 한 교사와 인터뷰한 말을 그대로 인용하였는데, 교사의 말이 눈길을 잡아당깁니다.

"나는 겨레의 스승이다. 흙먼지 날리는 운동장에서 일주일 3번씩 수업을 해도, 거칠고 비뚤어진 심성으로 친구와 선생님을 힘들게 하는 아이로 하루가 무거워도, 내 하루하루가 3D업종과 별반 차이가 없어도, 상상 이하의 박봉을 받아도 나는 괜찮다. 나는 좋다. 왜냐하면 새순과 같은 아이들과 같이 자라는 삶을 허락받아서다."

저 선생님이 존경스럽습니다.

나도 고등학교 교사를 13년이나 했건만, 솔직히 단 한 번도 교사란 직업이 "3D업종과 별반 차이가 없다"거나 "상상 이하의 박봉"이란 생각을 해본 적이 없습니다. 아니, 나는 불운인지 저런 선생님을 단 한 분이라도 뵌 적이 없었습니다.

혹, 모든 교사들이 저 선생님처럼 자신의 직업을 '3D업종'과 '상상 이하의 박봉'까지 감내하는 마음으로 교육에 임하는 것을, '나만 모르는 것이 아닌가' 하니 내가 너무 부끄럽습니다. 저러한 선생님이 계시니, 분명 '대한민국의 학교는 학생들에게 있어 세계 제일의 무한 행복의 공간'일 것입니다.

그래 나도 잠시 이런 생각을 했습니다.

나도 '선생'이란 이름으로 불리니, '이 선생노릇을 '3D업종'으로 생각해 보아야겠다'고. 허나 그만두기로 하였습니다. 아무래도 자신이 없어서입니다. 그리고 진짜 이유는 '3D업종'에 종사하는 사람들에게 호되게 몰매를 맞을까 덜컥 겁나서입니다. 혹시라도 '3D업종'에 종사 운운을 저 분들이 들을까, 살며시 자판에서 손을 떼고 냅다 줄행랑을 놓습니다.

"우리가 매년 하위 5%의 교사들을 평균수준의 교사로 대체할 수 있다면 학생들의 학업 수행은 몇 년 안에 크게 향상될 것이다."

예일대 심리학 교수 리처드니스벳의 『인텔리젠스』에 보이는 글귀입니다. 혹 내가 5%에 속하는 선생이 아닐까 가만히 생각해 봅니다. 가슴이 서늘하고 등골이 오싹합니다. 그러니 줄행랑을 놓을 수밖에 없습니다. 참고가 될까 싶어 교육에 관한 글 하나 덧붙입니다.

"교육의 목적은 현 제도의 추종자를 만드는 것이 아니라, 제도를 비판하고 개선할 수 있는 능력을 배양시키는 것이다."

콩도르세(Marquis de Condorcet, 1743~1794)*의 말입니다.

---

* 콩도르세: 프랑스의 철학자·수학자·정치가. 16세 때부터 적분·해석 등의 수학적 업적을 쌓았으며, 26세에 과학아카데미 회원이 되었다. 1789년 철학부장이 되어 18세기 사상가들의 후계자로 지목되었다. 입법의회·국민공회의 의원으로도 선출되어 문교 조직계획과 헌법안 등을 제출하였다.

공부

1.

신문을 봅니다. 단 두 가지 주제밖엔 없는 듯합니다.
공부, 그리고 돈.
돈은 모르지만, 공부에 대해서는 조금은 압니다.

골륜탄조(鶻圇吞棗).
공부하는 이들은 꼭 새겨 볼 말이지요.
'골륜(鶻圇)'은 새가 대추를 통째로 삼키어 먹는다는 뜻입니다. 즉 남의 말을 자세히 알아듣지도 못하고 모호하게 그대로 받아들인다는 뜻입니다. '탄조(吞棗)'는 '대추를 삼키다'는 의미입니다.

송골매가 음식물을 씹지 않고 그냥 넘기는 것을 '골륜탄'이라 하는데, 대추를 씹지 않고 그냥 삼키면 전혀 맛을 알 수 없지요. 공부도 그렇습니다. 공부를 하면서 조리를 분석하지 않고 두루뭉수리 넘겨 외우려만 든다면 아니 될 말이지요.

공부가 저러하거늘 너무 쉽게 외우려만 듭니다.
공부에 관한 글은 아닙니다만, 김창흡(金昌翕, 1653~1722)의 「수미대(須彌臺)」란 시에 이런 구절이 있어 소개합니다.

摘花須窮百尺枝(적화수궁백척지)
  꽃을 꺾으려면 백 척의 가질 끝까지 더듬어야 하고
探珠須沒九重淵(탐주수몰구중연)
  구슬을 찾으려면 구중의 깊은 못까지 뒤져야 한다
登山不深入(등산불심입)
  산을 오를 때 깊이 들어가지 않으면
妙境胡得焉(묘경호득언)
  묘한 경지를 어떻게 볼 수 있겠는가

2.

이 글을 쓰는 나라고 다르겠습니까마는, 그래도 명색이 선생이라 불려, 함께 공부하는 젊은이들은 제발 덕분 이러지 말았으면 하는 마음에 사족(蛇足)을 답니다. '나는 바담풍해도 너는 바람풍해라' 식으로 보았으면 합니다.
아래 내용은 제 수업(생활한문)을 듣는 대학생들에게 쓴 글입니다.

우연히 학교 '갤러리'에 들렀다가 수업에 관한 학생들의 글을 발견하였습니다.

학생들의 대화를 보니, "1학점에 투자하는 시간이 많다", "학점 따러 들어왔다가…", "전공을 하는 게 차라리 낫다", "30분씩 3타임이라니" 등등이더군요.

일일이 거론하며 한 마디씩 하고 싶습니다만, 몇 자만 적겠습니다.

'대학'은 우리 모두 공부를 하는 곳입니다. 130학점으로 무장한 똘똘한 제품을 생산하는 곳이 아닙니다.

그러니 '학점을 따러 온 것도', '전공만 공부하러 온 것도'(이것은 직업 훈련 교육기관에 가까울 것입니다) 아니요, '건너 마을 마실 온 것'은 더욱 아닙니다.

대학은, 교양교육을 통하여서 폭넓은 소양과 인격을 연마하고, 전공교육을 통하여 전문적인 지식인을 배출하는 곳입니다. 그래 때론 연구실에서 까만 밤을 하얗게 지새우기도, 배우는 즐거움에 희열도, 학문이란 불확실성의 광포한 바다에 뛰어드는 모험을 감행하다 고통과 좌절도 맛보는 곳이 여깁니다. 여러분들은 그러한 배움을 얻으려고 이 '대학교'에 들어왔다고 생각합니다. 그래 여기를 '상아탑(象牙塔)'이라 부르는 것 아니겠습니까.

대학에서 '공부'는 알파요, 오메가요, 처음이며 나중입니다.

답사도, 젊음의 유희도, 사랑하는 이와의 달콤한 데이트도 이 공부가 앞선 후의 일입니다. 대학은 그래 선생과 제자의 장(場)입니다. 선생과 제자가 '공부'라는 분을 뫼시고 서로 삼자대면 하는 곳이요, 푼푼한 정을 나누는 곳입니다. 하여, 나는 여러분들에게 '생활한문'을 수업하며 '1학점짜리 강의'라는 생각을 한 적이 추호도 없습니다. 물론 내가 맡고 있는 다른 3학점 수업보다 소홀히 해서도 당연히 안 된다는 생각입니다.

여러분에게 한 가지 말해두고 싶은 것이 있습니다.

지금 세계의 대학에선 형형(炯炯)하니, 두 눈을 밝히고 학업에 박차를 가하는 젊은이들이 많다는 사실입니다.

끝으로 한 가지만 더 말하겠습니다.

모든 공부(工夫)는 '사람이 되기 위한 공부'일 겝니다.

간호윤이 몇 자 적습니다.

3.

혜암 큰스님의 말씀으로 한 주를 시작한다. 혜암 스님은 101세로 입적하신 학승이시다.

"공부하는 마음은 배고픈 사람이 한 그릇 밥을 찾듯, 자식을 잃은 부모의 마음이 자식을 찾듯, 목마른 자 물을 찾듯 간절하고 정성스럽게 지극한 생각으로 투득(透得)"(『벼랑 끝에 서서 길을 묻는 그대에게』, 밀알, 1985, 43쪽)해야 한다고 말씀하신다.

혜암 스님이 말씀하신 공부는 내가 지금 하는 일이다. 그래 소를 잡다가도 숯을 굽다가도 '활연대오(豁然大悟)'한다고 깨달음을 준다.

오늘, '내 공부는 무엇이며, 그 또한 굶주림에 배를 움켜쥐고 자식을 잃은 자처럼 애간장이 끊어지게 하는가?'를 반문치 않을 수 없다.

그렇지 않다면 그저 연암 선생이 그토록 싫어하는 사이비(似而非) 향원(鄕愿)이나 학자(學者)란 두 글자로 치장하여 겨우 석 줌의 땟거리나 챙기려는 식충(食蟲)밖에 더 되겠는가.

화두(話頭) 하나 가슴에 묻고 그물에 걸리지 않는 운수납자처럼 떠

다니지도 못하는 천성(天性)이 천생(賤生)인 삶.
그저 저 말씀으로 할(喝)!

4.

조치훈 9단에 관한 기사다.

"어렵고 힘든 바둑 때문에 내 인생은 재밌다."
"지금은 그때(자신의 바둑이 강했을 때)보다 훨씬 많이 공부해도 실력이 더 강해지지 않는다."
"목숨 걸고 바둑 둔다."
"아무리 열심히 공부하고 또 공부해도 모르는 게 많다."
"패배! 그것도 운명이다."

연안 선생의 말과 다를 바 없다.
오늘, 하루를 시작하려 책상에 앉는다.

윤효간이라는 피아니스트의
'윤효간대학'을 다녀와서

엊그제 독서문화를 선도하는 시나브로의 김 선생님이 전화를 했다. 신기한 분을 만나지 않겠느냐고. 이름이 윤효간이라는 분인데…… 내 이름 간호윤과 가운데 자만 다른, 얼른 옷을 꿰입고 약속 장소로 갔다.

그곳은 가양동에 있는 한 20평쯤 되어 보이는 오피스텔, 아니 윤효간이라는 이름을 딴 '윤효간대학'이었다.

너무 놀랐다. 대학과정의 대안학교라니…….

학생이라야 단 7명, 그리고 윤효간 대장과 그들의 매니저와 또 한 분. 단촐한 대학이지만 원대한 꿈이 있었다. 학생들은 품격이 있었고 예의가 있었다. 창의성과 상상력은 그들의 일상이었다.

내가 그토록 그리던 이상적인 배움터

윤효간대학에서 나온 잡지

였다. 윤효간 선생은 피아노 연주자다. 이미 1500회의 공연을 하였고 지금도 진행형이다. 7월부터는 이 아이들과 세계일주 공연에 돌입한단다.

  참 부끄럽다는 생각이 든다. 왜 우리의 정규 대학에서는 저러한 가르침과 배움이 없을까?

  나는 글을 쓰면서도 다른 이의 책을 추천한 적이 드물다. 이유는 '책은 책대로 나는 나대로'여서였다. 책은 배울 점이 많지만 행실은 영 아니어서였다.

  『윤효간 스타일』이란 책을 단숨에 읽었다.

  책 표지에는 이렇게 쓰여 있었다.

  "아름다운 사람을 연주합니다."

『피아노와 이빨』 　　　　　　『윤효간 스타일』
저자: 윤효간 　　　　　　　　저자: 윤효간
출판: 멘토르 　　　　　　　　출판: 자비출간
발행: 2012.10.25 　　　　　　발행: 2012.10.25.

참 부러웠다. 그의 언행이 일치되어서다.
저 이에게 책은 글자마다 삶이었다.

시선의 비대칭

'살인의 추억'이 요즈음 신문지상(紙上)을 더럽힙니다.

간교, 사이코패스, 살인, 악마, ……. 인간의 언어로 된 모든 흉악한 수식어를 동원하여도 해원(解寃)치 못할, 저 범인을 잡은 결정적 물적 증거가 폐쇄회로TV(CCTV)였다는군요.

'유비쿼터스', '네트워크'니 하는, 첨단 문명의 힘을 실감합니다. 그래 '컴퓨토피아'라는 말이 생각납니다. '컴퓨토피아(computopia)'란, 컴퓨터(computer)와 유토피아(utopia)의 합성어로, '컴퓨터 기술의 발달로 이룩되는 이상적인 사회'를 말합니다만, 사실 행간 속을 스치는 '인정 없는 사회에 대한 자조적(自嘲的)인 뉘앙스'도 짚지 않을 수 없습니다.

그것은 '시선의 비대칭'에서 오는 것입니다. 우리가 컴퓨터를 보는 시각과 컴퓨터가 우리는 보는 시각이 하나는 길고 하나는 짧습니다. 영원히 시선이 어긋나는 불균형, '시선의 비대칭'입니다.

컴퓨터는 인간보다 백만 갑절을 더 기억한다지만, 인간을 따라잡을 수 없는 것이 바로 여기입니다. 컴퓨터는 쇠로 되어 인정(人情), 즉 '인간의 마음'이 없기 때문입니다. 그래 '충(忠)'이라는 말은 알아도 '국가 따위에 충직함이란 행동'을 할 수는 없습니다. '충'이란 말의 완결성은 충을 알고 이를 바람직한 방법으로 충이 실현될 때 완성됩니다.

〈이글 아이〉라는 영화를 보면, 미국 국방부에서 국가를 보호하기 위해 '이글 아이 프로젝트'를 은밀히 추진합니다. 이글 아이 프로젝트는 사회 모든 휴대폰과 CCTV를 감시하여 연쇄 검색으로 테러를 차단하는 신기술이지요. 일종의 국가 충성 고성능 컴퓨터로 세상을 조종하는 또 하나의 미국의 눈, '이글 아이'를 만든 셈입니다.

하지만 이 프로젝트의 주인공인 컴퓨터는 오히려 국가체계를 혼듭니다. '이글 아이' 컴퓨터는 그것이 충이라 이해한 것입니다. 충이란 행동의 수원지는 말할 것도 없이 마음인데, 마음이 없는 컴퓨터와 마음이 있는 인간의 시선이 비대칭인 결과이지요.

이러한 시선의 비대칭을 공부에서도 찾을 수 있습니다.

'의양지학'과 '자득지학'이 바로 그것입니다. 공부에는 의양지학(依樣之學: 모방)과 자득지학(自得之學: 독창)이 있습니다. 의양지학은 머리에 넣으면 된다지만, 자득지학은 의양을 거쳐 스스로 깨달음의 세계로 들어가는 것이지요. 즉 '충(忠)'이라는 낱말의 뜻이 '국가 따위에 충직함이란 행동'임을 아는 것은 '의양'에 해당됩니다. 그러나 '자득'이란 암기한 지식으로 기계적 답안을 작성해 내는 것이 아닌, 이를 행동으로 실천하는 것입니다.

〈이글 아이〉로 비유하자면 의양지학에만 머무르는 것은 컴퓨터적 사고입니다. 충이라 학습된 지식체계가 기계적으로 입력된 상태일 뿐입니다. '자득지학'은 마음공부이니 당연히 충이 마음으로 내려와 여러 경우의 수를 보아가며 충을 하는 행위입니다. 당연히 의양지학과 자득지학의 충에 대한 시선이 비대칭일 수밖에 없습니다.

우리의 머리(뇌)에는 아픔을 느끼는 기관이 없답니다. 그래, 뇌수술은 환자가 정상적인 의식 상태에서 하는 경우가 있다고 책에 씌어 있더군요. 마음공부를 하려고, 자득지학을 하려고 글공부를 하는 것이 아니던가요.

공부를 하는 사람들, 시선이 금속성이어서야 되겠는지요.

유비쿼터스(ubiquitous): 어디서나 어떤 기기로든 자유롭게 통신망에 접속하여 갖은 자료들을 주고받을 수 있는 있음. 또는 그런 환경. 국립국어원이 개설·운영하고 있는 '모두가 함께하는 우리말 다듬기' 사이트를 통하여 '두루누리'로 순화하였다. (국립국어원에서 발간한 『2004년 신어 자료집』에는 이렇게 정의하였다.)
네트워크(network): 랜(LAN)이나 모뎀 따위의 통신 설비를 갖춘 컴퓨터를 이용하여 서로 연결시켜 주는 조직이나 체계. '통신망'으로 순화.
이글 아이(eagle eye, 2008): '이글(eagle)'은 미국의 국장(國章), 아이(eye)는 눈. D. J. 카루소가 감독하고 스티븐 스필버그 등 할리우드 최강팀이 만들었다는 인공지능 컴퓨터를 이용하려다 오히려 컴퓨터가 모든 장비를 컨트롤하면서 국가에 위협을 초래한다는 미국 영화이다. 핸드폰, 현금지급기, 거리의 CCTV, 교통안내 LED사인보드, 신호등 등 우리들 주변의 전자장치와 시스템이 인간의 행동을 조종한다. 스필버그는 "관객이 이 영화를 보고 극장 문을 나설 때, 공포에 떨며 핸드폰이나 PDA를 두려워하길 바란다"고 하였다.

독서증후군 경보

완연 가을입니다.

가을이면 으레 따라붙는 말이 독서이지요. 독서의 계절답게 책에 관한 말들이 분분합니다. 이런 말도 있지요.

독서는 타인에게 자신의 생각을 떠넘기는 행위이다. 책을 읽는 동안 우리는 타인이 밟았던 생각의 과정을 더듬는 데 지나지 않는다. 글씨 쓰기 연습을 하는 학생이, 선생이 연필로 그려준 선을 붓으로 따라가는 것과 비슷하다. ……독서의 첫 번째 특징은 모래에 남겨진 발자국과 같다는 점이다. 즉, 발자국은 보이지만, 그 발자국의 주인이 무엇을 보고, 무엇을 생각했는지는 알 수 없다. 그러므로 중요한 것은 발자국을 따라가는 것이 아니라 주변에 무엇이 보이는가를 확인하는 길이다.

쇼펜하우어의 「문장론」이란 글에서 찾아낸 구절입니다. 우리나라 초등학생의 독서율은 세계 어디에 내놓아도 으뜸이라더니 이제는 유아기까지 독서 열풍입니다. 그러나 유아기의 과잉독서는 책의 의미를 모르기 때문에 기계적으로 문자만 암기하는 것에 지나지 않는다는 점을 유의해야 합니다. 이를 하이퍼렉시아(hyperlexia: 초독서증)라 하는데 끝내는 유사자폐로 이어진다는 것이 의학계의 진단이기 때문입니다.

문제는 어른이라고 이와 다를 바 없다는 사실입니다. 소설 속 이야기이긴 하지만 세르반테스의 『돈키호테』는 그 좋은 예입니다.

"그는 지나치게 책 읽는 일에만 빠져들어 무수한 밤을 책을 읽느라 지새웠고, 책을 읽으면 읽을수록 더욱 책 속에서 헤어 나오지 못했다. 그러다 보니 잠자는 시간은 점점 줄어들고 책을 읽는 시간은 많아져서 머릿속은 텅 비고 마침내 이성을 잃어버리게 되었다."

아무런 의심 없이 책이 챙겨주는 정답을 외우는 행위 돈키호테가 그려져 있습니다. 책을 읽는 것이 아니라, 책에게 읽히는 경우는 저 돈키호테뿐만이 아닙니다. (이 소설 속의 돈키호테를 나는 좋아합니다. 여기서는 다만 위의 문장만을 빌려온 것이니 오해마시기 바랍니다.) 맹자도 "옛글을 모두 믿는다면 글이 없는 것보다 못하다[盡信書則 不如無書]."고 하며 글 속에 빠진 독서를 경계하였고, "『논어』를 읽되 '논어'를 모른다"는 말도 이러한 경계를 지적하는 말입니다. 이러한 맹목적인 독서에 대한 경계는 어제 오늘 일이 아니니, 맹자의 저 말은 조선 경종 임금 시절 과거시험 논(論)의 시제로 출제되기도 하였습니다.

그래 공부와 계약을 맺어야 합니다. 어디까지나 주인은 나요, 공부는 종입니다. 공부에게 지배당하는 순간 공부의 노예가 되어 버립니다. 그런데 의외로 내가 자리 한 폭 깔고 앉은 대학가에는 공부 노예임을 자처하는 이들이 참 많습니다. 가슴 서늘한 저러한 독서를 '독서증후군' 쯤이라 하겠습니다. 증상은 아주 다양합니다. 거들먹거리고, 대학 가르고, 제자 무시하고, 제 논문이 최고라 하고 등 그 병세는 꽤 넓고도 광폭하여 걸렸다 하면 치명적입니다.

좁은 생각으로 미루어 보면, 독서 후의 저러한 증세는 대개 이기려는 독서를 하는데서 비롯된 것이라 생각합니다. 제 몸을 위해서가 아닌, '남을 이기려는 독서', '내 것만 챙기려는 독서'를 하니 병이 될 수밖에요.

장미의 계절, 라이너 마리아릴케는 장미가시에 찔려 파상풍균에 감염되어 생명을 마쳤다 합니다. 독서의 계절, '독서증후군'에 빠져 삶을 우습게 만들지 말라는 '독서 인플루엔자 경보'가 진작 내렸습니다.

좋은 말과 나쁜 말

　TV에서 '좋은 말의 긍정적인 효과'를 다루더군요. '그럴까?' 하는 생각에, 실험해 보기로 했습니다. 아침저녁 출퇴근할 때면 좋은 말과 나쁜 말을 속삭였습니다.

　깜짝 놀랐습니다.

　김이 모락모락 나는 새밥을 같은 재질의 그릇에 담았던 것인데, 불과 3~4일부터 두 그릇에 담긴 밥은 눈에 띄게 달라졌습니다.

　그리고 15일 만에 저러한 결과가 나왔습니다. 덤으로 좋은 말은 햇볕과 같아 좋은 말이 가는 방향으로 인간은 성장한다는 글줄도 얻었습니다.

　한 그릇에는 이런 말을 들려주었습니다.
　"넌, 안 돼."
　"왜 그렇게 사니."
　"사는 것 참 힘들다."

"오늘도 이렇게 지나갔구나."
……

한 그릇에는 이런 말을 들려주었습니다.
"넌, 잘 풀릴 거야."
"참 잘 살고 있어."
"사는 것이 참 즐겁다."
"오늘도 의미 있는 하루였어."
……

이번에는 속으로 생각만 하는 실험을 해보았습니다.
아무런 변화가 없었습니다.

나만의 길

난 이 길을 걸어 서재 휴휴헌으로 간다. 이 시간쯤이면 늘 그렇듯이.

16년의 중등교사 생활에 사직서를 내는 날부터 난 나만의 길을 간다. 가끔씩은 오늘 같은 날을 만난다. 난감하다. 내 주위에 있는 몇 남은 이들. 그 믿었던 사람들, 뜻을 함께 하던 이들에게 나만의 길을 의심받을 때, '난 내 깜냥껏 나만의 길을 간다'라는 문장에 균열이 간다.

'나만의 길'은 선생의 길과 글 쓰는 길, 나의 '나만의 길'을 의심하는 이들, 이들이 보기에 내 길이 참 쉽게 보이나보다. 내 글도 금전 몇 푼의 환전가치 정도로밖에는 보이지 않나 보다.

오늘 같은 날, 참 난감하다.

마니산에서

강화도 마니산에 올랐다. '마니'는 '마루'이니 우듬지란 의미이다.
그 끝, 이런저런 생각이 바람결에 흐른다.
저 아래, 사람들이 사는 곳. ……난 이만큼 있다.
지금만이라도…….

화두 한 자락 챙겨들고 바람 따라 더부살이도 못할 위인, 안수정등(岸樹井藤)*의 저 세상으로 또 내려가야 한다.

안수정등의 저 세상으로…….

제발 일욕(一欲)만이라도 줄었기를.

---

* 안수정등(岸樹井藤): 안수는 '강기슭의 나무', 정등은 '우물 속의 등나무'란 뜻이다. 옛날 어떤 사람이 광야를 헤 메고 있었는데 그때 크고 사나운 코끼리를 만나 쫓기게 되었다. 그는 도망가다 언덕 위에 우물이 하나 있는 것을 발견하고 그 우물 안으로 드리워진 나뭇가지를 타고 내려갔다. 그런데 그가 매달려 있는 나무를 흰쥐와 검은 쥐가 번갈아 갉아먹고 있었고 우물 사방에는 네 마리의 독사가 혀를 날름거리고 있었으며 밑에는 독룡이 입을 벌리고 있었다.

이별

1.

연암 박지원 선생은 『열하일기』 「막북행정록」에서 '이별'을 이렇게 말하였다.

"인간의 가장 괴로운 일은 이별이요, 이별 중에도 생이별(生離別)보다 괴로운 것은 없을 것이다. 대개 저 하나는 살고 또 하나는 죽고 하는 그 순간의 이별이야 구태여 괴로움이라 할 것이 못 된다."

언젠가 안산 논길을 걷다 찍은 사진을 보았다. 무작정 떠난 여행. 혼자인 줄 알았는데 그 사진 속에서는 내 그림자가 나와 동행하고 있었다.

유행가 가사를 빌릴 것도 없이 삶은 인생길이다. 겨우 마 세 근밖에 안 되는 마삼근(麻三斤) 몸뚱아리를 지닌 그 인생길에서 수많은 이들을 만나고 이별한다. 잠깐 하는 이별에서 죽고 사는 영원한 이별도 있다.

연암 선생은 죽고 사는 이별이 살아 이별하는 생이별만 못 하다고 한다. 죽고 살았기에 이미 서로 볼 수 없다. 이별로 인한 괴로움을 더 이상 만날 수 없다는 체념이 앗아가서이다. 그러나 살아 이별은 만날 수 있기에 괴로운 것이다. 연암 선생은 만날 수 있는 것을 만날 수 없게 하니 고통스럽다고 말한다.

생이별은 만남이 깊을수록 괴로움도 깊다. 이별의 생채기에 딱지가 앉고 떨어져도 생이별의 상흔은 그 만큼의 만남의 깊이로 남는다.

문제는 생이별이든 생사이별이든 꼭 만남만큼의 이별의 숫자를 채워야 한다는 정연한 진리이다. 오늘 생이별이 내일의 만남을 더 굳게 하는 이별도 있지만 그 만남도 언젠가는 또 생사이별이란 글자 앞에 놓인다. 우리의 삶이 유한하기에 그렇다.

부모자식이든, 사랑하는 이든, 벗이든, …… 우리는 그 모두와 만남이 있는 한은 반드시 이렇듯 생이별이든 생사이별이든 한다.

인생길은 그렇게 모든 만남과의 이별여행길이다.

나는 어제도 이별여행을 떠났다. 그리고 오늘도 내일도 이별여행을 떠나고 떠날 것이다. 오늘은 또 누구를 만나고 이별을 해야 하는가? 생이별만은 너무나 괴로운 일이니 하지 말았으면 한다.

내 그림자에게도 조용히 물어본다.

"여보게! 자네와 난 언제쯤 이별할 겐가? 사실 말이지. 산다는 게 좀 시틋하단 말이지. 그날이 오늘이든, 내일이든, 편히 맞을 준비가 되어 있으니 마음대로 하시게."

내 그림자와도 언젠가 영원히 이별할 것이기에 말이다.

따뜻한 날이다. 마 삼 근 몸뚱아리의 이별여행에 참 좋은 날이다.

2.

　이별과 이별하기 위해서 나는 어제도 이별연습을 했다. 만남의 기쁨보다 이별의 아픔이 크기에 이별연습을 했다.
　만남은 기쁨이다. 나는 세상과 만나고, 부모와 만나고, 친구와 만나고, 사랑하는 이와 만나고, 그렇게 모든 만남은 기쁨이다. 만남은 그렇게 아픔보다는 기쁨이다.
　그러나 유한한 삶이기에 만남에는 반드시 이별이 있다. 이별은 아픔이다. 나는 세상과 이별하고, 부모와 이별하고, 친구와 이별하고, 사랑하는 이와 이별하고, 그렇게 모든 이별은 아픔이다. 이별은 그렇게 기쁨보다는 아픔이다. 만남의 기쁨보다 이별의 아픔이 크기에 오늘도 이별연습을 한다. 나는 오늘도 이별연습을 한다. 나는 내일도 이별연습을 할 것이다.
　이별과 이별하기 위해서.

3.

　별무소용(別無所用)이더라. 걸음발 탈 때부터 헤어짐을 연습했다지만 별무소용이더라.
　굳은살처럼 꼭꼭 박인 만남일지라도 아니할 수 없는 것이 이별이라기에, 삶과 죽음이 하나이듯이, 있음과 없음이 하나이듯이, 앵두꽃과 능소화 피고 짐이 하나이듯이, 봄 여름 가을 겨울이 하나이듯이, 숙명의 만남과 운명의 이별이 하나라기에, 걸음발 탈 때부터 헤어짐을 연습했다더라.

손거스러미 하나하나 일고 일어나, 그것이 덧나서는 생인손을 앓듯이, 인연의 날들이 한장한장 백지가 되고, 만남의 날들이 한자한자 글자가 되어, 그것이 다락같이 가슴앓이 된다기에 걸음발 탈 때부터 헤어짐을 연습했다더라.

누구는 '이별의 아픔에 만 섬의 시름도 끝이 없다' 하고, 누구는 '한강물 길어다 행인의 벼루에 담아 이별의 무한한 시름 써 내노라' 하고, 누구는 '이별의 눈물이 해마다 대동강 물을 돋운다' 하기에, 걸음발 탈 때부터 헤어짐을 연습했다더라.

걸음발 때부터 헤어짐을 연습했다지만 별무소용이더라. 만남이 그렇듯 이별은 연습이 아니더라.

권정생문학관을 찾아서

1.

살며시 비님이 오시는 날, 부천복사골문학회 분들과 권정생문학관을 찾았다.

모두들 초록이 지쳐 단풍든 몸이요, 이마에는 서너 개의 삶의 고락이 그어진 분들이다. 그래도 이날만은 젊은 문학청년이요, 소녀들이다.

재잘재잘, 주절주절, 말자락에 빗줄기를 따라 부천을 떠난 버스는 안동시 일직면 망호리 소재 권정생문학관(원명: 동화나라)에 도착했다.

넓다! 넓어! 권정생 선생의 삶은 옹색하였지만 기념터는 넓고도 넓다. '동화나라'라는 명칭도 썩 어울리지 않는다는 느낌이다.

저이의 삶은 저렇게 옹색하였거늘, 괜히 저이의 삶으로 남은 자들의 욕심을 치대꺼리 하는 것은 아닌지 하는 생각이 든다. (관장실이란

팻말이 붙은 곳을 들여다보니 큼직한 책상 위에 관장이란 명패가 덩그러니 놓여 있다.)

권정생 선생의 친필을 본다. 〈강아지똥〉이 보인다. 글씨는 그이의 체구만큼이나 작고 정갈했다.

권정생 선생의 사진과 유언장을 본다.

물 한 점 없는 갈필로 그려낸 듯한 사진 속, 저이의 선한 눈매와 유언장이 눈길을 끈다. 누구나 유언장을 쓸 터. 맑은 마음, 저러한 유언장을 쓰고 싶다.

"좀 낭만적으로 죽었으면 좋겠다."
"천사처럼 죽는 것은 글렀다고 본다."
"22살이나 23살 쯤 되는 아가씨와 연애를 하고 싶다."

이런 유언장은 처음 본다. 진솔한 유언장이다.

그이의 가감 없는 글쓰기는 이런 곳에서까지 보인다.

2.

하회별신굿을 본다.
춤동작들이 부드럽다. 춤의 맛이 몸에서 간간이 배어나온다.
이야기는 양반들에 대한 희화.
남녀 간의 욕정, ……. 그러나 빈약한 스토리와 언어유희, 그리고 어느 유희의 장에나 보이는 물질과 환전.
관객과 어우러짐을 뒤로하고 하회마을로 걸음을 옮긴다.
10여 년 전 왔을 때와는 완연 다르다. 안내인에, 이곳저곳에 들어선 상점이며, 서애 유성룡 선생의 동리도 물질화는 피해갈 수 없나보다.
돌아오는 길, 하루를 보낸 하늘엔 붉은 저녁노을 여남은이 분주히 채색을 한다.

문득, '난 어떤 유언장을 쓸까?'

북한이 종합 1위!

올림픽, 북한 1위? - 그 통계의 허실
"북한이 종합 1위!"
2012년 8월 3일, 한국의 여름밤을 달구는 지구촌 대잔치 올림픽 순위이다. 기사 내용은 영국의 가디언지이다. 가디언지는 인구·국내총생산(GDP)·선수단 규모를 기준으로 올림픽 참가국의 순위를 매겼다. GDP를 기준으로 삼을 경우, 금메달 4개를 획득한 북한이 1위다. 중국은 30개, 미국은 29개의 메달을 땄지만 순위는 25위, 49위에 그친다.
현재 한국의 금메달은 6개다. 올림픽 주관 방송사인 영국 BBC 홈페이지에 나와 있는 한국의 순위는 3위지만 미국 NBC방송의 홈페이지엔 6위로 돼 있다. 영국은 금메달 수, 미국은 총 메달 수를 기준으로 순위를 정하기 때문이다. (우리나라를 비롯해 중국·프랑스 등 대부분의 국가들은 금메달 수를, 미국·캐나다 등은 총 메달 수를 기준으로 삼는다. 총 메달 수를 기준으로 하는 이유는, 금·은·동 모두 가치 있거늘 금에 비하여 상대적으로 은과 동을 경시할 수 있고 지나치게 순위에 집착함을 막기 위해서란다.)

통계의 허실이 번연히 보인다. 문제는 이 통계가 사람들의 생각을 결정짓는다는 못된 성질이 있다는 점이다. 못된 성질은 바로 잣대에서 비롯된다. 중국이 금메달 30개로 1위이지만, 25위가 될 수 있는 것은 잣대가 금메달이냐, GDP냐에 따라서 달라지기 때문이다.

사실 금메달로 국가 간 올림픽 순위를 매긴다는 것은 문제점이 많다. 국제올림픽위원회(IOC)는 올림픽을 국가 간의 경쟁이 아닌 개인 간의 스포츠 제전으로 본다. 물론 공식적으로 국가별 메달 순위도 발표하지 않는다.

우리는 금메달을 순위의 잣대로 삼아 선수도 국민도 환호와 한숨을 격정적으로 토해낸다. 메달이 갖는 배타적, 혹은 적대적 지위형성이 4위, 5위, 6위……는 물론 은메달과 동메달을 딴 선수까지 까지 모조리 상대적 소외감을 갖게 하기 때문이다. GDP부터 체격, 투자비용, 경기의 선호도, … 등 잣대를 바꾸면 은메달, 동메달, 4위, 5위…… 얼마든 1위가 될 수 있다. 선수들은 물론 국민들의 행복지수 또한 여기서 높아진다.

아침마당과 전화 인터뷰하는 자리에서 이번 유도 금메달리스트 김재범 선수의 말을 들었다. 그의 잣대는 금·은·동이 아닌 행복이다. "나는 너에게 진적이 없어. 나는 은메달을 땄을 때도, 행복했거든." 은메달을 딴 올레 비숍의 "진다는 기분을 알겠구나."라는 물음에 김재범은 저렇게 답했다고 한다. 비숍은 4년 전, 2008 베이징 올림픽 결승전에서 김재범에게 통한의 패배를 안긴 바로 그 선수였다. 사실 여부야 확인할 길 없지만 김 선수의 말대로라면 '난 유도를 하기에 늘 행복해 그래 순위에는 연연해하지 않지'로 풀이된다.

독일의 의사이자 코미디언인 에카르트 폰 히르슈하우젠은 『행복은 혼자 오지 않는다』(박규호 옮김, 은행나무, 2010)에서 "행복해지기는 간단하다. 다만 간단해지기가 어려울 뿐"이라고 하였다. 행복은 사실 간단한 문제가 아니다. 그러나 은메달이 금메달이나 그저 메달색만 다를 뿐이라는 잣대로 단순화시키면 바로 행복이 거기에 있다. 스포츠 선수로서 내가 좋아하는 운동을 한다는 행복감, 바로 이 행복감을 잣대로 삼는다면 1위부터 마지막 순위까지 누구나 행복한 선수들이다.

우리의 메달 집계를 본다. 방송사 언론사할 것 없이 모두 '중국이 1위, 미국 2위, 한국 3위, ……'이다. 물론 통계의 잣대는 오로지 금메달이다. 우리나라 선수들이 메달 색깔에 따라 극단의 희비를 보이는 것은 바로 이 못된 금메달이라는 잣대 때문이다. 이러한 통계의 허실이 진실로 뒤바뀐 잣대는 우리나라에 전염병처럼 퍼지더니 급기야는 대한민국을 옥조이는 괴물로 변하였다. 오로지 1등만을 보고 달리는 우리 대한민국의 슬픈 자화상에서 잣대의 획일화란 괴물을 본다.

잣대의 획일화에서 벗어나려면 내 생각을 끊임없이 의심해야 한다. 「백팔대참회문」"내 생각만 옳다는 어리석음을 참회하며 절합니다."라는 43번 글귀를 새삼 곱씹어보는 하루이다.

부담스런 시선

부담스런 시선이다.

요즈음 나는 어깨 보호대를 하고 다닌다. 처음에는 시선을 의식치 못하였다. 그런데 며칠 전, 아침에 서재로 오는데 한 할머니가 나를 세 번이나 돌아다보았다. 세 번째는 아예 가던 걸음까지 멈추었다. 멈춘 할머니의 시선은 내 눈까지 두루 훑었다.

가만 생각해보니 이 보호대를 차고 다닌 뒤 눈길 마주침이 여러 번이었다. 대부분 나이 지긋한 분들이고 특히 여성들이 많았다. 젊은이들은 남녀를 불문하고 나를 쳐다보지 않았다.

참 부담스런 시선이다. 시선을 받고서야 비로소 '장애인'으로 우리나라에서 산다는 것이 여하함을 알게 되었다. '너는 나와 왜 다르니?'라고 묻기나 하는 듯한, 혹은 '참 안 됐구나.'라고 동정을 보내는 듯한 시선은 영 기분이 안 좋다.

다만 팔에 보호대를 한 것도 이 정도인데, 만약······.

그리고 보니 부담스런 시선이 어디 이뿐이겠는가? 혼기를 넘겼다고,

직장을 몇 년째 못 잡는다고, 지방대학 다닌다고, 중소기업 다닌다고.
 한 팔을 보호대에 걸쳐 놓으며 부재와, 상실의 의미를 깨닫는다. 부담스런 시선은 덤으로.
 허나 부담스런 시선은 정녕코 사양한다. 이렇게 써 붙이고 다녀야 할까 보다.
 "어르신들! 사양합니다. 그 부담스런 시선 말입니다."

채점 단상

1.

12시쯤 시작한 채점이 이제야 끝났다. 학생들이 제출한 마지막 과제를 보며 많은 생각을 한다. 내가 나에게 준 학점은 늘 신통치 못한데, 학생들은 나에게 몇 점의 강의평가를 주었을까? 학점을 주고 강의평가를 받고 그렇게 한 학기가 간다. 아래는 학생들에게 준 글이다.

서울교육대학교 〈언어와 문화〉 채점을 마치며
여러분들의 마지막 피드백 과제까지 모두 채점을 마쳤습니다. 여러분들도 그렇겠지만 나 역시 많은 생각을 해봅니다. 과연 한 학기 동안 내가 이 수업을 잘 이끌었는지에 대한 깊은 회의입니다. 여러분이나 나나 단 한 번뿐인 강의이기에 그렇습니다.
난 이 수업을 통하여 여러분들의 마중물이 되고자 하였습니다. 마중물이란 펌프에 물이 나오도록 먼저 한 바가지 정도 붓는 물을 일컫습니다.

이 한 바가지의 물이 얼마든 저 땅속 깊이 있는 수원지의 물을 퍼 올립니다. 내가 여러분들에게 준 마중물은 아마도 '자유로운 사고'로 귀착될 것입니다. 토론식 수업을 한 이유도, 여러분의 의견을 많이 끌어 내려한 이유도 여기에 있습니다. 이것이 나는 배우고 묻는 학문(學問)을 하는 길이라고 생각합니다.

모두에게 넉넉한 학점을 못주는 것은 미리 양해를 구했습니다. 여러분이 어떠한 학점을 받았더라도 그것이 곧 이 과목에서 여러분의 능력은 아니란 점을 이해했으면 합니다.

이제 여러분들은 2개월여의 긴 방학에 들어갑니다. 모쪼록 여러분들이 행복하였으면 하는 바람입니다.

2.

카페를 전혀 몰랐던 나다.

어느 날부터 카페 순례를 한다. 커피 한 잔에 빵 한 조각이면 하루가 충분하다. 이 카페를 찾은 것이 그러니까 새 학기가 시작될 쯤이 아닌가 한다. 창 밖 풍경이 워낙 좋아 늘 이 자리에 앉는다. 흰 눈이 내리던 창 밖은 수줍게 새순이 돋고, 예쁘게 앵두꽃이 피고, 발그레한 앵두가 먹음직하니 달리며 시나브로 흐르는 시간을 알렸다.

오늘 와보니 능소화가 활짝 피었다.

능소화는 조선시대에 장원급제한 사람의 화관에 꽂아주는 어사화였다. 예쁜 주인장이 '꽃이 예쁘게 피었다'는 내 말에 '무슨 꽃이냐'고 외려 묻는다. 알면서도 하는 인사이기에 그 마음 씀이 참 곱다.

이런 곳에 앉아 학생들의 채점을 하자니 영 마음이 언짢다.

특히 절대평가가 아닌 상대평가이기에 더욱 그렇다. 누구는 반드시 C를 주어야 한다는 사실이 여간 고역스러운 게 아니다. 내가 과연 학생들에게 A, B, C라는 점수를 매기는 것이 마땅한지도 모르겠다.
 흐르는 세월의 유감에 채점의 미안함까지 겹친다.

신라호텔 한복 출입금지 유감

인터넷을 보니 신라호텔 한복 출입금지 문제가 급기야는 세계의 웃음가마리가 되었다. 제 나라에서 가장 높은 급의 호텔에서조차 홀대하니 그럴 수밖에 없다. 그런데 이 사건과 관련하여 백의민족 운운하는 글이 있어 몇 자 적어본다.

우리 민족이 흰옷을 입는 기록에 대해서 이수광(1563~1628)은 『지봉유설(芝峰類說)』「제국부(諸國部), 풍속」에서 "우리나라 사람들이 즐겨 입는 것은 아마도 '은나라 태사(太師, 기자)'가 남긴 풍습이 아니겠는가[東方人好着白衣 豈亦殷太師之遺風歟]."라고 하였다. 기자 운운하는 데서 그 연원이 꽤 오래이나 우리 본래의 것이 아님을 알 수 있다. 또 이수광의 같은 책 「군도부(君道部), 법금」을 보면 선왕조에는 '백의금난(白衣禁亂, 흰옷 입는 것을 금지 단속하는 법)'이 있었고 흰옷을 입는 풍속이 완연하게 된 것은 "가정(嘉靖, 1522~1566) 을축년(1529년) 이후 여러 번의 국상을 당하여 계속해서 흰옷을 입은 것이 드디어 풍속을 이루게 되었다[嘉靖乙丑以後 累經國恤 仍着素衣 遂成風俗]."라고 적어 놓았다.

이로 미루어 볼 때, 국상으로 인한 잦은 소복이 내쳐 풍습으로 변한 것임을 알 수 있다. 연암 박지원은 『허생』에서 이 흰옷 문제를 호되게 나무랐으며, 최현배 선생 같은 이는 『조선민족갱생의 도』 '제6절 생활방식의 개선'에서 이 흰옷을 없애자며 아래처럼 말했다. 이 글은 일제 치하의 금서(禁書)였으니 그 의미가 적지 않을 터이다.

흰옷을 모두 없애자. 그리하여 백의인(白衣人)·백의민족(白衣民族)·백의동포(白衣同胞)의 이름을 버리자. 더구나 용감히 활동하여야 할 남자의 옷은 무능의 백색을 띠는 것은 옳지 않으며 쾌활한 아동의 옷이 슬픔과 설움의 상징인 흰색을 띠는 것은 더욱 크게 불합리하다.

백의민족에는 또 애달픈 여인네의 고된 한숨도 섞여 있다. 19세기 조선에 가장 근접한 기록을 남긴 영국 여인 이사벨라 비숍(Isabella Bird Bishop, 1931~1904)은 『한국과 그 이웃나라들』에서 종로의 흰 두루마기 물결 속에서 여인들의 고되고 간단없는 빨래터의 삶을 적어 놓았다.

休軒涉筆

7. 읽고 본 것에 대한 단상

다석 마지막 강의 / 잔혹동시 유감 / 크로이체르 소나타 / 그림과 소설이 만났을 때 / 인간의 굴레 / 조화로운 삶 / 아웃사이더 / 아름다운 우리 고소설 / 죽음이란 무엇인가 / 하버드 새벽 4시 반 / 구슬이 바위에 떨어진들 / 다산처럼 읽고 연암처럼 써라 / 그대 뒷모습 / 미움받을 용기 / 그 섬에 내가 있었네 / 악스트 / 로베르 인명사전 / 화양연화 / 솔직과 떡값 / 질주 / 나는 오늘도 리스본행 야간열차 앞에 서 있다 / 미스 줄리 / 태양은 가득히: 그 욕망과 먹다의 포식성 / 나한테 불만 있나 / 대한민국 시계는 25시 / 내일을 위한 시간 / 소수의견 / 차이나타운, 간신, 악의 연대기 / 과학의 아들'과 '신의 아들' / 이 비행기를 안 타겠어! / 화장 / 홀리 모터스 / 파리에서의 마지막 탱고 / 꾸뻬씨의 행복여행 / 파수꾼 / 여인의 향기 / 야곱 신부의 편지 / 카모메 식당 / 해무 / 인간중독 / 또 하나의 약속 / 우아한 거짓말 / 노예 12년 / 오싱 / 창수 / 변호인 / 러브 스토리 / 톱스타

다석 마지막 강의

『다석 마지막 강의』
작가: 류영모
출판: 교양인
발행: 2010.03.20.

1.

다석 선생은 울라 한다. 눈물은 귀하기에 이승에서 다 쓰고 가라 한가. 눈물은 가장 순수한 것이다. 사람으로 이 세상에 태어나 처음이 울음이다. 울지 못하면 사람이 안 된다. 바로 주검이 된다. 울음은 그래 사람임을 증명하는 징표이다. 우는 이의 어깨는 우는 이의 뒷모습은 그래서 참 사람답다. 꺼이꺼이 우는 울음이든 흐느끼며 우는 울음이든 그것이 오열이든, 통곡이든, 울음은 참 마음을 깨끗하게 한다.

내가 언제 울었는지 모르겠다. 사람답게 사는지도 모르겠다. 누구를 위해 우는 울음이든 나를 위해 우는 울음이든 한 번 울고 싶다. 목 놓아 울고 싶다.

2.

자유란 무엇인가? 다석 선생은 바로 '자기(나)'라고 한다. 하느님을 믿는 것도 '자기(나)'요, "자기(나)'가 있어야 믿고 가르침을 행할 수 있단다. 다석 선생은 '나로 말미암아 무슨 일이든 행한다'는 '유기(由己)'! 이것이 바로 자유라고 한다.

내가 살아가고, 내가 사랑하고, 내가 사유하고, 이것이 내가 사는 길이다. 그러니 내가 자유롭게 살아가는 길에는 네가 아닌 내가 있어야 한다. 맹자의 '스스로 고민하여 깨달아라' 한 '자득지학(自得之學)'이요, 연암 박지원 선생이 '자신의 본분으로 돌아가라' 외친 '환타본분(還他本分)'이다. 만해 한용운 선생도 '인간으로서 해야 할 일을 다하고 하늘의 뜻을 기다린다'는 '진인사대천명(盡人事待天命)'은 영판 헛소리라고 하였다. 이루어 주거나 말거나가 오로지 하느님에게 있으니 '자기'가 없어서라며.

오늘, 나는 내 글을 쓰는가? 나는 내가 글을 잃는가? 누가 뭐라 하여도 난 나의 길을 가는가? 나는 자유인인가?

3.

다석 류영모의 글을 읽습니다. 우리가 잘 아는 "태산이 높다 하되……"라는 시를 다시 새깁니다. (사실 이 시는 양사언의 시라 배우는 것도 잘못입니다. 이 시는 이항(李恒, 1499~1576)의 시일 개연성이 많습니다.) 다석 선생은 태산을 오르는 것은 개미나 하는 짓이라 합니다.『주역』의 땅 밑에 산이 있음을 상징하는 겸괘를 설명한 글에 보입니다.『주역』의 겸괘를 자세히 풀이할 수는 없지만 다석 선생의 말뜻은 이해할 수 있습니다. 하늘에서 보자면 있는 둥 마는 둥한 우리, 겸손(謙遜)해야 한다는 말입니다.

책 몇 권 남짓 쓰다 보니 압니다. 오늘날 베스트셀러의 속성을. 마키아벨리즘이나 다위니즘을 담은 인간 처세술, 혹은 이와는 반대편인 척 자연과 인간을 운운하여 인문학인 양 문패를 단 인간 처세술 이야기들입니다. 그나마 '인간 처세술'은 도 긴 개 긴입니다.

다석 선생은 '겸손'도 많으니 '겸손 겸' 자 한 자만도 족하다며 글을 맺습니다. 이하 사족(蛇足)이라 각설(却說)합니다.

잔혹동시 유감

초등교사가 될 학생들을 가르치는 선생이기에 아니 쓸 수 없어 삼가 몇 자.

'잔혹동시'를 읽어 보았다.
"학원에 가고 싶지 않을 땐……"이라는 내용이다.

얼마든 이런 시를 쓸 수 있다. 10세 아이가 쓴 이 시의 내용은 초·중·고 학생들의 입에서 흔히 듣는(?) 어휘의 모음일 수도 있고(나도 버스에서 여고생들이 '그X'이라는 인칭을 제 어머니에게 쓰는 것임을 들은 적도 있다.) 한국에서 살아가는 어린 아이의 슬픈 고백을 대변한 시일 수도 있다.

어떻게 보면 오히려 우리 사회의 민낯

문제가 되자 출판사에서 전량 회수했다는 문제의 동시집, '어린이 우수작품집 시리즈7'이라는 글구가 참 어른들스럽다.

을 가감 없이 드러낸 것이기에 어른들은 한없이 부끄러워야 한다. 더욱이 시란, 제 감정을 써낸 것이다. 이를 감안한다면 '잔혹동시' 운운은 오히려 동시의 한 '장르' 탄생이라고까지 말할 수 있다. 그러니 이 아이의 시를 두고 우리사회가 마치 공분(公憤)이라도 느낀 양 호들갑을 떠는 것은 옳지 않다.

문제는 동시집으로 발간되었다는데 있다. 비록 동시집이라 하여도 우리 사회에서 10살의 아이가 시집을 출간한다는 것은 그리 만만한 문제가 아니다. (기성 시인들조차도 시집은 자비로 출간한다. 더욱이 작금의 출판상황은 더욱 나쁘다.) 여기에 출판이란 점을 감안한다면 '아이의 시쓰기 → 부모의 도움(출판사 물색) → 출판사의 출간 결정 → 원고 교정 → 출판 → 판매'라는 복잡한 단계를 걸쳐야만 독자의 손에 들어온다. 이 과정에서 10살의 소녀가 할 일은 시 쓰기에서 끝나고 나머지는 모두 어른들의 손에서 이루어져야 한다. 즉, 부모와 출판인(여기에 출판된 동시집을 사는 것이기에 독자층도 어른임을 고려해야 한다.)이다.

기사를 읽어보니 이 아이의 어머니는 시인이고 또 첫째 아이의 시집도 출간해 주었다고 한다. 첫째 아이도 출간해 주었으니 둘째 아이도 출간해 준 것이란다. 시에 관심이 있는 부모임에 틀림없다. 출판사에서는 이를 출간하였다. 출판은 출판비가 들기에 좋은 작가의 발굴도 있지만 반드시 영리를 생각지 않을 수 없다. 혹여, '잔혹동시' 운운하며 이 아이의 시를 책망하려면, 마땅히 그 책망은 이 어른들의 몫이라고 생각한다.

첫째 책망은 부모가 들어야 하지 않을까? 제 아무리 시를 잘 쓴다고 부모가 출판사를 섭외하여 동시집을 출간해주는 부모가 몇 명이나 될까? 더욱이 10세 아이가 쓴 시를 꼭 출판사를 통해 내줘야 할까? 학급문집처럼 작게 시집을 만들어 친구들에게 나누어주면 돈도 들지 않고 아이의 시 쓰기도 장려할 수 있다. 그런데 일반 대중을 상대로 10세 아이의 시를 출간한 저의가 무엇인가? 혹여, '10세 시인'으로 등극시켜 다른 아이들과 차별성을 갖추게 하려는 저의가 아닌가?

둘째 책망은 출판사의 몫이다. 부모는 '의문형 책망'이지만 출판사에겐 마땅한 책망이라고 생각한다. "학원에 가고 싶지 않을 땐……"은 사실 시라고 보기에는 어렵다. 10세 시인의 천재성은 더욱 아닌, 학원에 가기 싫은 한 어린아이의 볼멘소리일 뿐이다. 이 아이의 다른 시를 읽어보니 여기저기 일부 반짝이는 어휘가 보인다. 오히려 편집자(출판사)는 "학원에 가고 싶지 않을 땐……"을 넣음으로써 다른 시까지도 흠집 냄을 이미 원고 수정 단계를 거치며 몰랐을 리 없다. (만약, 몰랐다면 출판사라 할 수도 없다. 그러나 삽화까지 그려 넣은 것으로 보아서는…… 이 출판사를 어떻게 출판사라 할지…….) 그런데도 이 시를 수록하여 일반 대중이 사서 읽으라고 서점에 배포하였다. 혹여, 10세 아이의 자극적인 시를 통해 영리를 꾀해보려는 출판사의 꼼수라는 저의가 아닌가?

그렇다면 누가 더 잔혹한가?
"학원에 가고 싶지 않을 땐……"이라는 시를 쓴 10세 아이인가?
아니면, 부모?
아니면, 출판사?
아니면, '잔혹동시'라 칭하며 호들갑을 떠는 우리사회?
이렇든 저렇든, 2015년 5월의 한국사회의 한 단면이 잔혹한 것만은 틀림없는 사실이다.

크로이체르 소나타

『크로이체르 소나타』
작가: 레프 톨스토이
출판: 웅진씽크빅
발행: 2008.05.26

베토벤의 바이올린 소나타 9번 A장조. 일명 크로이체르 소나타를 듣고 톨스토이가 62세에 쓴 작품이다. 인간의 사랑과 질투, 그리고 그 사이를 흐르게 하는 소나타의 선율을 써 놓은 소설이다.

"상상은 나의 질투심에 불을 지르는 그림들을 쉴새없이 선명히 그려내기 시작했습니다."

흐드러지게 핀 벚꽃이 봄비의 시샘에 떨어지는 듯한 베토벤의 크로이체르 소나타 선율에 사랑과 질투에 고뇌하는 한 인간의 내면이 독백처럼 흐른다.

그림과 소설이 만났을 때

아래는 오늘 자 〈동아일보〉에 소개된 내 책 『그림과 소설이 만났을 때』에 대한 기사이다. 3년여 동안 발품을 팔았고 '고소설도' 전반에 대해 처음으로 정리한 글이기에 내심 많은 기대를 했었다. 물수제비 뜨듯한 글은 정녕 아니었건만, 슬며시 이는 횟횟증에 '그럼 그렇지······' 하는 생각이 든다.

'그럼 그렇지······'에 들어 있는 생각을 정리하다. '나는 누구인가?' 하는 의문이 들었다.

그림과 소설이 만났을 때
간호윤 지음/303쪽·2만1000원·새문사

보통 민화로 분류되는 고소설도를 속화로 새롭게 조명했다. 고전문학을 전공한 저자는 민화가 조선시대 서민층이 직접 그린 그림이라면 속화는 문자 속을 지닌 사대부나 전문화원이 대중친화적으로 그린 그림으로 차별화한다. 책은 이를 토대로 문자예술인 고소설과 조형예술인 미술이 만난 고소설도를 18세기 대중문화의 유행과 맞물린 문화접변현상으로 풀어낸다. 삼국지 수호전 서유기 구운몽 심청전 춘향전 같은 고소설을 해학적이고 풍자적으로 풀어낸 고소설도 도상분석이 흥미롭다.

서울로 전학 오며 내 인생은 일변하였다. 이후, 난 단 한 번도 초등학교 저 시절로 돌아가지 못했다. 철저하게 보통사람임을 깨달았고 깨달았다. 대학교 3학년부터 최선을 다해 살았지만, 그랬다. 표현하자면 늘 삶은 그저 그랬다.

가정도, 두뇌도, 성격도, ……사랑도, 우정도, ……인간관계까지도 철저하게 그저 그랬다. 붉은 선지 같은 피를 흘리며 처절한 삶을 산 적도, 세상을 살아내는 인간으로서 고뇌의 극한도, 청춘을 불태워 버릴 듯한 사랑을 받은 적도, 준 적도, 목숨을 걸 만한 우정도 그랬다. 서른이 넘어서야 시나브로 어섯눈 뜨고 세상과 몇 번의 이별 기회가 없지도 않았으나 역시 그저 그렇게 싱겁게 끝났다. 내 삶의 반이 넘는 선생으로서의 삶도 크게 다르지 않았다. 교사로서도, 학습활동도, 그저 그랬다.

그래, 언제부터인가 그저 그런 삶을 벗어나려 나름 수고도 해보았다. 책을 읽고, 길을 걷고, 마음을 가다듬고, 오늘 순간의 삶을 살자고, 목숨 바쳐 사랑을 하자고, 영혼을 치유하자고, 내 삶은 존엄하다고, 소박한 곳에서 행복을 찾아보자고, 그래 그저 그런 삶을 벗어나자고 그랬다.

엊그제 지인들과의 만남, 환한 웃음이 네온사인의 파장을 따라 퍼졌다. 장구채 놀 듯하는 웃음의 파장을 허둥지둥 좇아가다 알았다. 난 누구에게 그토록 환한 웃음을 준 적이 없다는 사실을, '그럼 그렇지……' 그저 그런 삶이었음을.

나는 누구인가? 그저 그런 삶을 사는 나는 누구인가? '그럼 그렇지……' 하는 생각으로 철퍼덕 주저앉아 평생의 그저 그런 이력서를 막비천운(莫非天運)이라 탄식하며 써야만 하는가? 그렇다면 지금 난 그 이력서의 한 줄을 걷는 것인가? 내 깜냥이 고만하기에 그저 그런 삶은 숙명인가?

49213. 아래는 내일 동아마라톤에서 뛸 내 번호다. 마라톤 성적으로 배당받은 역시 그저 그런 번호다. 내일 난 그저 그런 번호를 달고, 그저 그렇게를 구두선으로 삼고 박자 놓친 가사처럼 웅얼거려야 하는지도 모른다.

내 책상, 내 삶은 이곳에서 시작하고 이곳에서 마친다. 책을 보고, 글을 쓰고, 수업 준비를 하고, 그저 그런 내 삶의 날목과 들목을 고스란히 보고 있는 저 책상과 저 물건들은 제 주인의 삶을 어떻게 볼까? 법정 스님은 『아름다운 마무리』에서 '나는 누구인가'라는 물음은 아름다운 마무리에 대한 근원적 물음이라며, 아름다운 마무리는 비움이라 하였다.

그러나 그저 그런 내 삶은 비움보다는 채움에서 오는지도 모르겠다. 그래, 저 책상과 저 물건들과 도란도란 이야기라도 나누고 싶다. 무슨 오도송이야 들려주겠는가마는 그래도, 그래도, 제 주인이기에 그저 그런 자리 한 자락쯤은 깔아주지 않겠는가.

어제도, 오늘도, 아니 내일도, 내 깜냥이 고만하기에, 그저 그런 삶을 살았고 살고 살아갈지라도.

인간의 굴레

『인간의 굴레』
작가: 윌리엄 서머셋 모옴
출판: 시사영어사
발행: 1989.01.01

    오랜만에 『인간의 굴레』를 다시 읽었다. 군데군데 밑줄까지 그어진 것을 보니 보긴 보았는데 전혀 기억에 없다. 선천적 내반족(발바닥이 안쪽으로 향한 병)인 필립이란 아이의 성장담이다. 필립은 성장하며 육체적 굴레, 학업의 굴레, 물질의 굴레, 사랑의 굴레, ······여러 굴레로부터 벗어나려 한다. 그 중 가장 많은 부분이 한 여인에 대한 사랑과 배신이다. 그러나 모옴은 책의 마지막을 이렇게 적었다.
    "그는 웃으면서 그녀의 손을 쥐었다. ······태양이 아름답게 빛나고 있었다."라고.
    모옴이 이 소설을 썼을 때가 41살이라 한다. 그는 인간의 '인간의 굴레'를 사랑에서 찾았지만 이 굴레 또한 사랑으로 풀어야 한다고 한 것이다.
    저 모옴으로부터 난 10여 년을 더 살았다. 난 지금 어떤 굴레에 있으며 이 굴레는 무엇으로 풀어야 하는가?
    우리의 굴레는 무엇이며 무엇으로 풀어야 하는가?

조화로운 삶

『조화로운 삶』
작가: 헬렌 니어링
출판: 보리
발행: 2000.04.15

네 시간의 노동과 네 시간의 자유! 언제나 내 휴휴헌은 글공장이었는지도 모르겠다. 휴식, 혹은 자유가 필요하다.

내 삶은? 이냥저냥 되는 대로 사는 삶은 아니지만 그렇다고 인생에 더 나은 길을 찾아 성실히 살지도 못 했다. 더욱이 다른 사람이나 인류의 미래까지는.

돈을 하나의 상품이라고 한다. 돈보다 나은 사치품. 그것은 고마워 할 줄 아는 마음.

돈을 먹고, 돈을 덮고, 돈을 입고 살 수는 없다. 언젠가 영화에서 들은 대사, "아무리 여우가 다정히 굴어도 닭장에 들이면 안 된다. 언젠가 여우는 배가 고플 테니까". 돈을 내 삶에 들이면 안 된다.

난 죽고 살기로 일한다. 내 서재에서 난 고된 노동을 한다. 그렇다면 내 서재는 노역장과 다를 바 없다. 더 많이 쓴 날 난 기뻐했었다.
무엇인가 변해야 한다는 생각이 든다.

늘 우리는 먹고 사는 문제가 최우선 순위다. 내 소중한 시간 대부분 끼니 해결이나 불필요한 물건을 사려는 돈 만들기에 투자되었음을 인정한다.

행동과 생각, 난 늘 행동이 우위라고 생각했다. 나의 안팎이란 생각을 왜 못했을까?

이 세상은 늘 소수가 모든 것을 독점한다. 인정하기 싫지만 사실이다. 나는 저들의 부를 축적해주는 한 마리의 성실한 소일지도 모른다.

나는 나의 일에서 참된 즐거움을 얻는가?

내 삶은 만족하는가? 단순하면서 충족된 삶을 추구하는가?
여행을 떠나고 싶다. 책 속의 조화로운 삶이 사실 먼 곳에 있는 것은 아니다.
지금 당장 짐을 꾸려야겠다.

아웃사이더

『아웃사이더』
작가: 콜린 윌슨
역자: 이성규
출판: 범우사
발행: 1974

　사회에 부적응한 자, '아웃사이더'라 부르는 이들이다. 콜린 윌슨이 24세에 썼다는 『아웃사이더』(이성규 역, 범우사, 1974)를 읽었다. 사르트르의 『구토』, 바리뷔스의 『지옥』, 카프카의 『이방인』, 로렌스의 『지혜의 일곱 기둥』, 헤세의 『황야의 이리』, 『이방인』, 토마스 만의 『파우스트 박사』, 고호의 『북극의 회상』, 엘리엇의 『황무지』, …… 무용가 니진스키에서 『장자』, 라마크리슈나에 이르기까지 그야말로 천재의 종횡무진 글쓰기다.

　그러나 놀랍게도 이 책을 지은 콜린 윌슨은 16세에 학업을 중단하였다. 그는 비숙련 노동을 하고 19살에 가정을 꾸렸음에도 놀라운 업적을 남겼다. 그가 말하는 아웃사이더의 근본 문제는 "일상의 세계에 대한 본능적인 거부이며 그 일상의 세계가 무언가 지루하고 불만족스럽다고 느끼는데 있다."(417쪽)라고 하였다. 그리고 답을 이렇게 말한다. "문제들은 그것이 존재하지 않는 것처럼 외면하거나 가장하지 않고 그 자신의 독특한 방법으로 해결될 수 있어야 한다."(418쪽)라고.

결국 콜린 윌슨의 말은 모든 문제의 수원지(水源池)는 자기 자신이요, 해결 또한 자기 자신이라는 말이다. 따지고 보면 일상의 세계에 대한 불만족은 누구에게나 있다. 그렇기에 "아웃사이더나 모든 인간이나 그 목적에 있어서는 마찬가지이기 때문이다."(89쪽)라는 말도 꽤 설득력이 있다. 그렇기에 "인생을 되는 대로 사는 대신 '이렇게 살 것인가'에 관심을 가진 인간은 자연히 아웃사이더인 것이다."(96쪽)라는 결론도 가능하다. 하지만 문제는 느낌(감각)과 생각(정신)만이 아닌 행동이다.

생각(정신·감정)과 행동, 로렌스는 "나는 감정을 통해서가 아니라 정신을 통한 통찰이다."라고 하였다. 콜린 윌슨은 고호에게서 '정신이 아닌 감정'을 찾아냈다. 그렇다면 행동인 육체는? 윌슨은 니진스키를 찾았다. 무용가 니진스키는 "나는 부동의 인간이 아니라 동적인 인간이다."라고 하였다. 콜린 윌슨은 니진스키를 "나는 정신도 감정도 아닌 육체를 통한 통찰이다."라고 한다. 물론 이 로렌스, 고호, 니진스키, 세 사람 모두 각자로서는 온전한 삶을 꾸리지 못하였다.

콜린 윌슨은 느낌(감각)과 생각(정신), 행동, 이 셋이 온전해야만 진정한 아웃사이더로 이해한다. 그리고 그는 느낌(감각)을 중시하는 시보다는 생각(정신)과 인물의 행동을 중시하는 산문에서 아웃사이더의 모습을 읽었다.

그것은 "나는 만족을 찾기 위해서 모든 시를 읽었지만 만족을 얻을 수는 없었다. 내가 바랐던 것은 정신의 양식이었는데 내가 수집한 것은 정신의 과자거나 초콜릿, 오물리어에 지나지 않았다. 시를 단념한 나는 공상의 양식을 좇아서 산문을 찾아 다녔으며 곳곳에서 명작을 찾아내어 거기에서 인류보다 위대하게 될 수 있기 위하여 성실하게 노력한 극소수의 사람들을 발견하게 되었다."(106쪽)라는 로렌스 말의 차용이다.

물론 여기서 주의할 것은 이 로렌스에게 한 어느 노 교사의 이러한 말이다. "자기가 자기 스스로는 아니라네(He is not himself)." 이 말은 '너는 네가 생각하는 대로의 네가 아니라'는 말이다

헤세는 『데미안』에서 "모든 인간의 일생은 자기에게 도달하는 길, 자기실현에의 길인 것"이라고 하였다. 콜린 윌슨은 아웃사이드를 "그는 변종이 아니라 '낙관적이고 건강한 정신의 소유자'보다 민감한 인간"(158쪽)이라고 정의하였다. 헤세의 말이 인생의 정답이라면 우린 콜린 윌슨의 아웃사이드가 된 들 아무 문제가 없다는 결론도 무방치 않을까한다. 남들이 비록 나를 아웃사이더라 조롱할지라도, 우리 모두 지향하는 삶에 아웃사이더의 삶이 아주 가깝기에 하는 말이다. 그렇다면 내가 나라고 여기고 느끼고 생각하고 행동하는 내가 정녕 나인지 새겨 볼 일이다. 그래 이 세상에 '유일한 사람'으로 살아볼 일이다.

엘리엇이 "커피 스푼으로 나는 인생을 재었다"라고 하였다. 나 또한 한 됫박 깜냥으로 말들이 세상을 재는지도 모르겠다.

덧붙임: 생전에 법정 스님께서도 이 책을 꽤 귀히 여기셨다는데, 읽고 무엇을 느끼셨을까?

아름다운 우리 고소설

『아름다운 우리 고소설』
작가: 간호윤
출판: 김영사
발행: 2010.08.23

떼떼구르르 구르는 가랑잎 몇이 수런수런 가을의 여담(餘談)을 들려줍니다.

작년 가을엔 그랬고 저랬다고.

수업준비를 하다가『아름다운 우리 고소설』, 41쪽에서 다음과 같은 구절을 발견했습니다.

연산군 12년(1506년)은 우리의 소설사에서 상당히 의미 있는 공간이다.

즉, 명나라 구우(瞿佑, 1347~1433)가 지은 전기소설집인『전등신화(剪燈新話)』와『전등신화』의 속찬으로 명나라 이정(李禎, 1376~1452)이 엮은 전기집인『전등여화(煎燈餘話)』,* 그리고 이『실록』에서 처음 보이는 명나라 조필(趙弼)이 1428년에 엮은 전기소설집인『효빈집(效顰集)』,**

---

*『전등여화』가 우리 문헌에 처음 보이는 것은『용비어천가(龍飛御天歌)』제100장 권10이다.
**『전등신화』를 모방하여 지은 것이다.

그리고 원나라 송매동(宋梅洞)이 지은 『교홍기(嬌紅記)』를 유동생(劉東生)이 사곡(詞曲)화한 『신편금동옥녀교홍기(新編金童玉女嬌紅記)』 상·하권과 원나라 왕실보가 당나라 원진(元稹)의 전기인 『앵앵전(鶯鶯傳)』을 개작한 『서상기(西廂記)』 등의 소설류가 집중적으로 보이기 때문이다.

우리에게 광폭하고 무례한 조선의 두 임금 중 한 사람, 중종반정으로 강화도로 쫓겨나 역질을 앓다가 31세로 이승과 작별한 연산군, 그래서 죽어서도 임금이 아닌 '군'으로 남은 연산군이 우리 소설사에서는 저러한 고운 모습을 보인다. 그래 논외지만 그의 시 한 편을 붙여 우리 고소설사에서 그의 구실에 고마움을 표한다.

人生如草露(인생여초로) 사람살이 풀잎에 맺힌 이슬과 같아
會合不多時(회합부다시) 만날 때가 많지는 않은 것이라네.

선뜻 폭군 연산군의 시라고는 이해되지 않을 만큼 읽는 이로 하여금 가슴을 짠하게 하는 시이다.

죽음이란 무엇인가

『DEATH 죽음이란 무엇인가』
작가: 셸리 케이건
출판: 엘도라도
발행: 2012.11.21

"예일대 17년 연속 최고의 명강의" 화려한 수식어로 장식된 책,『죽음이란 무엇인가』.

그러나 셸리 케이건 교수가 이 책에서 말한 것은 단 한 문장의 자골어(刺骨語: 뼈를 찌르는 말). 그것도 우리가 모두 아는.

"죽기 전에 진정한 나를 찾는 깨어 있는 삶"

하이데거는 "죽음이란 불가능의 가능성"이라고 하였다.
죽음은 더 이상 어찌할 수 없는 불가능을 만든다는 말이다.
그렇기에 죽기 전, "진정한 나를 찾는 깨어 있는 삶"이 중요하지 않을까. 불가능이 오기 전에.

하버드 새벽 4시 반

『하버드 새벽 4시 반』
지은이: 웨이슈잉, 웨이펑롄
옮긴이: 이지희
출판: 세종주니어
발행: 2016.03.22

  우연히 인터넷 서점에 들렀더니 『하버드 새벽 4시 반』이라는 책이 베스트셀러란다.
  '새벽 4시 반 최고의 대학이 청춘에게 들려주는 성공 습관'이라는 부제도 붙었다. 얼마 전에는 『아프니까 청춘~』 운운하는 책도 역시 그 목록에 몇 년 동안 있었다.
  과연 그러할까? 아프니까 청춘이고, 새벽 4시 반에 일어나면 저들처럼 될까?

  세상을 적잖이 살았다.
  학생으로 수십 년, 선생으로 수십 년을, 이 땅에 백성으로는 그보다 더 많이 살았다.
  아니다. 미안하지만 저 책대로 하더라도 안 되는 자들이 셀 수조차 없다. 아니 새벽 4시 반에 일어날 수조차 없는 청춘들이 더 많을지도 모른다.

왜 꼭 세계 최고만이 성공인가? 아니, 저 대학에 들어갔다는 것이 왜 성공한 것인가? 가슴 아픈 말들이다. 보통사람의 삶도 얼마든 아름답다. 보통사람들이 하루를 살아내는 것만도 큰 노력 끝에 얻은 소중한 행복이다.

책은 희망이어야 한다.
책은 진실이어야 한다.
책은 정의이어야 한다.
책은 책다워야 한다.
그래, 책은 사람이어야 한다.
그만했으면 좋겠다.

더 이상 이런 책들 때문에 가슴 아픈 청춘이 없었으면 좋겠다. "당신의 새벽은 하버드보다 더 밝은가?"라고 위협하지 말았으면 참 좋겠다.
내가 가지고 있는 깜냥만큼만 노력하면 이 세상에 동거할 충분한 자격이 있다는 책이 베스트셀러의 반열에 올랐으면 참으로 좋겠다.

책 몇 권을 낸 나다. 특정 책을 비난하자고 쓴 글이 아니다. 베스트셀러라 하여, 책 소개를 읽다 보니 하 기가 막혀 몇 자 쓴 글이다.

아래는 책 소개 글이다.

당신의 새벽은 하버드보다 밝은가?
1636년, 미 동부 매사추세츠 주에 '글을 읽을 줄 아는 성직자를 양성하기 위한' 소박한 목적으로 설립된 학교가 있다. 하버드 대학교. 그곳은 현재까지 8명의 미국 대통령, 75명의 노벨상 수상자를 가진 명실상부 세계 최고의 명문 대학으로 자리 잡았다. 과연 하버드, 이곳에서는 어떤 청년들이 무엇을 수확하는 것일까. 『하버드 새벽 4시 반』은 중국 CCTV의 기획 다큐멘터리 〈세계유명대학: 하버드 편〉의 내용을 바탕으로 엮은 것으로, 지금까지 타고난 능력을 가진 선택된 사람들만 다니는 곳이라는 편견을 깨고 세계에서 가장 노력하고 가장 뜨거운 열정을 가진 하버드 학생들의 모습을 보여준다.

모두가 잠을 자고 있는 시간인 새벽 4시 반, 하버드의 도서관은 빈자리 하나 없이 학생들로 가득 차 있다. 도서관뿐만 아니라 학생식당, 복도, 교실 등 저마다의 공부로 바쁜 모습이다. 이를 보고도 세계적으로 뛰어난 두각을 나타내는 하버드 학생들의 성과가 과연 '타고난 천재성'으로 단언할 수 있을까. 저자는 꿈을 꾸기에도 벅찬 시대를 살아가고 있는 우리 청년들에게 하버드의 특별함이 어디에서 나오는지 분석하고 하버드식 성공법을 알려준다. 그리고 성공하기 힘들다며 미리 포기하고 주어진 환경을 탓하는 것이 한낱 핑계거리에 불과하다는 사실을 냉철하게 꼬집고 있다. (이하 략(略))

책소개 글을 읽으면 읽을수록 내가 부끄러워 이만 략한다.

구슬이 바위에 떨어진들

『구슬이 바위에 떨어진들』
작가: 간호윤
출판: 새문사
발행: 2016.02.04

    책 출간한 지 2주째 토요일이다. 저자라면 누구나 그렇겠지만 책을 출간하면 언론 보도를 기다린다. 모든 책이 그렇지만 나름 고려속요를 새롭게 보려했기에 기다림은 더하다.
    그러나 오늘까지 언론에 단 한 글자도 보도가 없다. 지금까지 스물일곱 권의 책을 내며 이러한 적 또한 단 한 번도 없었다. 적어도 한두 군데는 책에 대한 평을 해줬다.

    하기야 이번 책은 출판사로 넘어간 지 1년 만이요, 거기다 출판부수도 겨우 250부이다. 출판사 현실이 그렇다는데, 1년 만의 출간도 감읍해야 할지 모른다.

    그런데 이것은 또 뭐인가?

우연히 들어간 인터넷 매장에 벌써 중고도서로 2권이나 나왔다. 햇빛 본 지 겨우 2주인데.
참 염치없는 일이다.

주섬주섬 가방을 챙겨든다. 어디로 가야만 할까? 어디로 가야만 ……. 봄을 재촉하는 비가 추적이는 산길을 걷는다. 가랑잎에 떨어지는 빗소리, 참 오랜만에 듣는다.

빗소리가, 아니 빗방울이 청국장만큼이나 깊다. 봄을 재촉하는 빗소리가 제법 굵직하다. 천둥과 벼락도 제법 친다.
선술집을 찾아들었다.

431

막걸리 한 잔이 핏줄기를 타고 흐른다.

다산처럼 읽고 연암처럼 써라

『다산처럼 읽고 연암처럼 써라』
작가: 간호윤
출판: 조율
발행: 2012.03.02

1.

날이 춥다.

가는 겨울을 시샘이라도 하듯. 어제도 살아본 세상이 오늘 아침엔 아주 낯설다.

그래도 책을 들고 책상에 앉았다.

눈에 띠는 내 책을 꺼내 들었다.

그 한 쪽에 눈이 멈추었다.

이렇게 적혀 있다.

"꽃은 봄 뜻을 머금은 게 차이가 없건만, 사물을 느끼는 사람의 마음은 얕고 깊음이 있구나[花含春意無分別 物感人情有淺深]"라는 말이 있다. 글도 그렇다. 허연 백지 위의 파리 대가리만한 흑점일 뿐이지만, 보는 자에 따라, 상황에 따라 달라진다.

433

만해 선생의 「춘주(春晝)」라는 연시조가 있다. 풀이하면 '어느 봄의 한낮' 정도의 의미이다.

따스한 볕 등에 지고 유마경 읽노라니
가벼웁게 나는 꽃이 글자를 가린다
구태여 꽃 밑 글자를 읽어 무삼하리오.

「춘주(春晝)」2수 중, 1수이다. 『한용운 시전집』에는 「춘화(春畵)」, 즉 '그림 같은 봄날'이라고 되어 있다. '봄날의 낮'이든, '그림 같은 봄날'이든, 만해 선생의 깨달음의 세계를 읊은 선시임엔 틀림없다.

만해 선생이 따스한 봄볕을 등에 지고 불교의 경전인 『유마경』을 읽는다. 나른한 졸음이 오는 봄날의 한낮. 그때 어디선가 팔랑이며 봄꽃이 날아와 『유마경』 한 글자 위에 앉는다. 만해 선생은 구태여 꽃 밑의 글자를 읽을 필요가 없다고 하였다. 어찌 『유마경』 속에 진리가 있겠느냐는 깨달음이다. 선가에서는 부처님의 경전을 깨닫고 보면 휴지조각과 같은 무용지물이라고 한다. 나른한 봄날의 볕, 어디선가 날아온 꽃잎 한 송이가 깨달음의 세계로 만해를 이끈 것이다.

책이 전부가 아니거늘, 종이와 먹물을 버려야 할진대, 주억거린다.
"구태여, 꽃 밑 글자를 읽어 무삼하리오.
구태여, 꽃 밑 글자를 읽어 무삼하리오.
구태여."

2.

엊그제 후줄근한 점퍼 차림의, 선량한 웃음을 지닌 한 출판인인, 그와 주막에 들어섰다.

명색은 조율출판사 사장님이다.

책으로 세상을 조율해 보겠다고 그렇게 이름을 지었다.

추석 전날, 그는 나에게 『다산처럼 읽고 연암처럼 써라』 4쇄를 찍었다며 봉투를 건넸다. 4쇄라 해야 고작 몇 백 권에 불과하다. 그 책을 팔려면 1년이 더 걸릴지도 모른다.

형편을 아는 터였다. '추석 제수 비용이라도 주고 올 것을.'

돌아오는 내내 마음이 불편하였다.

그 미안한 마음이 그를 홍대 앞 주막으로 불러냈다. 출판 시장의 어려움이야 적바림하여 무엇하랴. 더욱이 그는 책을 내겠다는 출판인이다. 굶을지언정 '책만'을 내겠다는 '책고집'이다.

…………

할 말도 없고 해야 할 말도 없었다.

말없이 데면데면 술잔만 오고 갔다.

…………

그는 그래도 내 책이 자기 출판사 베스트셀러라며 수굿이 웃었다.

…………

나는 베스트셀러를 쓰지 못해 미안하다며 맥맥히 웃었다.

…………

난 울음인지 웃음인지 모르는 나와 그의 웃음을,

'조율'이란 두 글자를,

맑은 소주잔에 자꾸만 자꾸만 털어 넣었다.

그대 뒷모습

『그대 뒷모습』
작가: 정채봉
출판: 제삼기획
발행: 1990.05.01.

참 미안합니다.
엊그제 고속터미널 간이서점에서 1000원에 구입했습니다.
미안합니다.
내 책들에게도 참 미안합니다.
저렇게 못 써줘서.
미안합니다.
그러고 보니 미안한 사람이 너무 많습니다.

자꾸만 꾸역꾸역 미안합니다.
이렇게 이 자리에 앉아 너무 편히 책을 읽어 미안합니다.

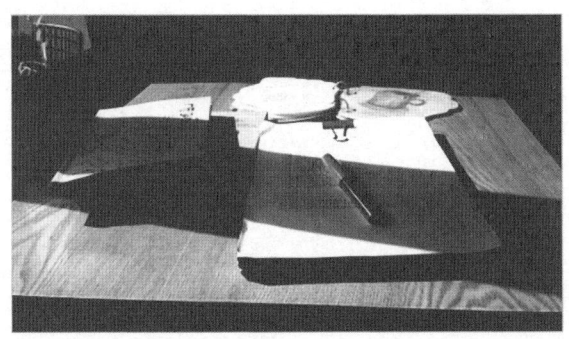

가을 하늘 아래, 가을 바람 한 줄기가 잎새에 스칩니다.
지우개똥에게조차 미안한 하루입니다.

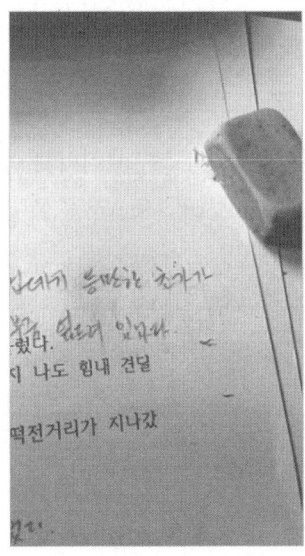

미움받을 용기

『미움받을 용기』
작가: 고가 후미타케, 기시미 이치로
출판: 인플루엔셜
발행: 2014.11.17.

온종일 깁스한 팔을 부여안고 이 시대 최고의 베스트셀러라는, 『미움받을 용기』라는 책을 뒤적였다. '50만 독자들이 선택한 용기라는 2015년 상반기 베스트셀러 1위, 20주 연속 베스트셀러 1위, KBS TV, 책을 보다 선정 도서란 이 책.'

인간에 대한 편견을 배제하고 '협력'과 '사랑'으로 인류를 치료할 수 있다고 믿는 아들러의 심리학으로 한 청년을 행복으로 이끈다는 내용, 조금 더 들여다보자면 '세계는 단순하며 누구나 행복해질 수 있다. 우리가 단순해지면 된다. 그러려면 '미움받을 용기'가 필요하다.'가 이 책의 핵심이다. 아주 쉽게 '미움받을 용기'만 있다면 행복해진단다.

혹 이 책을 읽고 감명을 받은 이가 있다면 미움 받을 각오로 한 마디 묻고 싶다. "이 정도의 책, 이미 카네기에 의해 너덜너덜해진 이런 진부한 글줄 엮음이 어찌 저 위의 '50만 독자들이 선택한 용기~운운'의 문장을 감당해내냐고?"

'미움'의 동의어는 증오요, 혐오이다. 미움에는 기준도 윤리도 정의도 없다. 이유 없이 미운 것이 미움이다. 그냥 미움은 미움일 뿐이다. (이 미움의 반의어는 사랑이고 애정이다.) 생각해보자. 저 사람이 나를 아무 이유도 없이 증오하고, 혐오하는데 나에게 무슨 용기가 필요하단 말인가?

나를 아무런 이유도 없이 증오하고 혐오하는데 내가 왜 그것을 용기로 받아들여야 하느냐는 말이다. 더욱이 용기란, 씩씩하고 굳센 기운이요, 어떤 일에 겁내지 아니하는 기개이다. 저 사람이 나를 미워하는 데 왜 굳센 기운과 기개가 필요하다는 것인지 도대체 이해되지 않는다. 물론 삼해를 하든, 사해를 하든 결과는 동일하다.

백 번 양보하여 용기가 필요하다치자. 그렇다면 저 아무런 이유도 없는 증오와 혐오로 무장한 미움을 인정하는 것이 되지 않는가? 앞뒤가 바뀌었다. '증오'하고 '혐오'하는 미움은 나쁜 것이다. 그렇기에 미움은 정당하지 않다. 그러니 '미움'은 아예 '용기'가 상대할 가치조차 없는 어휘다. 이유와 원인이 '미움'에 있으니 '미움'을 고쳐야 하거늘, 왜 애꿎은 나에게 '용기' 운운하는가. 또한 저 이에게 내가 미움을 받으면 저 이가 문제인지 내가 문제인지 원인을 찾아 고쳐야 한다. 덮어놓고 미움을 받을 일이 아니다. 더욱이 '용기'는 정의로운 말이다. 결코 '미움'과 어깨를 나란히 할 어휘가 아니다.

혹 이 사회를 은유하여 '미움'이라 상대화하였다면 그 '미움'의 자리에 '협력'과 '사랑'을 놓으려 애써야 하지 않을까? 우리 모두 말이다. 이 사회가 미움의 사회기에.

나는 순수하고 정의로운데, 이 (권력, 상사, 질서 등 부조리한 언어들의 표면장력으로 오므라든 삶들을 살아가는) 사회가 계속 미워하니 나만 '용기'내서 살면 된다고. 코가 막힌 이야기다. 콧구멍이 두 개이기에 천만

다행이다.

　저런 진기한 주장이 앙탈을 부리는 베스트셀러의 세계가 가엾고 딱하다.

　책 제목이 『미움받을 용기』라 하여 용기 내어 써 봤다.

그 섬에 내가 있었네

『그 섬에 내가 있었네』
작가: 김영갑
출판: 휴먼앤북스
발행: 2013.12.20

—허—허—로—움.

단 넉 자.

제주도 사진을 찍다가 루게릭병으로 제주도에 몸을 묻은 한 사진장이의 글.

자신의 몸뚱아리로 자신만의 이야기를 살아냈더라.

해녀들이 물질을 마치고 가쁘게 내쉬는 숨비소리 같은 문장.

"날마다 사진을 찍는 나는 날마다 사진만을 생각합니다."

난 지금 어디에 있는가?

악스트

『악스트 Axt 2015.9/10』
작가: 악스트 편집부
출판: 은행나무
발행: 2015.09.02

9시. 1교시 수업이다.
전철 안, 딸아이가 보는 책을 슬그머니 들고 나와 한 귀퉁이를 차지하고 읽는 맛이란.
첫 장을 펼치고 대면한 글.
허턱!
언어 유희, 난분분하는 어휘들, 낱말의 향연, 펄펄 뛰는 신생어들의 어장.
문제는 읽을수록 좁혀오는 의문부호들???.
이 글이 전하고자 하는 뜻은???.
내 글쓰기와 합일점이라고는 자음과 모음의 직조.

내 글쓰기의 구각(舊殼)? 아니면……
"살아있는 글, 거지 차림일지언정 살아 아침 햇볕을 쬐는 글. 화려한 옷차림으로 죽은 정승의 글이 아닌."

이런 글을 써야 하는데······.

8시 45분. 아침 열차가 고속터미널에 선다.

이키나!

난 수업 가는 중, 가방을 허리춤에 꿰고, 달린다.

서너 문장마다 악스트[Axt: 도끼]로 찍어놓은 틈입자(闖入者) 의문부호들을 뒤로 하고.

로베르 인명사전

『로베르 인명사전』
작가: 아멜리 노통브
출판: 문학세계사
발행: 2015.08.25

"아빠! 이 책 한 번 읽어 봐."

「나를 죽인 자의 일생에 관한 책」이라는 부제명, 딸아이가 건네 준 것은 아멜리노통브의 소설이다. 이미 그녀의 『배고픔의 자서전』을 읽었던 터다.

우사인 볼트 수준의 빠른 문장에 7옥타브의 어휘들, 물질계를 넘나드는 조어력, 여기에 서사의 기이함까지…….

작품의 마지막 페이지, 소설 속 주인공은 끝내 소설을 쓴 작자를 죽인다. 비로소 소설 제목이 '나를 죽인 자의 일생에 관한 책'인 이유를 알았다.

곰곰 '나는 나를 죽인 자의 일생에 관한 글을 이렇게 만유인력의 법칙인 양 태연히 쓸 수 있을까?' 생각해 보기도 하지만.

문제는, 분명 잘 차린 뷔페에 들어 가 눈요기 푸지게 한 것 같은데, 영 헛헛하니 공복감이 꼭 초닷새 쪽달 같더라.

화양연화

〈화양연화〉
감독: 왕가위
출연: 양조위, 장만옥
개봉: 2000 홍콩, 프랑스

1.

"깊은 산에 가서는 큰 나무를 찾아 구멍을 뚫고 비밀을 속삭이지요. 그리고 진흙으로 비밀을 넣은 구멍을 막아놓는답니다."

〈화양연화(華樣戀華)〉에서 양조위가 장만옥과 사랑을 가슴에 갈무리하는 대사입니다.

'화양연화'란 '인생의 가장 아름다운 날들'이란 뜻입니다. 그러나 양조위와 장만옥의 사랑은 이루어 지지 않지요. 피천득 님의 「인연」이란 수필처럼.

누구나 세상을 살아가며 비밀 하나쯤은 갖고 살아가지요. 이 글을 읽는 분 모두 그 비밀이 저토록 아름다운 사랑이었으면 좋겠습니다.

2.

 6년 전, 그대로 활동사진은 돌아갔다. 양조위와 장만옥은 여전히 빗속을 우수와 함께 거닐었다. 둘 사이의 이야기는 '비밀'이란 두 글자로 비밀이 되었다. 비밀은 비밀을 가진 사람들만이 안다. 그 시절은 지나갔고 이제 거기 남은 것은 없다.
 고려속요에 대한 글을 쓰다 다시 〈화양연화〉를 보았다. 내 책 속(『구슬이 바위에 떨어진들』)의 돌이와 달님이에게도 저런 비밀이 있을 것이다.

  살어리 살어리랏다 쳥산에 살어리랏다
  살어리 살어리랏다 쳥산에 살어리랏다
  머루랑 다래랑 먹고 쳥산에 살어리랏다
  얄리 얄리 얄라셩 얄라리 얄라

  울어라 울어라 새여 자고 일어나 울어라 새여
  너보다 시름 많은 나도 자고 일어나 우니노라
  얄리 얄리 얄라셩 얄라리 얄라
  ……

 발그스레한 복사꽃잎에 송이송이 봄이 왔다. 하롱하롱 붉은 눈송이가 날렸다. 곰이의 슬픈 듯, 서러운 듯 하면서도 왠지 모를 씩씩한 노랫소리가 담 머리를 타고 오른 조롱박에 미끄러졌다. 이내 곰이의 괘나리 보따리와 함께 사라진 노랫소리는 푸른 하늘의 하얀 구름 속으로 감실감실 사라져 들어갔다. 달님이가 이사 오며 심은 감나무에선

별을 닮은 동그란 감꽃이 한창 피었다. 울타리 곁에 선 앵두나무에는 햇살에 입 맞춘 새빨간 앵두가 침을 돌게 익었다. 달님이는 어릴 때 돌이가 어디선가 앵두를 따다가 한줌을 주며 상긋상긋 웃던 기억이 났다.

구름을 비켜나온 햇볕이 하얀 물비늘을 쏟아냈다. 돌이가 가던 날도 그렇게 햇살이 달님이의 눈에 쏟아져 들어와 한참을 머물다 갔었다.

2015. 9. 20

솔직과 떡값

〈사토라레(サトラレ: Satorare, 2001)〉
감독: 모토히로 카츠유키
출연: 안도 마사노부, 스즈키 쿄카
개봉: 2003 일본

학생들에게 내준 리포트를 검사하다가 〈사토라레〉란 영화 감상문을 보았다. 내용도 그렇거니와 '사토라레'란 말 자체가 흥미로워서 비디오를 빌려 보았다.

'사토라레'란 일정한 범위 내의 사람들에게 자기의 생각이 들리게 하는 특이한 존재들을 말한다. 이 말은 마음속의 생각이 너무나 강하여, 그 사념파(思念波)를 주위의 사람들이 듣게 된다는 뜻이다.

모토히로 카츠유키가 감독한 〈사토라레(サトラレ: Satorare)〉(2001) 어떤 이는 세상을 지배하는 것이 '머리[지혜, 智慧]'라 하고, 어떤 이는 세상을 지배하는 것은 '배[유물론, 唯物論]'라고 하지만 세상을 지배하는 것은 그래도 '가슴[정, 情]'임을 보여주는 영화이다.

영화 전반부는 주로 사토라레의 특성을 담은 일상의 일들이 에피소드 적으로 가볍게 터치한다.

그러나 영화의 후반부는 전반과는 사뭇 다르다. 즉, 사토라레인 주인공 켄이치가 주위 사람들에게 자기의 마음을 들키면서 겪게 되는 '인간적 고뇌'와 그를 혼자 키운 '할머니의 손자에 대한 따스한 사랑'의 시선을 앵글이 쫓고 있다.

켄이치의 마음속은 늘 실시간으로 생중계가 되는 중이다. 그러나 할머니는 남들에게 늘 속내를 모두 들켜 버리고야 마는 사토라레로서 인간적 고뇌를 앓는 켄이치를 다르게 보지 않는다.

할머니는 다만 이렇게 말할 뿐이다.

"켄이치는 다른 사람들보다 단지 조금 더 솔직할 뿐이에요."

아래는 인터넷에 뜬 기사입니다.

[특검 발표] 특검 "삼성떡값, 의혹은 있으나 흔적이 없다"… 모두 무혐의

떡값이 대단히 큽니다. 뱃속이 우리 조선 땅 만큼 되나 봅니다. 말의 갈래와 조리를 따질 것도 없이 아퀴도 맞지 않고 논리성도 영판 결여된 예문입니다.

아무리 도덕과 정의가 인성의 변방으로 축출되었다. 하지만, 대한의 최고 양심, 지도자라 불리는 이들로서 우리 같은 천한 백성들에게 정의와 양심을 아웃소싱해서야 쓰겠는지요. 저이들의 말과 저이들의 행동을 볼작시면 속에 대감이 몇이나 들어앉았는지 참말 알 수 없습니다.

되풀이하여 잔사설을 더 놓자면 예절, 의리, 청렴, 부끄러움, 즉 예

의염치(禮義廉恥)가 없는 행태입니다. 자고로 '예의염치'란 국가의 근간입니다. 이른바 국가를 바치는 네 뼈대로 사유(四維)라고 합니다. 유(維)란 '벼리'입니다. 뼈대라는 뜻이지요.

관자(管子)는 목민(牧民)편에서 나라에는 네 벼리[四維]가 있다고 했다.

'예가 없으면 나라가 기울고,
의가 없으면 나라가 위태하고,
청렴이 없으면 나라가 전복되고,
염치가 없으면 망한다'고 하였으니,

네 벼리 중, 그래 '염치(廉恥)'가 무서운 법입니다. 관자는 '염'은 악을 감추지 않는 것[不蔽惡]이요, '치'는 '굽은 것을 따르지 않는 행위[不從枉]로 풀어놓았습니다. 양심'을 굽혀 저리 염치없는 짓을 해서야 되겠는지요. 저들의 불순한 해바라기성 권력지향에 시나브로 풍화 작용하는 나라의 운명을 봅니다. "의혹은 있으나 흔적이 없다." 손가락 하나로 해를 가리려드는 모양새요, 코가 막힐 일이니, 콧구멍 둘 마련하길 정녕 다행입니다.

어느 잡지를 보니 이름 석 자만 들어도 잘 아는 검사 출신 법무부 장관을 지낸 분이 이런 말씀을 하셨더군요. "검사나 장관으로 있으면서 선거를 염두에 두고 일한 적이 없거든요. 불구문달이라는 말로 대신하겠습니다." '불구문달(不求聞達)'이라, '명예나 영달을 추구하지 않는다'는 뜻입니다. 언제부터인가 아전인수식 한자성어 풀이가 지식인의 덕목으로 되어 버렸습니다.

잘은 모르겠지만 많은 이들이 오늘날 지식인의 특성을 자제된 침착성과 온화하고도 기품 있는 몸가짐, 전문 용어와 외래어를 자유롭게 사용, 그리고 냉철하고도 이지적인 표정, 여기에 세련된 복장과 잘 닦인 구두에서 찾고 있는 것이 아닌가 생각합니다. 지극히 개인적인 생각이요, 갖바치 내일모레이겠지만 말입니다. 지식인이 된 자, 공공선(公共善)을 추구해야 시대의 공분과 사회의 공민을 가슴에 담지 않겠는지요.

도덕의 자살을 목전에 보고도 강 건너 불구경하는 자, 지식인이 아닙니다.

"是日也放聲大哭"을 되뇌고 싶습니다.

비틀거릴지언정 정의를 찾는 것이 지식인입니다.
솔직합시다!

안타까운 것은 저 "시일야방성대곡"을 지은 위암 장지연(張志淵, 1864~1921) 선생이 현재 '친일반민족행위자' 명부에 올랐다는 사실입니다. (필자는 이에 대해 아는 바가 부족하여 말을 삼간다.)

질주

〈도둑〉
감독: 벤야민 하이젠베르크
출연: 안드레아스 러스트, 프란지스카 웨이즈
개봉: 2010 독일, 오스트리아

원제는 '도둑(The Robber)'이지만 'EBS세기의 명화'에서는 '질주'라 하였다. 질주 쪽이 좋다. (삶이 강도라기보다는 질주라는 편이 더 좋지 않은가?)

배경은 오스트리아 빈, 마라토너이자 은행강도의 삶을 산 실제 인물을 그린 영화이다.

화면은 시종일관 질주하는 사내의 모습을 보여준다.

감옥에서, 감옥 밖에서, 마라토너로, 은행강도로, 탈주범으로……

그리고 고속도로를 질주하다 생을 마감한다.

그는 뛰고 또 뛴다.

그러나 그가 무엇을 향해 뛰는지 영화는 정확히 제시하지 않는다.

다만, 몇 개의 대사, 그리고 마지막 장면의 가족사진과 어린 시절의 우울한 실루엣, 막힌 벽…… 등이 이해의 단서이다.

그가 도주하다가 들어간 한 집에서 밖을 내다본다. 행복한 가정일까? 그러나 그것은 이미 가망 없는 일이다.

그가 저 창을 통해 살고 싶었던 세상은 어떠했을까? 행복한 세상일까? 그러나 그러한 세상은 이 세상에 없다.

그는 끝내 잡히지 않고 고속도로의 차 안에서 죽는다.

마지막으로 사랑하는 여인의 목소리를 휴대폰으로 들으며.

여인은 은행강도이며, 살인자이며, 인생의 실패자인 그에게 "요한! 사랑해!(그의 이름이 요한 카스텐베르거이다)"라는 말을 한다.

이 여인만이 그의 삶이었다.

은행강도임을 알아챈 이 여인에게 하는 말에서 귀띔을 받는다.

"너를 만나게 될 줄은 몰랐어."

알았으면, 그래 이 여인을 진작에 만났다면 그의 삶은 달라졌을까? 그의 눈에서 당연히 달라졌다는 암시를 받는다.

그렇다면 영화는 두 개의 단어를 건넨다.

하나는 마라톤, 하나는 사랑이다.

은행강도는 그의 삶이 아니었다. (얼굴에 마스크를 썼고, 돈을 노리고 은행강도를 한 것도 아니기 때문이다.)

그는 마라톤이 삶이었다.

문제는 '마라톤을 왜 하느냐?'라는 근원적 물음의 상실이다. 명예를 위해서도, 더 이상 행복을 위해서도 아니다.

그에게 남은 것은 사랑이었다.
그러나 이미 사랑하는 여인조차 자신의 삶을 돌이킬 수 없다.
결국 그는 도주하는 차에서 사랑하는 여인의 목소리를 들으며 아쉬울 것 없는 목숨을 내려놓는다.

영화 속의 그, 그는 어쩌면 나인지도 모른다.
나 역시 내 인생길을 심장이 멎을 때까지 뛰겠지만, 정녕 이 삶을 왜? 어떻게 살아가야 하는지 이유를 알며('왜? 무엇 때문에? 나는 사는 것일까?'라는 질문을 지금도 나에게 하고 있지 않는가.) 질주하는 것일까? (마라톤을 해 본 사람은 안다. 잘 뛰든 못 뛰든 그 사람에게 그것은 전력을 다한 질주란 것을.) 그처럼 내 마라톤이 끝날 때, 수화기로나마 넘어가는 숨소리를 지켜줄 사람이 있을까? (내 삶이 어떻든 나에게 진심으로 "사랑해"라는 말을 해줄 사람이 얼마나 될까.)

오늘, 나는 내 인생의 마라톤을, 당신은 당신 인생의 마라톤을 질주한다.

나는 오늘도 리스본행 야간 열차 앞에 서 있다

〈리스본행 야간열차〉
감독: 빌 어거스트
출연: 제레미 아이언스, 멜라니 로랑, 잭 휴스턴
개봉: 2013 독일, 스위스, 포르투갈

영화는 '운명은 대단한 것이 아니다'라고 한다.

운명의 바뀜은 한 번의 만남이면 된다. 문제는 그 한 번이 언제 어디서 어떻게 일어나느냐는 것이다. 그러나 이 문제를 맞힌 사람은 단 한 사람도 없다. 운명은 소소한 시간 속에서 진행되기 때문이다. 아무도 모른다. 내 운명을 알 수 없다는 것이 매우 흥미롭지만 지금껏 그래 왔기에 당황할 필요도 없다. 지금 이 글을 쓰는 내 운명도 그렇게 만들어졌다.

영화 속에는 두 개의 운명이 존재한다. 하나는 영화의 중심을 흐르는 거대하고 특별한 운명이요(1970년대 포르투갈 '카네이션 혁명'과 관련된 세 명의 남자와 그 중 두 남자와 연인이 되는 한 명의 여인, 그리고 여인의 사랑이자 『언어의 연금술사』 저자로 혁명의 중심에 있던 아마데우 프라두의 묘비명 '독재가 현실이라면 혁명은 의무다' 등의 대사로 짐작할 수 있는 특별한 운명들), 하나는 거대하고 특별한 운명을 바라보는 운명이라 할 수 없는 운명(고전문학 선생으로 그저 그런 삶을 살다가 우연히 자살하려는 여인의 주머니에 들어 있는 한 권의 책, 그리고 그 속에 든 리스본행 열차 티켓 한 장으로 특별한 운명들을 만나러 간 특별할 것 없는 운명)이다.

그러나 영화를 보는 내내 거대한 운명보다 운명이라 할 수 없는 운명인 후자에게 마음이 기운다. 동병상련이라 해도 도리가 없다. 대부분 우리는 그렇게 살지 않는가.

영화의 마지막, 그저 그런 삶을 산, 초로의 고전문학 선생은 다시 한 번 열차 앞에 선다. 그의 앞에는 여행 중 만난 한 여인이 서있다. 여인은 말한다.

"왜 당신은 머무르지 않나요?(Why don't you stay?)"

리스본행 야간열차를 타고 떠난 그였다. 이제 이 열차를 타면 떠났던 곳으로 돌아간다. 과연 그는 자신의 운명을 어떻게 받아들일까?

머무르든 떠나든 운명이 더 강하게 와 닿는다.

그렇기에 그가 어떠한 선택을 하든 그것은 필연일 수밖에 없는 운명이었다.

오늘도 리스본행 야간열차가 당신 앞에 멈춰 있다!

미스 줄리

〈미스 줄리〉
감독: 리브 울만
출연: 제시카 차스테인, 콜린 파렐, 사만다 모튼, 노라 맥머너미
개봉: 2014, 노르웨이, 영국, 캐나다, 미국, 프랑스, 아일랜드

사랑과 욕망에 관한 거대담론이라 하더라만…….

'사랑하기 전과 후의 너와 나' 정도의 이야기가 아닐까?
나를 알지도 못하는 여인과 나를 너무나도 잘 아는 사내, 여인의 자살과 사내의 하인 복귀. 그들이 꿈꾼 것은 자유였지만, 결과는 자유에 대한 그들의 선천적 불구성? 아니면 후천적으로 학습된 불구의 자유를 확인하는 정도의 영화가 아닐까?

곰곰 생각해보자면, 동산 스님 말씀처럼 '마(摩) 세근'을 찾았다면, 누군들 부처 아니겠는가? 허나, …….

태양은 가득히
: 그 욕망과 먹다의 포식성

〈태양은 가득히〉
감독: 르네 클레망
출연: 알랑 드롱, 마리 라포
레, 모리스 로네
개봉: 1960 프랑스, 이탈리아

'욕망'은 명사가 아닌 포식성 동사인 '먹다'이다. 〈태양은 가득히〉는 이 '욕망(먹다)'의 잔혹한 포식성을 그린 영화이다. 영화에는 세 가지의 욕망이 보인다. '돈과 사랑', 음식을 상징하는 '먹다'.

1960년, 젊음이의 욕망을 그려낸 알랭드롱의 영화이다. 붉은 태양과 푸른 바다의 지중해와 나폴리를 배경으로 세련된 옷차림, 화려한 음식, 고급스런 요트, 자유로운 애정 표현 등. 지금, 어디에 내놔도 빠지지 않는다.

부유한 필립과 가난한 톰(알랭드롱 분), 둘은 친구이면서도 아닌 갑을 관계이다. 여기에 필립의 연인 마르쥬까지 톰을 자극한다. 결국 톰은 필립을 요트에서 죽인다. 푸른 바다의 세찬물결, 작열하는 태양 아래서, ……바다에 필립의 시체를 버린 톰은 붉은 사과를 한 입 베어 문다.

톰은 여권을 위조해 필립의 흉내를 내고, 이를 알아차린 필립의 친구 프레디(프레디 역시 부를 누리는 필립과 같은 부류의 인물로 묘사)까지 죽인다. 그리고는 프레디의 시체 옆에서 태연히 닭요리를 먹는다. 톰은 필립이 프레디를 죽인 것으로 조작하고 프레디의 변사체를 본 사람들은 식당으로 자리를 옮긴다.

이 외에도 영화는 톰의 동선에 시장이나 식당 등을 통해 지중해의 풍성한 먹을거리를 탐욕스럽게 보여준다.

톰은 필립의 돈을 모두 마르쥬에게 남기고 마르쥬까지 차지한다. 해변 의자에 몸을 길게 눕힌 톰, 톰은 "제일 좋은 먹을 것"을 달란다.

우리는 먹어야 산다. 영화에서 여러 먹을거리는 '욕망'을 은유한다. 하지만 욕망을 은유한 '먹다'는 잔학한 포식성 어휘이다. 욕망의 끝은 그래 삶의 끝이다.

영화의 끝, 필립의 시체가 요트의 스쿠르에 감겨져 끌려 나오고 경찰이 톰을 찾아온다.

나의 욕망은 어디쯤을 지나고 있나?

아니, 아직도 내 인생길에서 욕망이란 정류장이 남았는가? 아직은 그랬으면, 그랬으면. 세상에 받을 빚이 없더라도, 그랬으면.

나한테 불만 있나

〈폭스캐처〉
감독: 베넷 밀러
출연: 스티브 카렐, 채닝 테이
텀, 마크 러팔로
개봉: 2014 미국

    2014년 칸영화제 수상작으로 실화를 영화로 만들었다. 영화는 내내 3옥타브쯤의 음악이 음울한 회색빛으로 흐른다.
    부모의 이혼, 어렵지만 슐츠 형제는 레슬러로 성장하였다. 동생 마크 슐츠(채닝 테이텀)는 1984년에 올림픽 메달리스트, 형인 데이브 슐츠(마크 러팔로)는 국민 영웅인 레슬러이다. 이 둘 사이에 미국 굴지 재벌가인 존 듀폰(스티브 카렐)이 끼어든다.
    존 듀폰은 마크 슐츠와 데이브 슐츠를 통하여 자신을 사회에 드러내려 한다. 존 듀폰은 막강한 재력을 바탕으로 '폭스캐처'라는 레슬링팀을 만들고 두 형제를 끌어들인다. 속내는 자신을 미국의 레슬링팀을 훈련시킨 위대한 인물로 만드는 데 있다.
    형제는 존 듀폰의 막강한 금전 앞에 '폭스캐처'팀에 합류하고 만다. 슐츠 형제는 순수하게 존 듀폰이 단순히 올림픽 금메달을 위해 '폭스캐처'팀을 만들었다고 생각했다. 여기서 비극이 싹튼다. 존 듀폰은 형제에게 돈을 주며 자신을 갑으로 형제를 을로 본다. 반면 슐츠 형제는 존 듀폰의 돈을 조국과 레슬링을 위한 순수한 행동으로 본다.

하지만 조건 없는 금전 수수는 부모자식 이외엔 거의 없다. 존 듀폰은 많은 금액을 주었는데도 자신을 진심으로 따르지 않는 형 데이브 슐츠에게 권총 세 발을 쏘아 죽인다. 세 발을 쏜 질문은 이렇다.

"나한테 불만 있나."

문장은 물음표(?)가 아닌, 마침표(.)로 끝난다. 존 듀폰의 저 말은 갑이기에 '그러냐, 아니냐?'를 묻는 물음이 아니었다. 을인 너는 '불만이 없어야 한다'는 마침표였다.

"나한테 불만 있나."

생각해보니 나 역시 저 말과 유사한 말을 참 많이 들었다. 아니, 수많은 '을'들이 늘 듣는 말인지도 모르겠다.

대한민국 시계는 25시

〈내부자들〉
감독: 우민호
출연: 이병헌, 조승우, 백윤식
개봉: 2015 대한민국

"대중은 개, 돼지들입니다. 적당히 짖다가 알아서 조용해질 겁니다."
언론 권력을 대변한 백윤식의 대사이다.
"정의? 대한민국에 그런 달달한 것이 아직 남아 있는가?"
깡패권력을 대변한 이병헌의 말이다.
"그러게 잘하지 그랬어. 잘 좀 태어나든가."
권력의 추종자 부장검사(정만식 분)가 흙수저 검사 우장훈(조승우 분)을 조롱하는 말이다.

대한민국의 대리 현실을 그린 영화, 〈내부자들〉.
'외부자'인 개, 돼지와 동급인 내가 '내부자들'을 보고 건진 위의 세 문장. 대중은 개-돼지요, 정의는 달달한 것으로 없고, 신분세습이라는 모멸적인 문장. 그 문장 속 세상은 디스토피아(Dystopia)! 그러나 대한민국 관객은 800만을 넘어서 900만으로 간다. 인구의 1/4.

'미래를 알면 미래가 없다'지만, 저 영화 속 미래의 대한민국은 북극 동토의 땅 툰드라. 부도덕과 부조리가 충만한 취미활동인, 마법으로조차도 풀 수 없는, 이 대한민국 상류층의 절망적인 저들.

대한민국 시계는 정녕 25시를 가리키고 있다.

내일을 위한 시간

〈내일을 위한 시간〉
감독: 장 피에르 다르덴, 뤽 다르덴
출연: 마리옹 꼬띠아르, 올리비에 구르메, 캐서린 살레, 파브리지오 롱기온
개봉: 2014 벨기에, 프랑스, 이탈리아

8:8!

과반수를 획득치 못한 산드라는 해고되었다.

반은 보너스를, 반은 산드라의 복직을 택했다. 영화는 산드라라는 여성의 복직을 다루고 있다. 산드라는 복직을 위해 16명을 일일이 찾아다닌다. 산드라가 복직되면 회사운영상 16명은 보너스를 받을 수 없다. 16명은 150만 원을 놓고 날카로운 대립을 보인다. 보너스는 1000유로이니 우리나라 화폐로 150만 원쯤 된다.

만약, 산드라가 나였다면, 아니 16명 중 한 명이 나라면……. 난 어떻게 할까. 산드라처럼 16명을 찾아다닐까? 산드라를 위해 150만 원을 포기할 수 있을까?

겨울비가 내리는 하늘은 무정한 콘크리트색이다. 이 땅의 산드라들, 산드라처럼 살았으면 좋겠고 150만 원쯤 포기했으면 좋겠다.

그랬으면, 하는 바람이다.

소수의견

〈소수의견〉
감독: 김성제
출연: 윤계상, 유해진, 김옥빈
개봉: 2013 대한민국

소수의견, 의견이 아닌 의견. 우리 사회의 권력과 그에 맞서는 소수의 의견을 잘 따라잡은 영화다.

영화는 '권력은 진실이 아닌 권력의 유지보수를 위한 진실만을 요구한다.'는 주제를 관통한다.

어찌 그것이 권력만이겠는가. 그러나 이것이 우리 대한국인의 현실 자체가 아닌가.

폭염주의보라도 내려야 하려나보다.

참 덥다. 더워. 이 땅에서 살아간다는 것이.

차이나타운, 간신, 악의 연대기

요즈음 개봉한 세 편의 영화를 보았다. 핏빛 느와루, 잔혹한 영상 속에서는 피가 피를 부른다.

죽고 죽이기만 진화하는 악의 실험장인 듯, 정의도 부정의도, 도덕도 부도덕도 가르는 기준이 없는 아마게돈인 세상이다. '죽음'과 '절망'은 존재하는데 아예 '삶'과 '희망'은 영화 속에 없다.

작금의 대한민국 현실로 카메라 앵글을 돌려본다.

빈부격차 심화, 자살률 1위, 행복지수 꼴찌, 부조리한 정치인, 영혼 없는 공무원, 갑질, 메르스, 표절시비, 인간으로서 존엄과 품격 대신 숭앙 받는 맘몬 신, 세월호류의 수많은 트라우마, 비도덕적 사회의 비도덕 인간, 1류 병에 걸린 좀비들의 천국, 언론이란 탈을 쓴 잡음들,

〈차이나타운〉
감독: 한준희
출연: 김혜수, 김고은, 엄태구
개봉: 2014 대한민국

책만 지식인들, ……지옥의 교관들이 찰나의 방심도 허용치 않고 지키는 이 땅.

저 영화들과 다를 바 없었다.

차이나타운에서 악의 연대기를 만드는 간신들이 드글거리는 이 땅. 그래도 이 땅 어디엔가 정의, 도덕, 인격, 존엄, 미래, 희망, ……이란 항체를 만드는 사람이 분명 어딘가 있으리라 믿는다. 순결한 영혼의 회복제를 파는 그런 사람도.

〈악의 연대기〉
감독: 백운학
출연: 손현주, 마동석, 최다니엘, 박서준
개봉: 2015 대한민국

〈간신〉
감독: 민규동
출연: 주지훈, 김강우, 천호진, 임지연, 이유영
개봉: 2014 대한민국

'과학의 아들'과 '신의 아들'

〈가타카(GATTACA)〉
감독: 앤드류 니콜
출연: 에단 호크(빈센트 프리맨), 우마 서먼(아이린 카시니)
개봉: 1997

"하나님께서 행하시는 일을 보라. 하나님께서 굽게 하신 것을 누가 능히 곧게 하리."(전도서 7장 13절)

우성형질만으로 조작된 '과학의 아들'과 부모의 사랑 때문에 열성형질로 태어난 '신의 아들' 이야기. 1997년에 만들어진 SF 영화 〈가타카(Gattaca)〉는 저 대사로부터 시작한다.

이 영화는 앤드류 니콜이 감독을 맡았으며, 에단 호크, 쥬드 로, 우마 서먼 등이 출연했다. 영화 제목 '가타카(GATTACA)'는 DNA를 구성하는 염기인 아데닌(Adenine), 티민(Thymine), 시토신(Cytosine), 구아닌(Guanine)의 머릿글자를 조합한 말이다.

영화는 과학적 유전자 조작으로 태어난 사람들이 사회 상층부를 이루는 반면, 전통적인 부부관계로 태어난 사람들은 열등한 것으로 취급받아 사회 하층부로 밀려나는 디스토피아(Dystopia)적인 미래를 배경으로 한다.

저곳에서 부모의 사랑으로 태어난 자연 잉태자들은 신의 가혹한 형벌을 받은 자들이다. 그들은 배내 옷 입을 때부터, 인간으로서의 결함을 모조리 갖고 있는 부적격자다. 부모의 사랑으로 태어난 빈센트 안톤, 그의 첫 이력서는 치명적이었다.

신경계 질병 60% 가능
우울증 42% 가능
집중력 장애 89% 가능
심장질환 99% 가능
조기사망 가능
예상수명 30.2년

세상 빛을 막 본 빈센트의 발에서 한 방울의 피로 알아낸 미래이다. 유전학자에 의해 인위적 조작을 통해 태어난 동생 안톤은 최상의 조건을 갖추었다. 신체, 두뇌 등 유전학자의 말대로 '천 번 자연 임신을 한다 해도 얻지 못할 조건'이다.

부적격자 빈센트는 우주인이 되고 싶었다.
하지만 아버지의 말처럼, 부적격자 빈센트가 우주에 가장 가까이 가는 길은 우주 항공사 '가타카(Gattaca)의 청소부'가 되는 것만이 유일했다.
청년이 되어 집을 떠난 빈센트는 전국 화장실의 반을 청소하고, 드디어 가타카의 청소부가 된다. 건물 바닥을 거울보다 더 반짝이게 하는 것이 우주 항공사 가타카 청소부의 임무이다.
우주인이 되기 위한 빈센트의 신에 대한 도전, 꼬마둥이 시절 꿈은 여기서 마침표를 찍게 된다.

빈센트는 청소부를 하여 모은 돈으로 제롬 머로우의 유전자를 산다. 제롬 머로우는 유전학자의 조작된 우성형질로 태어났지만, 사고로 하반신 마비가 되었다. 우주인이 되기 위해선 우성형질의 유전자가 필요했다. 그동안 우주 항공사를 꿈꾸며 자신을 가꾸어 왔다 하더라도 빈센트의 유전자로는 원천적으로 불가능하기 때문이다.

이미 굽은 몸으로 태어난 빈센트, 하나님께서 행하신 일이다. 그가 몸을 펼 수 있을까?
영화는 그럴 수 있다고 힘을 주어 말한다.
빈센트의 저 말로.

"가능한지 아닌지의 운명을 정하는 것은 자신의 몫이야."
"모든 게 가능해."

유전자를 조작해서 제롬 머로우가 된 빈센트. 문제는 제롬 머로우의 큰 키, 빈센트는 열성 형질인 키를 늘이기 위해 다리를 수술대 위에 올린다. 빈센트는 결국 주위 사람들의 도움으로 우주 비행선에 몸을 싣는다.
그렇다면 유전자를 조작한 것은 부정 아닌가?
부정일 수 없다. 우성형질로 태어난 동생 안톤과 제롬 머로우만이 우주 비행을 할 수 있다는 것이 먼저 부정이다. 주위의 도움이 그것을 증명한다. 빈센트에게 도움을 준 이들 역시 하나 같이 빈센트와 유사하다. 심장이 열성인 여자친구, 자식 또한 빈센트와 같이 열성인 의사, 심지어는 꿈을 잃었던 제롬 머로우까지. 자연 잉태자, 부적격자로서 빈센트가 사는 유일한 길임을 이해하고 돕는다.

그러나 사실 그 모든 것은, 빈센트가 꾼 꿈의 곁가닥이다.
동생 안톤과 수영 시합을 하는 빈센트를 주목해 보자. 바다를 헤엄쳐 가다 지쳐 먼저 돌아서면 지는 게임이다. '천 번 자연 임신을 한다 해도 얻지 못할' 조작된 유전자로 태어난 동생 안톤을 빈센트가 이겼다. 이길 수 있는 방법이 있을까?
방법은 이것이다.

"난 되돌아갈 힘을 남겨 두지 않아."

동생 안톤이 어떻게 형이 "나를 이길 수 있느냐?"고 묻자 빈센트가 한 말이다. 빈센트는 동생과 시합에 목숨을 걸고 임했다. 물론 빈센트가 목숨을 걸은 것은 동생 안톤이 아닌, 자신의 운명이었지만.
남들은 서넛씩 갖고 있는 그 흔한 인맥도, 학벌도, 학력도, 머리도, 신체적 강인함도, 심지어는 생긴 것까지도 우습게 생겨먹은 사람들, 신의 축복을 덜, 혹은 아주 덜 받은 자들에게 이 세상은 저 영화와 다르지 않다. '과학의 아들'과 '신의 아들'은 늘 현재성이다.
더욱이 작금의 대한민국……, 나는 저 영화 속 디스토피아(Dystopia)의 망령을 늘 본다.

무엇으로 이 세상을 살아갈 것인가?

이 비행기를 안 타겠어!

〈캐스트 어웨이〉
감독: 로버트 저메키스
출연: 톰 행크스, 헬렌 헌트
개봉: 2000 미국

"시간이 주인이다!"

우편배달로 살아가는 주인공 척 놀랜드의 주제문장이다. 그의 삶이 시간이요, 시간이 곧 그의 삶이다.

그는 시간이란 주인의 명령에 따라 사랑하는 여인과 헤어지고 비행기를 탔다. 그러고 잠시 후, 조난자(castaway)가 되었다. 무인도에서 그만의 긴긴 시간이 흐른다.

....

4년이 흐른 뒤, 그는 다시 있던 시간 속으로 돌아왔다. 하지만 그가 4년, 1500일의 시간을 조난자로 있는 동안 모든 것이 시간만큼 변하였다. 친구의 부인은 죽고, …사랑하는 여인은 이미 남의 아내가 되어 있었다.

시간의 조난자였음을 깨달은 척 놀랜드는 말한다.

"그 비행기를 타는 게 아니었어."

하지만 그 시간으로 돌아갈 수는 없다.

그는 자기를 뭍으로 데려온 파도를 생각하며 또 이렇게 말한다. "파도에 또 뭐가 실려 올지 모르잖아."

파도에 뭐가 실려 올지는 아무도 모른다. 그러나 그 희망은 (시간이 주인이었던) 돌아갈 수 없는 과거에 대한 체념일 뿐이다.

시간이 주인이 아닌, 내가 주인이 되는 유일한 방법은 "이 비행기를 안타겠어!"를 지금 행동하는 것이다.

'나는 꼭 이 비행기를 타야만 하는가?' '이 비행기를 안 타겠어' 하면 안 되는가?

두어 발짝이면 한 해를 마감하는 이즈막이다.
오늘만이라도 시간 속에서 조난을 당하지 말기를.

화장

〈화장〉
감독: 임권택
출연: 안성기, 김규리, 김호정
개봉: 2014 대한민국

임권택 감독과 안성기라는 배우가 그려낸 〈화장(火葬: 化粧)〉을 보았다.
어느 봄 날,
화장터 고운 햇살 두어 스푼쯤 고명으로 얹은,
생로병사(生老病死).
넉 자.
언젠가 찾아올 내 '만장(輓章, 挽章)'에서 남는 자들은 무엇을 볼까?
본 이마다 다를 터.
각설할 수밖에 없는 이유.

홀리 모터스

〈홀리 모터스〉
감독: 레오 까락스
출연: 에바 멘데스, 카일리 미
　　　노그, 드니 라방, 에디
　　　뜨 스꼽
개봉: 2012 프랑스, 독일

　유능한 사업가, 가정적인 아버지, 광대, 걸인, 암살자, 광인 등 홀리 모터스에는 전혀 다른 아홉 명의 인물이 보인다. 그리고 일어나는 아홉 가지 사건들, 이를 연기하는 것은 '오스카'(영화의 대명사가 되어 버린 오스카와도 연결되는 듯)이다.
　이 중, 진정한 오스카는 누구인가?
　영화 종반부의 한 장면이다.

"다시 살고파!"
　오늘 9번의 삶을 살았지만, 그건 오스카의 삶이 아니라는 역설이다. 나 역시, 오늘을 살았다. 그것은 내 삶일까?

오늘을 다시 살고 싶지는 않은가?

하루의 일과를 마치고 정열해 있는 홀리 모터스들, "우리도 곧 폐차장으로 밀려날 거야."라며 오늘을 이야기한다.

내일, 또 다른 오늘이 찾아올 것이다. 난 또 어떠한 삶을 살아야 하는가?

파리에서의 마지막 탱고

〈파리에서의 마지막 탱고〉
감독: 베르나르도 베르톨루치
출연: 말론 브란도, 마리아 슈나이더
개봉: 1972 이탈리아, 프랑스

"난 저 사람을 몰라. 저 사람이 날 쫓아왔어. 날 겁탈하려고 했어. 난 저 사람이 누군지 몰라… 누군지 몰라…"

1972년, 파리에 사는 중년의 미국인 폴을 권총으로 죽인 20살 프랑스 여인 잔. 잔의 마지막 대사다.

"누군지 몰라."

처음 만나 격렬한 정사를 한 사람, 사랑한다는 말을 한 사람. 그러나 두 사람은 서로의 이름조차 모른다.

영화는 처음부터 끝까지 서로에게 익명성을 강요한다.

내가 너를 얼마나 알까?

네가 나를 얼마나 알까?

아니, 내가 나를 알까?

너와 나의 소외(疏外), 나와 나의 소내(疏內).

'성에 대한 가장 유명한 영화', '감독을 법정에까지 세웠던 위험한 영화', '예술이냐 외설이냐는 문제작'… 등 수많은 수식어를 단 영화, 〈파리에서의 마지막 탱고〉는 현대를 사는 우리에게 이렇게 묻는다. "너는 너를 아니!"

꾸뻬씨의 행복여행

〈꾸뻬씨의 행복여행〉
감독: 피터 첼섬
출연: 사이먼 페그, 로자먼드 파이크, 장 르노
개봉: 2014 영국, 독일, 캐나다 등

어떻게 살아야 하나!
나는 지금 잘 사는가?

철학자가 아니라도 누구나 한 번쯤은 반문해 보는 질문이다.
두 말할 것도 없이 이 질문은 '행복'이란 두 글자와 연결되어 있다.
행복!
나는 지금 행복한가?
꾸뻬씨가 가방 하나 달랑 메고 길을 떠난 이유이다.
그의 노트에는 여행을 하며 얻은 행복 문장들이 차곡차곡 쌓인다.

01. 남과 비교하면 행복한 기분을 망친다.
02. 많은 사람들은 돈이나 지위를 갖는 게 행복이라고 생각한다.
03. 많은 사람은 행복이 미래에 있다고 생각한다.
04. 두 여자를 동시에 사랑할 자유가 행복일지도 모른다.

05. 때론 진실을 모르는 게 행복일 수도 있다.
　………………..

그리고 열두 번째, "행복이란 온전히 살아있음을 느끼는 것"
열네 번째, "사랑은 귀 기울여주는 것"이라고 한다.

'살아있음을 느끼고' '귀 기울여주는 것'
반문을 하여 본다.

내가 살아있다고 느끼게 하는 것은 무엇일까?
나는 누군가의 말을 귀 기울여 들어주는가?

파수꾼

〈파수꾼〉
감독: 윤성현
출연: 이제훈, 서준영, 박정민, 조성하
개봉: 2010 대한민국

파수꾼, -세상이 나를 보고 있다-
'파수꾼(把守-)'은 경계하여 지키는 사람이다.

영화 〈파수꾼〉은 단순히 고등학생들의 치기어린 우정을 다룬 영화가 아니었다.

기태, 동윤, 희준, 세 친구들은 자주 철로에서 기태가 애지중지하는 야구공으로 놀이를 즐긴다. 세 친구의 우정, 그러나 서서히 그들의 관계에 균열이 가고 기태는 자살한다.

기태는 어머니의 부재와 아버지의 무관심 속에서 살아가는 아이이다. 중학교까지 평범하던 기태는 고등학교에 올라가 학교 짱이 되며 비로소 관심을 받는다.

영화의 앤딩 부분이다. 동윤은 셋이서 자주 어울려 야구공 놀이를 하던 철로에 앉아 있다.

기태: "나 이 공 어릴 때 선물 받고 야구선수 되고 싶었다. 국민타자. 결승에서 만루 홈런치고 인터뷰하는 거야. 세상이 나를 보고 있잖아. 나를 향한 이 함성 소리. 들리냐. 이 함성 소리. 누가 최고야! 누가 최고야!"

동윤: "네가 최고다. 친구야."

기태와 절친인 동윤이 회상하는 마지막 대사다. 동윤의 손에는 기태가 어릴 때 선물 받아 애지중지했던 야구공이 들려 있다.

누구나 관심을 받고 싶은 욕망이 있다. 문제는 그것이 진정 내 욕망이 원하는 관심이냐는 것이다. 혹 기태의 저 말처럼 "세상이 나를 보고 있잖아." 때문은 아닌가? 끊임없이 최고가, 일류가 되라는 우리 사회이다. 하지만, 우리 인생과 욕망은 평행선을 달리는 철로처럼 영원히 만나지 못한다.

세상의 이 그릇된 인식이 한 치의 흔들림도 없는 파수꾼으로 우리를 보고 있다면 얼마나 끔찍한 일인가. 그 파수꾼이 바로 기태를 죽음에 몰아넣은 것이라면, 그래 기태가 자신을 지키려는 파수꾼이 되었다면. 이 영화를 '소통의 부재가 낳은 우정의 파열음', 혹은 '성장기 소년들의 인력(引力)과 척력(斥力)의 우정', 또는 '청소년기의 순수함을 지키려는 파수꾼'이라는 단순한 문장만으로 이해할 수 없는 이유이다.

동윤은 죽은 기태에게 "네가 최고다. 친구야."라고 말한다. 그러나 기태는 영원히 만루 홈런을 치지도 인터뷰도 못 한다. 동윤이 앉아 있는 철로가 영원히 만나지 못하는 것처럼. 사회, 그 절벽 같은 파수꾼은 오늘도 또 다른 기태를 노린다. 우리는 오늘도 나를 지키기 위한 파수꾼이 되어야 하지만….

"세상이 나를 보고 있다."

여인의 향기

〈여인의 향기〉
감독: 마틴 브레스트
출연: 알 파치노
개봉: 1992 미국

"실수해서 발이 엉키기 시작했다면, 당신은 지금 탱고를 시작한 겁니다."

영화 〈여인의 향기〉에 나오는 장님인 알파치노의 말이다. '실수'가 곧 '탱고'였다.
사랑인 줄 알고 사랑을 시작하는 사람은 없다.
그 사람을 만나기 전 누구나 장님이었고 '실수'처럼 '사랑'은 시작되었다.

야곱 신부의 편지

〈야곱 신부의 편지〉
감독: 클라우스 해로
출연: 카리나 하자드, 헤이키 노우시아이넨
개봉: 2009 핀란드

"내가 가진 모든 것을 내어주고 내 몸을 완전히 불사를지언정 만약 사랑이 없다면 아무 것도 얻지 못한 것입니다."

죽음을 목전에 둔 야곱 신부의 독백이다.

눈 먼 늙은 신부를 지탱하는 삶, 한때 종신형 죄수였던 여인의 삶, 그리고 모든 삶을 지탱하는 비밀을 영화는 '사랑'이란 두 글자에서 찾고 있다. 삶의 비밀은 '사랑'이란 두 글자임을 야곱 신부는 보이는 우리들에게 안 보이는 두 눈으로 부쳤다.

회색빛 하늘에선 어제처럼 가을비가 내린다.

수업을 마치고 탁주 두어 잔을 하였다.

가르마처럼 선명한 실빗줄기는 추억처럼 흔들리고 우편 없는 편지를 부쳐본다.

카모메 식당

〈카모메 식당〉
감독: 오기가미 나오코
출연: 고바야시 사토미, 카타기리 하이리
개봉: 2006 일본

"하고 싶은 일을 하고 살아서 좋겠어요."
"하기 싫은 일을 안 할 뿐이에요."
……………
"커피는 다른 사람이 타 주는 게 가장 맛있지요."
……………
"여기 사는 사람들은 왜 그렇게 여유로워 보일까요?"
"숲이지요."
(그곳엔 바람이 불었다. 새소리가 들린다.)
……………
"저마다 다 사연이 있군요."
……………
"왜 주먹밥이 주 메뉴죠?"
"고향의 맛이잖아요."
……………

"커피 루왁! 커피가 맛있어지는 주문이에요."

....

"짐을 찾았어요. 이제 돌아갈 때가 되었나 봐요."

....

"쓸쓸하지 않군요."

"쓸쓸하죠. 하지만 늘 똑같은 생활을 할 수는 없어요. 사람은 모두 변하니까요."

"좋은 쪽으로 변했으면 좋겠군요."

....

"어떻게 결정하든 우린 응원해 줘야겠지요."

듬성드뭇한 촌가(村家) 풍경처럼 나지막이 속삭이는 저 말들, 그곳엔 내 삶이 있었다.

해무

〈해무〉
감독: 심성보
출연: 김윤석, 박유천, 한예리, 이희준, 문성근, 김상호, 유승목
개봉: 2014 대한민국

르네지라르니 라캉을 들먹일 필요 없다. 인간은 욕망의 존재임에 틀림없기 때문이다. 욕망은 〈해무(海霧)〉, '바다에 낀 안개'라는 다소 음습한 제목을 문패로 단 영화를 꿰뚫는 동선이다.

욕망의 동선에는 여덟 개의 욕망이 담쟁이덩굴처럼 얽혀 있다.

'전진호'의 선장인 철주(김윤석 분)는 오로지 배가 욕망이다. 낡은 배 한 척에 자신의 전부를 걸었고 결국 그 배의 닻이 자기를 죽음의 해저로 끌어들인다. '전진'이란 무시무시한 두 글자도, 그에게는 배가 왕국이고 삶의 전부였다. 가정도 없었다. 아내는 돈을 위하여 매춘을 일삼는다. (그가 배의 항로를 결정짓는 선장이라는 것을 생각하면 영화는 이미 우리의 항해가 잘못되었다는 것을 보여준다.)

완호(문성근 분)는 전형적인 선량한 소시민이다. 그는 소시민적인 삶, 그가 꿈꾸는 욕망은 선량한 사람의 세상이다. 그러나 그 세상은 결코 오지 않는다. 그는 이 세상에 섞이지 못 하고 숨어 살다가 최후를 맞는다. (그가 배의 심장인 기관장이란 것을 생각하면 영화는 이미 우리의

487

심장이 제 역할을 못한다는 것을 보여준다.)

호영(김상호 분)은 가족을 욕망한다. 배에서의 일과 가정에서의 일을 무 자르듯이 나눈다. 배에서의 일은 가정이란 목적을 위한 수단일 뿐이다. 하지만 오로지 가정으로 돌아가고자 한 그의 욕망은 갑판장으로서 옳고 그름을 잃게 하고 죽음을 맞는다.

경구(유승목 분)와 창욱(이희준 분)은 각각 돈과 여인을 욕망한다. 원초적인 욕망이다. 이들은 결국 가장 추한 죽음을 맞이한다. 영화는 우리의 삶 중에서 가장 더러운 욕망이 돈과 육체적 욕망임을 분명히 한다.

전진호에 탄 조선족들, 그들의 욕망은 가족들을 위해 돈을 벌려는 이들이다. 그들은 이 영화 속 인물들과는 달리 자신의 욕망이 아닌 가족의 욕망을 대신하려다 고기창고에서 허망하게 죽음을 맞이한다. 영화는 가족을 위해 살려는 욕망을 가진 이들을 한 번에, 아무런 의미 없이 죽였다. 가족을 위한 욕망일지라도 결코 바람직한 것은 아니었다.

마지막으로 동식(박유천 분)과 홍매(한예리 분)이다. 동식은 극한 상황에서도 홍매라는 여인에게 사랑을 다한다. 청량고추를 넣은 라면까지 준다. 이 배에서 최고의 음식이다. 사랑이란 욕망임을 보여주는 청량고추 라면빨 은유이다. 홍매 역시 동식의 사랑을 갈구하고 이로 인하여 죽음을 모면한다. 결국 배에 탄 사람들 중, 단 둘만 살아남는다. 그렇다면 영화는 사랑을 욕망의 우듬지에 놓으려는 것일까?

그것은 영화가 여기서 끝났을 때 이야기다.

홍매는 동식을 떠난다. 홍매는 동식에게 몸까지 주었지만 그것은 결국 살기위한 거짓이었다.

그리고 6년 후, 중국집에서 동식은 6살쯤 된 아이와 그 보다 어린 아이를 데리고 와 라면을 시키고 청량고추를 찾는 여인의 뒷모습을 보는 것으로 막을 내린다.

영화는 무엇을 말하려는 것일까? 자기집착, 선량함, 가정, 돈, 육체, 타인의 욕망, 사랑이라는 욕망을 그려낸 영화의 가장 나중의 욕망은 무엇일까?

영화는 모든 이의 꿈조차 산산이 부수어 놓았다. 전진호의 만선에 대한 꿈도 밀항자들의 남조선 도착의 꿈도 모두 해무 속에 사라졌다.

대신 영화는 그 자리에 사랑이란 욕망을 슬며시 놓았다

동식은 홍매라는 사랑을 지키려다 배의 선원 모두를 잃었다. 동식에게 홍매는 사랑이라는 욕망이었다. 동식은 그 사랑을 위하여 목숨까지 버렸다. 동식은 할머니와 단 둘이 살며 사랑의 힘을 이미 알고 있었기 때문이다. 영화는 동식이 부모가 없으면서도 할머니의 사랑을 먹고 자랐음을 보여주었다. 전진호가 부두를 떠날 때 다시 돌아오라고 손을 흔든 것은 동식의 할머니였다. 동식은 할머니의 바람대로 살아 돌아왔다. 살아 돌아올 수 있는 힘이 사랑임을 영화는 곳곳에 장치해 두었다.

영화는 왜 모든 욕망이 부재한 자리에 사랑을 두었을까?

그런데도 홍매는 왜 동식을 떠나가버렸을까?

홍매는 구로동에 사는 오빠를 찾아서 갔다. 홍매의 사랑은 동식이 아니라 구로동의 오빠였다.

홍매가 남조선을 향해 밀항한 이유는 그래 다른 밀항자들과 달랐다. 홍매는 구로동에 먼저 와 있는 사랑하는 오빠(애인)를 찾아온 것이었다.

그렇다면 그로부터 6년 뒤, 6살쯤 된 아이와 뒤태만 보이는 여인이 연변 말로 주문하는 라면과 "청량고추 없습네까?"는 무엇을 말하는가?

6살쯤 된 아이. 동식의 아이일 것이다. 홍매는 구로동의 오빠와 살면서도 동식을 품에 간직하고 있다는 은유이다.

영화는 말한다. 인간의 사랑이 욕망의 가장 우듬지에 놓인다고, 그러나 사랑은 배신할 수 있다고, 그러나 사랑은 단 하나라고.

우리는 인생을 항해에 비유한다.

항해하는 바다에 안개가 끼는 것은 일상이다. 영화는 그 안개 낀 것과 같이 한 치 앞도 내다보지 못하는 이 세상의 우리네 삶을 따라잡았다. 우리의 인생길이 바로 해무 낀 바다에 뜬 배 한 척의 항해와 같다고.

그리고 영화는 그 인생길을 항해하는데 단 하나의 욕망, 즉 사랑을 희망의 등대불로 놓았다.

오늘도 내 인생엔 잔뜩 해무(海霧)가 꼈다.

난 오늘 무엇을 욕망하는가?

첨언 몇 자: "에이! 이런 영화를 왜 보러 왔어. 너무 잔인해." 내 앞자리에서 영화를 본 앳된 여성이 남친의 옆구리를 치며 하는 말이었다. 모든 문학은 해석의 문제이기에 가타부타할 필요 없다.
그러나 작금의 '대한민국', 저 '전진호'가 아닐까? 자살률 OECD국가 중 1위이다. 이 글을 쓰는 동안에도 몇 명이 자살을 하였다. 이보다 더 잔인한 일이 어디 있을까? 오죽하였으면 방한한 프란치스코 교황께서도 "젊은이여, 결코 희망을 뺏기지 말라"라고 하였을까.
그나저나 앳된 여성과 남친은 무엇을 욕망할까? 사랑? 아니면……

인간중독

〈인간중독〉
감독: 김대우
출연: 송승헌, 임지연, 조여정, 온주완
개봉: 2014 대한민국

단 석 자. '사랑해'.

그 남자의 모든 것이다. 영화의 주인공은 한 여인을 만나 사랑에 빠진다. 사랑은 인간의 가장 고귀한 감정이지만 고귀한 방법으로 오지 않는다. 어느 날 갑자기 그냥 그렇게 온다. 상대가 여하한 상태이든 가리지도 않고 신분고하를 따지지도 않는다.

평생 군인으로 살아온 그. TV에서 세기의 사건인 달 착륙을 중계할 때, 그는 전우였던 벗에게 사랑하는 이가 있음을 고백한다. 개인의 사랑과 우주의 세계가 하나이다. 그렇게 그는 부하의 여인에게 모든 것을 다 걸었다. 하지만 "자기가 전부고 내 우주예요." 하던 여인은 현실에 따라 그를 버린다.

그러나 그는 이미 숨이 되어 버린 여인을 놓지 못하고 사랑에 중독된 마음을 목숨으로 대신한다. 자신의 가슴을 가리키며 "숨이 안 쉬어져. 여기가 너무 아파서 살 수가 없다."던 그, 그가 모든 것을 잃은 뒤, 죽음 직전 손에 들린 것은 여인과 찍은 단 한 장의 사진. 사진 뒤에는 단 석 자가 쓰여 있다.

사랑하는 것을 숨길 수 없어서 써놓은 '사·랑·해'.

감독은 사랑을 인간관계 중독으로 읽었다. 사랑을 해본 사람은 안다. 사랑이 중독인 것을. 그렇기에 감독은 사랑과 바꾼 죽음조차 아름답게 그려 넣었다. 단 석 자로. 죽은 그의 손목에 새겨 넣은 여인의 '이름' 석 자와 '사랑해'란 석 자.

22년 만의 장맛비란다. 빗방울이 휴휴헌 창문을 타고 흐른다. 영화의 앤딩곡인 〈The rose〉 "Some say loveit is a river that drowns the tender reed…"가 흐른다.

"누군가 말했지요. 사랑은 부드러운 갈대밭을 삼켜버리는 강물과 같은 것이라고…."

인간중독인 '사랑해'라는 석 자도 빗방울을 따라 말없이 흐른다.

또 하나의 약속

〈또 하나의 약속〉
감독: 김태윤
출연: 박철민, 윤유선, 김규리, 박희정, 유세형, 이경영
개봉: 2013 대한민국

"유미야! 아빠가 약속을 지켰다. 마새!"

영화의 마지막 대사이다.
산업재해로 잃은 딸, 그 딸을 위해 삶을 건 한 아빠의 실제 이야기를 영화화하였다.
대한민국 최대 족벌 기업과 한 택시 기사의 이야기로만 치부할 수 없는 뼈저린 현실을 담고 있다.
어떻게 딸아이의 죽음이 산업재해임을 택시 기사인 아빠가 밝혀야 하나?
대한민국의 언론은? 대한민국의 공무원은?
대한민국 최고의, 아니 전 세계 최고의 족벌 기업은 자기 회사 사원 한 명도 감싸지 못하는가? 유미라는 23살 처녀 아이의 죽음이 저들에겐 한낱 공장의 부속품보다도 못하다는 말인가?
모든 삶이 피폐화되고 얻어 낸 죽음과 맞바꾼 딸의 산업재해 인정,

그날 아빠는 저 말을 뇌이며 이미 저승에 간 딸과 꽤 긴 술 한 잔을 마주하였을 것이다.

아직도 국민의 행복보다는 국가 경제를 외치는 이 나라. 국가란 무엇인가? 국가는 회사의 경제적 이익이 아닌 국민의 안녕과 행복을 최우선에 두어야 한다. 모든 국가기관은 국민 개개인의 행복을 위해 존재하는 것이 존재 이유이기 때문이다.

대한민국은 족벌 기업의 제국이 아니다. 국민의 삶을 경제가 아닌 행복에 두어야 한다.

덧붙임: 이 영화를 만들기 위해 십시일반 모금에 참여해주신 '제작 두레' 분들께 참 송구한 마음입니다. 당신들의 덕으로 좋은 영화를 보았습니다. 제 수업을 듣는 학생 중에 '두레' 참여자가 있어 귀띔 받았습니다. 대한민국이 이 영화만큼 맑아졌습니다.

우아한 거짓말

〈우아한 거짓말〉
감독: 이한
출연: 김희애, 고아성, 김유정, 김향기
개봉: 2013 대한민국

많은 생각이 남는 영화를 보았다.

영화는 무엇을 보여주고자 한 것일까? 우아한 거짓말에서 추한 진실을 보여주려 한 것일까? 아니면 거짓말 자체가 정녕 우아하다는 말인가? 전자이든 후자이든 거짓말이 우아할 수 없으니 반어적 진실을 내포한 제목이다. 우아한 거짓말은 결국 '말'이 거짓이란 '말'이다.

이야기를, 여고생들에게서 작금의 대한민국으로 확장시킨다 해도 말이 된다.

작금의 우리 현실. 단원고 사태에 대한 언론의 불편한 보도, 지방선거 결과에 대한 아전인수식 해석, 나라를 뒤흔들었던 전 노무현 대통령의 NLL 파문에 대한 검찰의 이해할 수 없는 수사, 끝없이 이어지는 우아한 거짓말과 추한 진실들.

우아한 것은 추한 것이고 거짓말은 진실과 통하는 아이러니한 언어적 진실이 눈으로 확인되는 장면들이다. 우리가 한계성을 지닌 인간이기 때문에 그러한 것인가? 아니면 이 땅의 권력에게 숙명적으로 존재하는 일제치하를 청산치 못한 숙주 때문인가?

이러다 가해자 또한 피해자요, 피해자 또한 가해자라는 궤변처럼 우아한 거짓말이 정녕 거짓말은 우아하다는 궤변을 낳을지도 모르겠다.

우아한 거짓말의 세계. 나는 너에게, 너는 나에게 어디까지가 진실인가?

노예 12년

〈노예 12년〉
감독: 스티브 맥퀸
출연: 치웨텔 에지오포, 마이클 패스벤더, 베네딕트 컴버배치, 브래드 피트
개봉: 2013 미국, 영국

한 흑인이 납치되어 12년 동안의 노예생활을 다룬 영화이다.
그는 어느 날 납치되었고, 12년의 고된 노예생활을 하였다.
두 가지를 보았다.

하나는 주인이 누구냐에 따라 그의 노예생활이 달라졌다는 점. 그리고 하나는 극악한 사람을 만나 노예가 되었고 따뜻한 사람을 만나 자유인이 되었다는 점이다. 따지자면 모두 사람의 문제였다.

내 몸도 본의 아니게 내 마음의 노예로 산다. 내 몸의 주인은 마음이다. 물론 그 마음은 사람의 문제와 얽혀 있다.

내가 내 마음의 노예로 산지는 저 영화보다 서너 배는 더 오랜 기간이다. 내 마음은 때로는 극악하고 때로는 따뜻하게 내 몸을 제 마음대로 부린다. 그렇게 내 몸은 때로는 노예로 때로는 자유인으로 살아간다.

'사람 세워 놓고 입관하겠다'는 인생 고수들이 즐비한 세상사!
내 몸은 지금 자유인인가? 아니면 노예인가?

오싱

〈오싱〉
감독: 토가시 신
출연: 하마다 코코네, 우에토
 아야, 이나가키 고로
개봉: 2013 일본

    감독은 사람은 사람을 통해 변화한다는 인간존재의 근본을 아는 이다.
    오싱의 삶이 변하는 것은 두 사람을 만나면서부터다. 글자를 가르쳐준 순사쿠와 위기마다 지혜롭게 거두어주는 카요의 할머니이다.
    이러한 운명적 만남이 삶을 바꾸어 놓는다. 내 삶을 반추해본다. 내 삶에서 누가 나에게 이러한 역할을 하였는가? 적지 않은 나이건만 오싱의 삶을 변화시킨 것과 같이 나를 변화시킨 사람이 쉽게 떠오르지 않는다. 아마도 그것은 운명적인 만남이기에 그렇게 되는 것이 아닐까.

    요즈음 난 금주를 한다. 이미 몇 명은 내가 술자리를 안 하자 연락이 끊겼다.
    금주의 시작에 불과하지만 무언가 변화를 느끼는 것은 사실이다. 그래, 혹 내 인생에 이 금주가 오싱에게 저러한 경우가 아닐는지 가만히 생각해본다.

'사람을 만나야 사람이 변한다'는 아주 단순한 진리를 배운 영화이다. 사람을 잘 만나야 한다.

창수

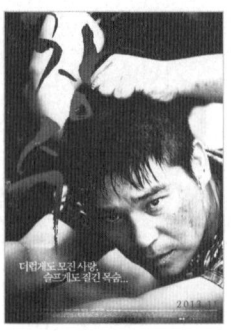

〈창수〉
감독: 이덕희
출연: 임창정, 안내상, 정성화, 손은서, 태성
개봉: 2013 대한민국

〈창수〉, 뒤늦은 상영 등 여러 이야기를 남긴 영화란다. 최종 관객수는 42만 정도, 그렇게 그렇고 그런 영화로 기록되었다.

분명 출연진의 연기력에는 아무 문제가 없었다. 문제는 스토리였다. 순수한 청년, 창수의 한 여인을 위한 사랑과 의리. 이 뻔한 사랑과 의리를 관객들은 더 이상 원치 않는다는 현실이다.

그러나 '스토리의 힘을 운운하기보다는 '순수'란 것에 대한 우리 사회의 차디찬, 혹은 낮잡아 보는 소이가 아닐까?' 하는 생각이 들었다.

하기야 웬만한 일로는 꿈쩍 않는 우리네 냉엄한 삶이다. 이러한 현실에서 '순수'라는 두 글자만으로 관객들을 모으고자 한 '순수한 열정의 영화인들'에게 심심(甚深)한 박수를 보낸다.

겸하여 '순수'라는 두 글자가 푸대접 받지는 말았으면 하는 바람이다.

변호인

〈변호인〉
감독: 양우석
출연: 송강호, 시완, 곽도원,
    김영애, 오달수
개봉: 2013 대한민국

"김○○이니 노○○이를 존경해. 이런 새끼가. 이런 새끼를 빨갱이라 하는 거야."

"뭐! 그런 너는 그래서 박○○를 찍어 나라가 이 모양이냐? 나라를 좀먹는 좀버러지 같은 새끼야!"

"이런 이 새끼 완전 빨갱이네. 그렇게 좋으면 북쪽에 가서 살아. 이 빨갱이 새끼야."

"뭐 이 새끼야. 이 나라가 이만큼 사회복지가 된 것도 다 김○○ 대통령하고 노○○ 대통령 덕이야. 너 같은 새끼야말로 관변단체에 어용으로 붙어 쳐 먹으며…."

삿대질에 맞욕까지 거친 말들이 오뉴월 염천에 논바닥 쩍쩍 갈라지듯 했다.

며칠 전 일이 있어 송내역에서 전철에 올랐을 때다.

70어름은 된 듯한 세 노인분들이 목청껏 소리를 질러댔다.

육두문자가 차 안을 휘젓고 여차하면 주먹다짐도 할 기세였다. 사람들은 묵묵히 듣고 있었다. 나 역시도 그러했다. 이들의 다툼은 족히 대여섯 정거장을 지나 한 사람이 내리고서야 그쳤다.

〈변호인〉이란 영화를 조금 전 보고 왔다. 자정이 넘어 끝나는 시각인데도 영화관은 단 세 석만 자리가 비었다. 관객은 초등학교 아이들부터 내 또래의 중년까지이고 크리스마스 이브라 그런지 데이트를 나온 20~30대가 많았다. 상대적으로 나이가 드신 분들은 거의 보이지 않았다.

부모님을 따라온 듯한 내 앞 줄에 앉아 얌전히 영화를 보던 초등학교 2학년쯤 되어 보이는 여자아이에게 물었다.
"얘! 너 저 영화를 이해하니?"
"예!"
'이 아이가 〈변호인〉이란 영화를 이해할까?' 다소 의아해하며 던진 질문에 대한 답변치고는 또렷하게 "예!"라고 답했다.

〈변호인〉이란 영화는 1981년에서 1987년 6월 민주화항쟁까지를 대학생 박진우와 송우석 변호사를 중심으로 대한민국 역사를 따라잡고 있다. 대학생 박진우의 독서모임은 반국가단체로 조작되었고 송석우 변화사는 외로이 이를 바로잡으려 하였다. 조작은 고문을 통해서였지만 변호사는 이를 변호하지 못하는 상황이었다. 국민의 주권을 지켜야 할 국가권력이 막았기 때문이다.

맞다. 그땐 그랬었다. 나 역시 1981년 진우처럼 대학교 1학년이었고

1987년 6월엔 군대생활을 막 제대한 사회 초년병으로 종로의 넥타이 부대 한 켠에 있었다. 그리고 난 그 시절 대한민국의 벌거벗은 맨살을 보았다. 대한민국의 부끄러운 현실과 그 힘든 민주화의 과정을.

그 시절, 국가권력을 장악한 군부는 대한민국의 주인인 국민을 마음껏 유린하였다. 〈변호인〉과 유사한 행위는 대한민국의 영토 곳곳에서 일어났고 그 국가권력은 국가보안법을 조자룡 헌 칼 쓰듯 마음껏 휘둘렀다. 수많은 이들이 이 칼날에 스러졌다. 지금도 그렇지만 사이비 언론과 방송이 철저히 이들에게 기생하며 국민의 눈과 귀를 가리고 막았다. 부조리한 공권력과 사이비 언론의 야합은 '적과 나'라는 이분법적 세계관을 구축하고 철저히 나 아닌 타자에게 배타적 권력을 휘둘렀다. (안타깝게도 이 문제는 지금도 현재진행형임에 틀림없다.)

국가보안법은 남북한의 이데올로기를 그대로 담아내고 있다. 영화 속에서 차동영이 대학생들의 독서 모임을 반국가 단체인 빨갱이 집단으로 모는 것도 이 법에 근거한다. 그는 빨갱이를 잡아야 할 정당성으로 남북한은 지금 휴전 중임을 강조한다.

2013년 12월 전철 안에서 노인들의 다툼과 그로부터 며칠 뒤 오늘, 〈변호인〉이란 영화를 이해한다는 초등학교 2학년쯤 되어 보이는 여자아이의 말에서 대한민국의 안타까운 현실을 그대로 본다.

이 두 현실 중, 어느 것이 옳은가? 노인들의 다툼은 오늘도 대한민국은 휴전 중임을 그대로 보여준다. 초등학교 2학년쯤 되어 보이는 여자아이의 말에서는 우리 대한민국이 나아가야 할 미래를 본다.

부조리한 공권력의 현장인 재판정에서 송우석 변호사는 외친다. 대한민국헌법 제1조 1항은 "대한민국은 민주공화국이다."이고 제1

조 2항은 "대한민국 주권은 국민에게 있고 모든 권력은 국민으로부터 나온다."라고.

국가보안법도 남북한이 휴전 중이라는 말도, 아니 그 어떠한 말도, 대한민국헌법을 넘어설 수 없다. '대한민국은 민주공화국이고 국민이 이 나라의 주인'이기 때문이다.

러브 스토리

〈러브 스토리〉
감독: 아더 힐러
출연: 알리 맥그로우, 라이언 오닐, 존 마리, 레이 밀랜드
개봉: 1970 미국

오랜만에 크리스마스특집으로 내놓은 〈러브스토리〉를 보았다. 1970년 작이니 지금으로부터 40년도 넘은 영화이다. 내용도 부잣집의 도련님과 가난한 여인의 사랑과 이별을 그린 그렇고 그런 사랑 이야기이다. 그런데도 시대를 초월하여 지금까지 많은 젊은이들에게 공감을 자아내는 명화로 남아 있으니 그 이유가 무엇일까?

탄탄한 구성에 배우들(올리버 역을 한 라이언 오닐과 제니 역을 한 알리 맥그로우)의 열연 정도로만 답을 찾기는 어렵다는 생각이다.

아마도 그 이유는 인류 공히 가장 많이 하는 말인 '사랑'에서 찾아야 하지 않을까 한다. '사랑'이란 말이야말로 고금동서를 막론하고 사람 된 자라면 응당 하지 않을 수 없는 말이다. 그렇다면 이 영화를 만든 아더 힐러 감독은 '사랑'을 어떻게 풀어낼까?

올리버가 부모에게 함부로 하는 자신을 보고 있는 제니에게 "나를 알고도 어떻게 사랑할 수 있을까?"라고 묻는다.

제니는 이렇게 답한다.
"그게 사랑이니까. 애송아!"라고. 사랑에 '왜냐하면~'이란 부사가 애당초 없다는 말이다. 사랑할 이유를 찾아 사랑하고 좋아할 이유를 찾아서 좋아하는 것은 사랑도 좋아함도 아니다.
그냥 "너를 사랑해!" 그냥 "너를 좋아해!"가 바로 사랑의 이유이다. 해묵은 영화를 보며 저 시절과 이 시절 '사랑의 방정식'을 곰곰 풀어 본다.

톱스타

톱스타
감독: 박중훈
출연: 엄태웅, 김민준
개봉: 2013 대한민국

톱스타의 운전기사인 태식이란 청년의 성공과 실패를 그린 영화다. 따질 것도 없이 누구나 그러하듯 성공을 좇는 우리네의 모습을 피사체로 담아낸 작품이다.

"태식아! 나는 네가 성공하는 것보다. 행복했으면 좋겠다."

태식에게 던지는 저 대사가 내 마음에 박히며 어제 일이 떠오른다.

어제, 한 출판사에 가 원고 문제로 심한 말다툼을 하였다. 출판사 측에서 응당 말할 수 있는 원고에 대한 지적을 내가 받아들이지 못하고 발끈해서였다. 곧 슬기로운 조언자 덕에 사과를 하였지만 마음이 영 편치 못 하다. 출판사로서야 응당 좋은 책을 만들고자 한 것을 감사하다고는 못할망정 왜 격한 모습을 보였을까?
왜 그랬을까?

영화 속 태식에게 던지는 위의 저 말에서 '성공'이란 두 글자가 못내 가슴을 파고드는 이유가 무엇일까? 혹 나도 이 책으로 성공이라도 해보려는 욕심이 그 속에 있던 것은 아닐까.

공부가 좋아 이 길로 들어섰고 그래 행복하다고 여겼다. 책만 보는 바보인 간서치(看書痴)가 되고 싶었고 학구열을 종신병처럼 앓고 싶었다. 그 덕에 몇 권의 책도 썼다. 그런데 어느새 그 공부하는 행복은 어디로 가고 그 자리엔 책을 통해 성공이나 해보려는 괴란쩍은 욕심이 가득했나보다.

지금까지 공부한 것이 참 아깝다.